おさなごころを
科学する

進化する乳幼児観

森口佑介
Moriguchi Yusuke

新曜社

はじめに

ぼくの幼年時代は《時間》の意識（そしてそれが狂った駿馬のように早く過ぎることにたいする意識）とともに終わった。
詩人は言う。幼年時代でなければ、人がもはやないというようなものが他にあるだろうか、と。

（コンフィアン『朝まだきの谷間』p.225）

クレオール文学の作家、ラファエル・コンフィアンの『朝まだきの谷間』の締めくくりの一節です。民族的にも言語的にも複雑な背景を抱える作家が自身の幼年時代に基づいて書いたこの作品は、幼年時代の世界を鮮やかに描ききるとともに、子どもの世界がいかに特別であるかを私たちに教えてくれます。フランスの外交官であり、ノーベル文学賞を受賞したサン＝ジョン・ペルスの『頌《エロージュ》』から引用した最後の一文を読むと、私たちはかつての自分を思い出さずにはいられません。

また、同じクレオール文学の作家であるパトリック・シャモワゾーは、その作品の中で子どもが大人になる過程について、以下のように述べています。

大人に向かう道は改善のプロセスではなく、自分の存在原理をいつも措定する感性的状態の周辺に、おもむろに皮膜を堆積するプロセスである。人は幼年時代を離れられないままに、現実を、人が現実だというところのものを信じるようになる。現実とは堅固で、安定し、しばしば直角定規で線が引かれ——座り心地のいいものだ。しかし本当にあるがままの現実は（幼年時代はそれをごく身近に知覚しているのだが）可能態と不可能態の複雑で、居心地の悪い一種の爆燃である。成長するということは、そうした爆燃の知覚を身に引き受ける力がなくなることだ。あるいは、そうした知覚と自己との間に一つの心的皮膜の楯を立てることだ。

（シャモワゾー『幼い頃のむかし』p.81）

幼年時代を描写したみずみずしくテンポの良い詩的な文章の中に、子どもの発達に関する考えが述べられている点が興味を引きます。これらの本で述べられているように、子どもの頃、世界はもっと私たちに身近で、鮮明だったように思えます。太陽はまぶしく、草木の緑は濃く、水は本当に青い色をしていました。虫と会話をし、小人の足跡を見つけ、神様の存在を感じることができました。幼い頃の世界が大人になった今とは異なった質感を持つというのは、多くの人が同意することかもしれません。そうでなければ、なぜ、大人が、スタジオジブリの『となりのトトロ』の虜になり、笑い飯の漫才『鳥人』を見て笑いを堪えきれないのかの説明がつかないように思えます。私たちは、遠い昔には、そのような不思議を、そのような鮮烈さを、何の疑問もなく受け入れていたのでしょう。大人に向かう道の中で、その感覚を失ってしまったのです。詩人などの一部の人間だけが、その感覚を大人になっても保持し、表現できるのかもしれません。

二人の作家はおさなごころについての一つの捉え方を呈示しています。ですが、彼らの美しい文章は強い説得力を持つものの、特別な子どもの、特別な世界が描かれている可能性は否定しきれません。普通の子どもたちも、このような世界を生きているのでしょうか。筆者の研究テーマは、この問題を客観的に検討することです。

似た議論は、教育学や社会学の分野でなされてきました。子どもの豊穣な世界や大人との違いを議論し、子どもに対する見方を「子ども観」という言葉で表現します。たとえば、ルソーに端を発した教育学における子ども観にはこのような見方が散見されますし、児童学者の本田氏は、『異文化としての子ども』で和歌や資料を解釈する中で、大人と子どもの世界の異質性を強調しています。このような子どもを解釈する試みには、子どもに対する新しい見方を提示するという重要な意義がありました。

発達心理学からみた乳幼児観

本書は、子ども観についての本とは異なります。最大の違いは、筆者の専門が発達心理学である点です。発達心理学は、人間の心が生涯を通じていかに変化していくかを扱う学問です。特に、筆者は、乳幼児の認知機能を科学的に検討しています。ここでの科学的とは、再現性や反証可能性を持ち、哲学者伊勢田博士が言うように、研究対象を、最も信頼できる手段を用い、慎重に調べることと定義します。本書はこの定義に基づき、乳幼児の認知機能を扱う試みが、どのように変遷を遂げていったかを紹介します。

「子ども観」の研究は、比較的広い範囲の子どもを扱っている印象がありますが、本書で扱うのは、主に乳幼児です。乳幼児は十分に言葉が発達していないので、自分の考えや気持ちを直接的に表現することはできません。また、かつて私たちは乳幼児であったにもかかわらず、その頃のことを覚えていません。そのため、かつては、乳幼児は知ることも、考えることもできないとされていました。このような乳幼児が実際には何を考えているのかを調べることは、非常にエキサイティングな試みなのです。

本書では、おさなごころについての見方を「乳幼児観」という言葉で表現し、乳幼児観の歴史的変遷と筆者の乳幼児観を述べます。その際に、本書では、理論、証拠、方法論の3点を考慮します。本書における理論とは、乳幼児観に通底する考え方のことです。証拠は、その理論を支持する根拠を指します。過去の学者たちが、いかなる根拠を基に乳幼児観を提唱していたかを検討します。方法論は、どのような方法論を用いて、乳幼児の心を記述してきたかというものです。

乳幼児研究の過去と現在、未来をつなぐ

本書は、乳幼児研究の初学者の方が理解できるように、基本的な内容を含んでいます。一方で、後半では、執筆時点での最先端の知見も含んでいます。本書の目的の一つは、乳幼児研究を主導してきた先人たちの研究と、現在実施されている研究、そして将来の研究を結びつけるところにあります。ドイツの初代首相のプロイセンの言葉に「愚者は経験に学び、賢者は歴史に学ぶ」というものがあります。偉大な先人たちがいかに研究を進め、どのように発展させてきたかを学ぶことは、学問の進展においてもきわめて重要なことだと考えます。

本書は、3部構成です。第1部は、第1章から第3章までで、「無能な乳幼児」観についてです。これらは、古典的かつ素朴な乳幼児観です。第2部では、実験的な乳幼児研究に基づいた「有能な乳幼児」観について紹介していきます。これらが、現在の主流の乳幼児研究です。第3部は、「有能な乳幼児」観の先にある乳幼児観について考え、「異なる乳幼児」観を提案します。

この本を読む前に、読者の皆さん自身の乳幼児観を考えてみてください。本書のどの部分と同じでしょうか。以下の一文を埋めた上で、乳幼児観の変遷を探る試みにお付き合いください。

乳幼児は＿＿＿＿＿＿＿＿＿＿な存在である。

目次

第5章　社交的な乳幼児　109

第6章　コンピュータ乳幼児　153

第3部　異なる乳幼児　191—273

装幀＝難波園子

第1部

無能な乳幼児

第1章　無能な乳幼児

そこで、心は、言ってみれば文字をまったく欠いた白紙で、観念はすこしもないと想定しよう。どのようにして心は観念を備えるようになるか。（中略）これに対して、私は一語で経験からと答える。この経験に私たちのいっさいの知識は根底を持ち、この経験からいっさいの知識は究極的に由来する。

（ロック『人間知性論』p.81）

筆者は現在新潟県の上越地方に居住しています。この地方の冬は長く、九州や関西で育った筆者にとって、数メートル積もる雪は、心を真っ白にさせるには十分です。上越地方にある大学で、筆者は学生を相手に、発達心理学の講義を行っています。発達心理学とは、年齢に伴う、精神や認知、行動の変化を探究する学問です。

この講義には多数の受講生がいますが、筆者は彼らに様々な質問をします。子どもの頃好きで、今好きではないものは何か（コーラが多いです）。母親のお腹の中にいた頃の記憶はあるか（一人いました）。その中で、筆者にとって最も重要な問いが「はじめに」の最後に示した、乳幼児観についてのものです。数年この質問を続けて、学生の答えが、三つに分かれることを見出しました。一つは、無能な存在としての乳幼児。二つは、純真で、可能性を秘めた乳幼児。三つは、かわいい乳幼児です。かわいい乳幼児は第３章で詳しく触れます。本章では、最初の二つについて考えてみましょう。

受講生は、乳幼児を無能で純真な存在だと見なしています。彼らは、冒頭のイギリス経験主義哲学者ロックの言葉のように、乳幼児の心を「白紙」だと見なしているようです。経験に乏しい乳児の心には何も書き込まれていないという考えです。

興味深いのは、無能で純真な乳幼児観が、乳幼児研究が本格化する前の乳幼児観と酷似している点です。乳幼児が研究対象になったのは、19世紀後半から20世紀初頭にかけて、心理学や教育学の熱が高まってきてからのことです。それ以前は、有力な学者たちが根拠もなく、主観的に乳幼児を議論していました。そこに見られるのが、乳幼児が無力であり、無能な存在であるという考えです。

本章では、まず、「遺伝と環境」という心理学における基本的な問題を紹介する中で、19世紀以前の乳幼児像について探っていきましょう。

遺伝と環境

発達心理学において重要な問題の一つが遺伝と環境の問題です。ある心の特性の発達において、遺伝的要因が重要なのか、環境的要因が重要なのか、という論争のことを指します。誰しも、自分の能力が遺伝的要因に規定されているのか、経験や教育のおかげなのか考えたことがあるに違いありません。自分の髪の毛があまり濃くないのは隔世遺伝のせいだとか、挙げればきりがありません。

この問題について、アメリカの心理学者ピンカー博士はその著書『人間の本性を考える』の中で、現代人の多くは、研究者に限らず、基本的に環境的要因を強調する傾向にあり、遺伝的要因の重要性を述べたとたんに激しい反発を招くと嘆いています。これは極端な例ではあるものの、筆者の実感としても、環境重視の人間が多いような印象はあります。

上述のような遺伝と環境という文脈ではありませんが、知識がどこから来るのかという問題はギリシア哲学の時代から見られます。プラトンの想起説では、ある概念を学習することは、以前から持っているその概念（そして生まれるときに忘れてしまうその概念）を想起することにほかならないと説いています。実際、プラトンは『メノン』において、ソクラテスに以下のように語らせています。

ソクラテス　この子が現在もっている知識というのは、以前にいつか得たものであるか、もしくは、つねにもちつづけていたものであるか、このどちらかなのではないだろうか？

（プラトン『メノン』p.66）

筆者が遺伝と環境の問題を初めて聞いたとき、どちらも重要だと思ったものです。しかし、研究者は二項対立を作り出し、どちらに説得力があるのかを議論するのを好みます。一方の要因だけですべて説明できると考える先人はいなかったようですが、それでも、遺伝が大事だ、環境が大事だというように、議論を続けてきたと言えるでしょう。しかしながら、そもそも、この遺伝と環境という問題自体が、ある心の特性は生得的か経験によるものなのか、心の発達は成熟で決まるのか学習によって決まるのか、ある特定の遺伝子は心の発達にどのように影響を与えるのか等々、非常に広義な議論を含んでしまっています。そのため、この遺伝と環境の問題の歴史的な変遷について簡単にまとめておきましょう。

デカルトの生得観念

近代において、遺伝と環境の問題は生得主義と経験主義の二つの強い立場に基づいて議論されていました。前者の代表はフランスの哲学者デカルトであり、後者の代表はロックです。生得主義とは、生まれながらにしてある観念や知識を備えているという立場です。デカルトは、『省察』の中で、神の観念について触れています。彼は、「私自身の観念が私に生具するのと同じように、神の観念は私に生具する」(p.64)と論じています。ここでの「生具する」とは、生得的とほぼ同義です。神は、生得的に私たちに含まれているとデカルトは考えていました。

ただ、乳児が神という観念を持っているとは考えにくいように思えます。この点について、哲学者の宮崎氏によると、「生具する」(宮崎の論文では本有的である)ことは、私たちが顕在的・意識的にその観念を持っていることを意味するわけではありません。単純にいうと、意識的なレベルではなく、伏在的なレベルで神の観念を保有していることになります。つまり、どのような人間であれ、気づいていないだけで、神の観念は伏在的なレベルで保有しているのです。そして、そのような伏在的な観念が顕在化するためには、注意や反省の力が必要であると言います。ただぼーっとしていても、神の観念には気づかないのです。

本書として重要なのは、乳幼児ですらこの観念を持っており、しかしながら、乳幼児はまだそれらの観念を伏在的な形でしか持っていないという点です。この伏在的－顕在的という区別は、現在の発達心理学における知識や概念の暗黙的・明示的の区別と類似しており（第4章参照）、私たちはこのような側面においてもデカルトの時代の議論からそれほど進歩していないのだなということを思い知らされます。

白紙としての乳幼児

本章冒頭の引用は、ロックの『人間知性論』からの引用です。フランシス・ベーコンに端を発するイギリス経験主義は、ロックに受け継がれました。ロックは、弁護士の家庭に生まれ、ウェストミンスタースクールを経てオックスフォード大学にて医学を学び、哲学や思想への道を歩みます。彼は、ヒトの意識や自己、発達に強い関心を持っていました。結婚もせず、子どももいなかったようですが、子どもの教育には強い関心を持っており、『教育論』には具体的な教育方法まで書かれています。彼は、『人間知性論』において知識の起源を求め、生得的な心の在り方を強く否定し、乳幼児を「白紙」だと見なしていました。彼によれば、感覚に基づいた経験によって知識は形成されていきます。赤色のものを見ることで赤さという概念を獲得し、硬いものや柔らかいものに触れることによって硬さという概念を獲得していきます。

ちなみに、ロックの言葉として「タブラ　ラサ（白板）」が取り上げられることがありますが、これは厳密には正しくないようです。哲学者の熊野氏によると、ロックが自分自身で使った言葉は「白紙」であり、同時代の哲学者ライプニッツがその表現をラテン語で「白板」と呼び換えたというのが真相のようで

無能な乳幼児

す。

イギリス経験主義の哲学者の中でも、ロックは発達心理学の教科書には必ず取り上げられています。その一つの理由は、デカルトの生得観念を批判したことによります。ロックの時代には、デカルトの生得観念が幅をきかせていました。ロックは、デカルトを直接的に批判したわけではないものの、生得観念については強硬に反論しています。『人間知性論』の第一巻第二章のタイトルに「心に生得の原理はない」と掲げ、その章の中で生得観念を批判しています。生得観念を主張するものの根拠は「全人類の普遍的に合意するいくつかの原理」(p.71)が存在することですが、ロックによると、この普遍的承認は生得性を証明しません。また、「子ども…は、明らかに、みんなこれらの原理をいささかも認知しないし、考えない」(p.71)と述べており、神や道徳などの様々な生得観念の存在を退けています。

むしろ彼は、子どもがこの世に生まれたばかりの状態を注意深く考察する者は、子どもが将来の知識の材料になるような観念を多量に貯えていると思う理由をまったく持たないだろう。子どもはそうした観念をだんだんに備えるようになるのである。（p.82）

と述べています。知覚の始まりは観念の始まりであり、知覚経験が不足している乳幼児は、観念も不足しているということです。ロックの考えを乳幼児観という観点から捉えるならば、ロックは乳幼児が知識や思考、観念の不足した無能な存在だと見なしていました。

植物としての乳幼児

ロックが発達心理学の教科書に取り上げられるのに対して、フランスの哲学者であり教育思想家であるルソーは取り上げられません。教育学のあらゆる分野で近代子ども観の提唱者として取り上げられるのとは対照的です。ルソーもロックと同じくらい、ヒトの発達について含蓄のある考察を行っています。ただ、このルソーの位置づけは難しいところがあります。

スイスのジュネーブに生まれたルソーは、自らが誕生する際に母親を失いました。そのことが影響したのか、恥ずかしがり屋で気難しい人物だったようです。『エミール』や『社会契約論』などの思想書が彼の著作の中では最も有名ですが、恋愛小説やオペラなども書いていました。著書一冊書くのに苦労をしている筆者からしてみると、多才な人だったのだなという印象を持たざるを得ません。

ロックは子どもを「白紙」にたとえましたが、ルソーの子どもに対する見方は「植物」にたとえられると言えます。植物は、アスファルトの上にぽつんと置かれても、枯れてしまいます。生長のためには水や土などが欠かせません。とはいっても、水をやりすぎても、植物は枯れてしまいます。ルソーの考えも同様で、子どもは、素晴らしい力を秘めた存在ではありますが、教育なしでは堕落した存在になり、教育しすぎても枯れてしまいます。

彼は、当時ヨーロッパに蔓延していた管理的な教育方法や過剰なまでの早期教育について反発を抱いていました。彼にとって、子どもは自分で生き抜く生命力を持った存在なのです。教師や周りの大人がしなければならないのは、その成長を見守ることです。その意味で、ルソーは生得性を強調した立場にあると見なされることもあります。

しかし彼は、生得性を強調する一方で、乳幼児に知識や観念があるとは見なしていませんでした。ある架空の子どもの成長記録として書かれた彼の主著『エミール』の中で、乳幼児について以下のような記述があります。

> わたしたちは学ぶ能力がある者として生まれる。しかし、生まれたばかりの時は、なにひとつ知らない。なにひとつ認識しない。不完全な、半ば形づくられた器官のうちにとじこめられている魂は、自己が存在するという意識さえもたない。生まれたばかりの子どもの運動や叫び声は純粋に機械的なもので、認識と意志を欠いている。(p.69)

同様に、彼は子ども期を、理性が活動しない時期だと認識していたようで、乳児の知的能力については全くと言っていいほどロマンを抱いていませんん。ルソーにとっても、乳幼児は無能な存在だったのです。彼の最も偉大な功績は、子どものもつ価値や生命力を見出したことであり、子どもを研究対象として捉えるためのきっかけを作ったことと言えるでしょう。

進化論と発達心理学

デカルトの生得観念の時代からロックの経験説へと、遺伝と環境に関する見方も大きく揺れていたのですが、遺伝的な要因の重要性を強調するに至ったのが、ダーウィンの進化論です。むろん、進化論自体は、ラマルクを含めて当時の学者らが様々なバージョンを考えていたので、乳幼児観に影響を与えたのはダーウィンというよりは、当時の時代の空気と言えるのかもしれません。いずれにしても、進化論が乳幼児観や発達心理学に与えた影響は著しいものがあります。

進化論についてここで詳しくは述べる必要もないと思われますが、本章で重要となる進化論の考え方は、生物には様々な個体差があり、環境に適応できる個体は生存すること、生存した個体はその形質を遺伝によって子孫に残すこと、です。次世代に形質が遺伝し、次世代の個体がまた同じような形質を持つという考え方は、遺伝的要因の重要性を示唆しています。進化論は、フロイトやピアジェ、ボールドウィンといった心理学における偉大な先人たちに大きな影響を与えています。

進化論の基本的な考えとして、人間と他の動物の形質の連続性について触れておく必要があるでしょう。ダーウィンは『人間の由来』の中で、人間と他の動物の心理学的連続性について、たとえば、感情の表出や理性、想像力、そして道徳性にいたるまで、様々な例を出しながら議論しています。進化論以前は最もポピュラーな世界観であった神が生命を作り出したという創造論は、ヒトと他の動物との間の非連続性を強調していました。進化論によって他の動物との連続性が科学的な視点から理解されると、他の動物との連続性からヒトの個体発生について考える空気ができてきたのです。

進化論が発達心理学に与えた影響は、「個体発生は系統発生を繰り返す」という生物学者ヘッケルの発生反復説に典型的に見られます。ある個体が個体発生の中で遭遇する次の段階は、その祖先が系統発生の発展過程において通過した成体の段階を反復するという考えです。ヘッケルが示したこの魅力的な考えは浅薄な根拠の上に成立しており、現在ではヘッケルの説自体はほとんど受け入れられていません。とはいえ、個体発生と系統発生の間に関連があるという考え自体はやはり魅力的であり、今でもこの関連を探る試みがあります。

ダーウィンも系統発生と個体発生の間に関連があると考えていたようです。ここでは、彼の「先祖返り」に関する議論を例にしてみてみましょう。先祖返りとは、「生物が進化の過程で失った形質が子孫のある個体に偶然に出現する現象」(『大辞林』)です。ダーウィン自身は、

> ある構造が、発達を阻害されてはいるが、同じ分類群に属する原始的な種の成体が有している構造とよく似るほどまでに成長を続ける場合には、それはある意味で先祖返りの例としてもよいだろう。
>
> (『人間の進化と性淘汰』pp.110-111)

と述べています。つまり、ある形質の発達が阻害された場合に、その形質は当該の生物が別の種と枝分かれする前の共通祖先が持つ形質に類似することがあるというのです。その例として、ダーウィンは哺乳類の子宮や前頭骨を挙げています。たとえば、何らかの影響で生じたヒトの子宮の奇形が、有袋類やげっ歯類等の動物における子宮と一部類似しているように見えることを指摘しています。ここで彼が挙げている先祖返りの例は心理的特性ではなく身体的な特性なのですが、彼が、個体発生と系統発生の間には関連が存在すると考えていたことはうかがい知ることができるでしょう。

ダーウィンの乳幼児観

それでは、ダーウィンの乳幼児観はどのようなものだったのでしょう。ダーウィンとその妻エマは多くの子どもに恵まれたものの、長女アニーを幼いうちに亡くし、その悲しみがその後の人生に影響を与えるなど、家族に対して深い愛情を示していたことがわかります。ダーウィンは、自分の子どもの行動を観察した短い論文を発表しています。これは、彼の息子が生まれてから2年間にわたる観察記録に基づいたものであり、子どもの行動記録として、厳密さには欠けるものの一定の評価を受けています。この論文の中で、ダーウィンは、進化論を提唱した彼らしく、「いくつかの能力の発達時期は、子どもによって、それぞれかなり異なるだろうと思っている」（『一人の子どもの伝記的素描』p.16）と個人差の問題から始めています。この中でダーウィンは乳児の様々な側面について記述していますが、運動面では、生後数日間に見られる息子の反射行動を書きとめ、瞬きが生得的なものであると断じています。感覚・知覚能力については、「彼はすでに生後9日目にはろうそくを注視した」(p.17) と述べ、視覚や聴覚は比較的早期から原初的には機能していることを示唆しています。観念や推論、記憶などの認知的な能力や道徳感情は比較的発達が遅いことも認めています。たとえば、以下のような記述が見られます。

> 私が観察した限りにおいて、一種の実際的な理性作用 (practical reasoning) があることを示す最初の行為は…彼が私の指に沿って手をおろして行き、指先に至るとそれを口に入れるという行為である。これは生後114日目のことであった。(p.22)

ダーウィンの記録は、乳幼児の心的能力の様々な側面に及んでいますが、断片的であり、「乳幼児観」と言えるほど系統的な記述ではありません。ただ、全体的には、ダーウィンも乳幼児の知的能力は低いものだと考えていたようです。ロックやルソーとは異なり、ダーウィンの乳幼児についての記述は具体的なものですし、単純に印象だけで乳児を無能だと断じているわけではありません。その意味ではダーウィンの乳幼児観とそれ以前の学者たちの考え方を同一視するのは適切ではないという指摘もあるでしょう。ですが、筆者としては、ダーウィンの記述は、次章以降の、乳幼児の本格的な研究とは大きく区別されると考えています。

遺伝も環境も大事

このように遺伝と環境の問題は議論が続いてきましたが（第2章も一部参照）、20世紀初頭の心理学者シュルテン博士などにより、この問題は新しい段階に入ります。シュルテン博士によって、心の特性が遺伝的に決まっているのか、環境によって決まるのかという問題から、どの程度環境的要因に由来し、どの程度遺伝的要因に由来するかという問題に変わっていきました。これが、輻輳《ふくそう》説です。この輻輳説は実証的に検討することが可能で、種々の心の特性を、遺伝的寄与率何%、環境的寄与率何%として明確に表現します。たとえば、知能の遺伝的寄与率は50〜55%程度、環境の寄与率は45〜50%程度といった具合です。その方法として、一卵性双生児と二卵性双生児を比較検討した行動遺伝学的手法を用いますが、この解説は本書の範囲を超えるので、詳細は行動遺伝学者安藤博士の著書『心はどのように遺伝するか』をご覧ください。簡単に述べておくと、まず、前提として、一卵性双生児ではお互いの遺伝子の共有率は100%であり、二卵性双生児では50%です。一卵性双生児と二卵性双生児の様々な行動や人格の類似性から、遺伝的要因の寄与率と、環境的要因の寄与率を導きだすのです。

近年は、遺伝と環境の相互作用を重視する相互作用説が提唱されています。この立場によると、輻輳説のように遺伝と環境の影響を切り分けることはできず、実際には遺伝が環境に、また、環境が遺伝に影響を与え、相互作用する中で心の発達が生じると考えます。発達心理学では、次章で紹介する、ピアジェの理論がこれに該当しますし、心理学者ゴットリーブ博士の理論もこの立場に位置します（詳細は、第7

章参照)。この立場からすると、遺伝か環境かという問い自体が無意味なものです。ただし、この立場は、直感的にはよく理解できるものの、実証的な検証は難しく、その点を批判されることもあります。

以上のように、遺伝と環境の関係性をめぐる議論は、時代とともに変遷していきました。現在では、行動遺伝学が輻輳説を、発達心理学や生物学が相互作用説を検討しているのが現状です。行動遺伝学の知見は乳幼児観からはずれますし、相互作用説は現代の発達心理学では主流の考えになっているので、第6章や第7章に議論を譲ることとします。

わが国における乳幼児観

主に西洋の哲学者や生物学者が抱いていた乳幼児観について概観してきました。次に、わが国における過去の乳幼児観について紹介しましょう。『赤い鳥』などの児童向け雑誌の発刊にみられるような子ども観については教育学などで考察されていますし、扱う年齢が異なりますので、そちらを参照していただきたいと思います。本書では、乳幼児について考えてみたいと思います。この点を考えるきっかけになるのが、「七歳までは神のうち」というフレーズです。このフレーズは、民俗学の創始者である柳田國男に由来しています。柳田は、座敷童について報告したり、小児が持って生まれたものを尊重するべきだと述べたりするなど(『小さき者の聲』)、子どもについて多くの記述を残しています。その柳田が、『神に代わりてくる』の中で、以下のように述べたことが「七歳までは神のうち」の始まりだと言われています。

七歳になる迄は子供は神さまだと謂つて居る地方があります。（中略）亡靈に對する畏怖最も強く、あらゆる方法を以て死人の再現を防がうとするやうな未開人でも、子供の靈だけには何等の戒愼をも必要とせず、寧ろ再び速かに生まれ直して來ることを願ひました。之とよく似た考へが精神生活の他の部面にもあつたと見えまして、日本でも神祭に伴なふ古来の儀式にも、童兒でなければ勤められぬ色々の任務がありました。

（『定本柳田国男集第20巻』p.354. 旧字体は一部修正）

ここで見られるように、柳田は七歳までの子どもに神性を見出し、特別な価値を与えています。この見方は、民俗学では古くからの乳幼児観として受け入れられており、一般にも広く受け入れられているように思えます。本章の冒頭部分で触れた、筆者の講義の受講生の答えは、このような思想に影響を受けているのかもしれません。

一方で、歴史学者柴田博士は、『日本幼児史』において「七歳までは神のうち」は、古くからの乳幼児観ではなく、近年一部の地域のみで見られた乳幼児観にすぎないと論じています。日本においては、中世までは乳幼児は疎外や無関心の対象であり、保護する考えが生じたのは近世中期以降だと述べています。江戸時代でも幼児に対する見方は基本的に同じなのですが、儒学者である荻生徂徠の本に「七歳以下は智も力もなき」（『明律国字解』）という記述があるなど、これまで述べてきた「無能な乳幼児」観と通じる点が興味深いです。荻生徂徠は上述のロックと同じ時代の人なので、この時代では、様々な文化で乳幼児は無能だという考えが一般的だったのかもしれません。

また、疎外された存在であることと一致して、古代から近世に至るまで、捨子などは非常に多かったとされています。柴田博士によれば、江戸時代にはいり、疎外される対象であった幼児が、保護するべき対象に変化していったと言います。政治的な要因としては、徳川綱吉政権時に発令された「生類憐みの令」（第3章参照）と「捨子禁令」によって捨子が禁じられたことがあり、社会的には、庶民においても継続性のある家制度が確立し、子どもを「子宝」とみて、教育する対象として捉えるようになったことを挙げています。

第3章で紹介するように、万葉集においても子どもをいつくしむ歌があることから、古代や中世の人間のすべてが乳幼児を疎外していたわけではないでしょう。乳幼児が神聖な存在だと見なされていたのか、無関心の対象であったのかは、それほど簡単に決着がつくような問題ではないでしょうが、少なくとも、乳幼児が知的能力を有していない「無能な乳幼児」だと見なされていたことは確かなようです。

本章のまとめ

本章では乳幼児研究が本格化する以前の乳幼児観について見てきました。子どもの発達の見方にも、遺伝的な要因を重視する立場と、環境的要因を重視する立場、そして、いずれをも考慮する立場があることを紹介してきました。立場の違いはあれども、いずれの研究者においても共通するのは、乳幼児は無力な存在であり、知的機能をあまり有していない、無能な存在だという考え方です。次章以降で、この見方がどのように変わっていくかを見ていきます。

第2章　活動的な乳幼児

観察一四一

ローラン

…あお向きに寝ていて、やりやすい姿勢ではないのに、前日の実験を再開する。セルロイドの白鳥とか箱とか、いろいろなものを次々につかんでは腕を伸ばして落とす。そしてはっきりと、落とす位置を変える。あるときは目の上方から、あるときは下方から、腕をあるときは垂直に、あるときは斜めに伸ばして落とす。どこか新しい場所（たとえば枕の上）に落ちると、空間関係をしらべるかのように同じ場所に続けて二〜三回落とし、それから別のやり方に移る。

（ピアジェ『知能の誕生』p.279）

前章では、発達心理学が学問として成立する「前夜」の乳幼児観について概観しました。本章では、発達心理学の黎明期における乳幼児観についてみていきます。冒頭のような観察を数多く報告し、認知発達研究の父であるピアジェの研究が中心となりますが、この時期の乳幼児観に関連する研究も取り上げていきます。

科学的に観察する

19世紀後半頃に乳幼児研究が本格的に始まりましたが、その背景として、教育熱の高まりや医学の進歩などの要因が挙げられます。そのような中で研究の方法論の開発・定着が促され、研究が飛躍的に進歩したと言えるでしょう。まず、この時期の主流な研究方法であった、観察法について見てみましょう。

乳幼児の知的発達研究の方法論として本格的に観察が用いられたのは、18世紀末にドイツの哲学者ティーディマンの息子についての観察記録が最初だとされています。しかし、方法論として定式化したのは、マンチェスターで生まれ、ヨーロッパの各地で教鞭をとった生理学者プライヤーです。彼も自分の息子を入念に観察しました。筆者は、プライヤー以前の記録は「観察日誌」だったのに対して、プライヤーの記録は「観察研究」であり、大きな違いがあると考えています。プライヤーは、学問における方法論の重要性を認識し、観察を科学的方法論にしました。

プライヤーは、観察の技術的な問題について、観察は直接観察に限る、観察はその場で記録しなければならない、等様々な提言を行っています。また、観察対象について、同じ子どもを一日に3回以上観察しなければならないことや、多くの子どもを観察しなければならないことを提唱しており、逸話の集積であった観察法を、科学的な方法論にするために苦心した様子がうかがえます。彼が提唱した方法論は現在では当たり前のことのような気もしますが、今日の研究においても、これらの点に留意せずに実施されているものがあるのが現状です。百年以上も経った現在においても指摘した点が活かされずにいる様子を、プライヤーが見たらどのように思うでしょうか。

一方で、プライヤーは観察法の限界も意識していたようで、観察法の信頼性や観察者間の一致率などといった、今日でも観察に付随する問題点について、当時から懸念していたようです。観察では、観察者の視点によって、見えるものもあれば見えないものもあります。プライヤーは、そのような欠点を自覚しながらも、乳幼児研究においては観察が最も適切であると考えたのです。

以上のように、乳幼児研究の黎明期に使用されていた手段は観察でした。そして、この手法が新しい乳幼児観を生み出したのです。

ピアジェ以前の発達心理学

観察法の確立により、様々な研究者が、乳幼児の行動の様子を明らかにしました。そのような状況の中で、ピアジェが登場し、この分野に革新的な理論を打ち立てたのです。

ピアジェが登場したのは、20世紀初頭です。当時、19世紀末にヴントが心理学の研究室を発足させ、内観法を基に心理学は学問としての第一歩を踏み出していました。第1章で説明した遺伝と環境の問題は、学問として黎明期であった心理学の中でも様々な議論を呼んでいました。心理発生過程について、成熟を重視する考え方と学習を重視する考え方の対立があったのです。

前者の代表例として、アメリカの小児科医・心理学者であったゲゼルが挙げられます。ゲゼルは、運動発達について興味深い報告を行っています。最も有名なのは、一卵性双生児を対象に、階段を登る訓練を実施したものです。ゲゼルは、双生児のうち一人には生後46週に、もう一人には生後53週に訓練を行いました。一卵性双生児は、遺伝子を１００％共有しています。そのため、もし訓練などの経験的要因が重要であれば、早期から訓練を実施した乳児の方が早く階段を登ることができるようになるはずです。逆に、もし遺伝的な要因が重要なのであれば、どの時期に訓練を実施しようが階段を登ることができる時期は変わらないであろうと考えたのです。この研究の結果、いずれの乳児も、階段を登る時期に違いは見られませんでした。ゲゼルは、ヒトの発達は遺伝的にプログラムされており、そのプログラムが発現し、準備状態になければ、訓練や経験には大した意味がないと考えました。ただし、ゲゼルは教育や訓練は効果がないと言っているわけではなく、個体が十分に成熟し、準備できる状態になってこそ、訓練や教育は意味を持つのだという主張をしています。

一方、すべての行動は学習のたまものだとする考え方があり、行動主義の代表的な心理学者であるワトソンなどがこの立場に含まれます。ワトソンが残した以下の言葉はあまりにも有名です。

> 私に、健康で、いいからだをした一ダースの赤ん坊と、彼らを育てるための私自身の特殊な世界を与えたまえ。そうすれば、私はでたらめにそのうちの一人をとり、その子を訓練して、私が選んだある専門家――医者、法律家、芸術家、大実業家、そうだ、乞食、泥棒さえも――に、その子の祖先の才能、嗜好、傾向、能力、職業がどうだろうと、きっとしてみせよう。
>
> （ワトソン『行動主義の心理学』p.130）

このように、ワトソンは、ヒトの行動は経験で獲得されるものだと考えており、遺伝的な要因を軽視していたことがうかがえます。もっとも、泥棒から生まれた赤ん坊でも注意して育てれば望ましい結果が得られるということも書いており、遺伝的要因の重要性を強調する風潮に警鐘をならしたかったのかもしれません。

彼の研究で最もよく知られているのが、幼児を対象とした恐怖条件づけの研究です。アルバート坊やで有名なこの研究は、現代では倫理的に決して許されないものです。アルバート坊やは、病院環境で育てられた、健康な男の子でした。のんびりやで、特に感情的な態度を見せることもなかったようです。この研究では、11か月のアルバート坊やに対して、白いねずみを提示しました。アルバート坊やは、最初は特にねずみに対して恐れを示しませんでした。そこで、アルバート坊やがそのねずみを触ると、轟音が鳴るようにしました。このようなことを何度も繰り返すと、アルバート坊やは、白いねずみを見ただけで恐れ、泣くようになってしまいました。このように刺激（ねずみ）に恐怖反応が条件づけられることを、恐怖条件づけと呼びます。

当時の心理学者の間では、個体と環境を切り離し、個体内の成熟もしくは環境のいずれか一方が独立して知能や行動の発達に重要な影響を与えるという議論がなされていました。筆者は、どちらの説も、乳幼児を無能な存在であり、受動的な存在だと見なす立場に基づく説であると考えています。成熟説においては、遺伝的に決定されたタイミングにおいて様々な能力が発現すると考えられています。言い換えれば、そのタイミングが来るまでは、特定の知能や行動を獲得できないわけであり、乳幼児は、時間の経過を待つだけの受動的な存在と見なされます。一方、学習説においては、極論すれば、あらゆる行動は条件づけを通じて獲得されるということになります。つまり、報酬や罰などによって外的に条件づけなければ、乳幼児は知識や行動を獲得できないということになり、ロックと同様に、乳幼児を無能かつ受動的な存在だと見なしていることになるのです。

ピアジェが登場した時代には、依然としてこのような認識がありました。ピアジェは、個体と環境を切り離す理論に疑問を持ち、個体と環境の相互作用こそが人間の認識の発生において重要だと考えました。その鍵となったのは、生物学にヒントを得た、個体の環境への適応という考え方です。この考えによると、乳幼児は、能動的かつ活動的な存在だと見なされます。成熟や条件づけを待つ受動的な乳幼児像から、自ら世界を探索し、知識を構築し、その環境へ適応しようとする、活動的な乳幼児という見方の出現です。実は、このような見方は、ピアジェに限ったものではありませんでした。ピアジェやヴィゴツキーに重要な影響を与えたボールドウィンは、ピアジェよりも早い時期に類似した乳幼児観を提案しています。国内の発達心理学の教科書を見回してもボールドウィンが取り上げられることはあまりありませんが、彼の提唱した概念はピアジェ理論に取り入れられており、ピアジェ理論に重要な影響を与えています。そのため、ボールドウィンについて少し紙面を割きます。

偉大な心理学者ボールドウィン

ボールドウィンは、プリンストン大学などで教鞭をとったアメリカの心理学者であり、当時著名な人物でした。ある種の女性スキャンダルで彼は職を追われ、スキャンダルのせいか心理学の教科書にも登場することがありません。このことは、学問的な業績と人となりの関係について、考えさせられます。たとえば、仮に、非常に人格的に問題があり、同じ領域の研究者からも忌み嫌われる研究者がいるとします。しかし、その人物の研究は洗練されており、独創的だとします。このような場合に、人々はその人物の研究をどのように評価するのでしょうか。研究自体が素晴らしいので、研究を高く評価する人もいるでしょうが、その人物に対する嫌悪感から、その研究をあまり客観的に評価できなかったり、その研究の問題点を探そうと躍起になったりする人もいるかもしれません。ボールドウィンの場合、卓越した業績と独創的な考えが現在も称賛されてしかるべきなのに、人物に対する嫌悪感から、業績が正当に評価されていないのではないか、と筆者は推測しています。

話がそれましたが、ボールドウィンの理論の中で、ピアジェと相通じるものとして、知能の発達を環境への適応過程だと考えた点が挙げられます。進化論の影響はボールドウィンの思想にも色濃く反映されており、ボールドウィンは生物の進化が環境への適応だと考えられるのと同様に、個体発生も環境への適応過程だと捉えたのです。ボールドウィンによれば、有機体（個体）は生涯のうちに、その生存に有利になるように、新しい習慣を獲得するなどの新たな適応をします。この適応過程の基底に、ボールドウィンは循環反応を想定していました。循環反応とは、様々なバリエーションと選択を伴った繰り返し行動のことであり、私たちは生得的にその単純な形態を持っていると言います。この単純な形態が、繰り返され、また、環境と接することによって、より複雑な形態となり、環境に対して適応したものとなっていくのです。循環反応について、ピアジェはその著書の中で、ボールドウィンが考案した概念であることを強調しています。

他にも、ボールドウィンとピアジェに共通する概念としては、段階発達、同化と調節などがあります。たとえば、同化と調節については両者ともその概念でほぼ同じ内容を説明しています。ピアジェがボールドウィンに直接的・間接的に大きな影響を受けたのは間違いないでしょう。ボールドウィンもピアジェも、知能の発達を、遺伝的要因だけでもなく、環境要因だけでもなく、その相互作用によって生じるダイナミックな過程だと見なしたのです。

ピアジェの乳幼児観

ピアジェは、スイスに生まれ、幼い頃から生物学に強い興味を示していました。10代で軟体動物に関する論文を発表するなど、早くからその学術的な才能を発揮していましたが、20歳頃に手先が不器用だからという理由で（冗談かもしれませんが）生物学に関する研究をあきらめたと語っています。ピアジェはワーカホリックだったようで、休みなく毎日仕事をし、バカンスの時期は仕事がはかどるからと喜び、娯楽として映画を見たのは生涯で4回しかないそうです。『ダークナイト』を見て喜んでいる筆者とは大違いです。

ピアジェは、様々な領域に大きな影響を与えた20世紀の偉大な学者でした。現代の認知発達研究の多くは、ピアジェの研究を出発点としています。ピアジェ以降の研究は、彼の説を支持するか否かの研究か、ピアジェが手を付けていない研究か、のいずれかに分類されるというくらい、ピアジェの認知発達に関する研究は幅広く、偉大な巨人だったと言えます。現代でも、ピアジェの研究を各論としては超えるものは

乳児を観察するピアジェ

あっても、総論として超えるような認知発達のグラントセオリーは存在しないと言っていいでしょう。

まずは、ピアジェの乳幼児観を見ていきたいと思います。一言でいえば、ピアジェは、子どもを「科学者」であり、「活動的な学習者」であると見なしていました。この場合の子どもは、乳幼児を含んだ幅広い年齢の子どもを指します。

科学者は、世界にある現象を観察し、それらの観察から仮説を立て、実験によってその仮説が正しいか否かを検証します。仮説が正しいことが証明されれば、別の実験によってその仮説を別の角度から検証します。仮説の正しさが証明されなければ、自分の検証手段の是非を再検討し、新しい手段で検証するか、自らの仮説の誤りを認め考え方を変えるかのどちらかの選択をすることになります。このことを繰り返す中で、理論を形成し、その理論を用いてあらゆる現象を説明しようと試みるのです。筆者も科学者として、このような作業を繰り返して、日々研究を行っています。

研究が遊びにたとえられることがありますが、ピアジェによれば、遊びも研究にたとえられます。たとえば、トシ君が川辺で水切り遊び（石を投げて、何回水の上で跳ねるかを競う）をしているとしましょう。初めて石を投げたときには、石は跳ねずに川に沈んでしまいました。トシ君は自分の知識を駆使して、何が悪かったかを考え、投げた石が重すぎたという結論に至るとします。この考え（仮説）が正しければ、軽い石を投げれば、石は跳ねるはずです。そして、トシ君は、いろいろな重さの石を用いてこの考えを検証し、どの重さの石でも結果が変わらないことを見出しました（実験）。この結果から、自分の仮説が誤っていたことに気づき、今度は投げ方や投げるスピードの工夫に考えが至るというわけです。このことを繰り返していく中で、トシ君は最終的には石切りマスターになれるかもしれません。

この場合、決して子どもは試行錯誤を繰り返しているわけではありません。乳幼児期に系列だった変数の操作（石の重さだけ変化させる、投げ方だけ変化させる）ができるわけではありませんが、手当たり次第に試しているのではなく、何らかの仮説を立て、その仮説に基づいた行動をしているのです。また、重要なのは、子どもも、科学者と同じように、決して受け身の存在ではなく、積極的に世界について働きかけてその在り方を知ろうとする活動的な存在であるという点です。ピアジェは、乳幼児の行動を入念に観察することによって、乳幼児は活動的な存在であり、自ら積極的に知識を構築していく存在だと見なしたのです。

ただ、ピアジェは、乳幼児を積極的な存在だと見なしてはいたものの、幼い頃から豊富な知識を持っていると見なしたわけではありません。乳幼児が知識を持たない無能な存在であるという意味においては、これまでの乳幼児観と違いません。しかし、ピアジェは、無能であっても、乳幼児は自ら世界に働きかけ、自らの力で知識を構成する存在であると考えました。このような乳幼児に対するピアジェの見方を、本書では「活動的な乳幼児」観と名付けようと思います。そして、ピアジェは、自分の子ども3人を詳細に観察することによって、このような乳幼児観を形成していったのです。

ピアジェ理論の肝

さて、ピアジェ理論において最も重要な点について触れていきます。ピアジェの理論といえば、段階発達のように、認知発達の変化を記述するものであるかのような印象があります。しかし、ピアジェの理論の肝は、認知発達のどの段階においても変わらないもの（機能的不変項）があるという点です。それが、「適応」と「体制化」なのです。まずは適応について見ていきたいと思います。

ピアジェの適応概念は、主体が環境にいかに適応していくかという、適応過程に焦点をあてています。その適応過程は、同化と調節という二つの過程から構成されています。同化とは、生物学の概念で、有機体が食物を摂取し、環境を自らに取り込むことを指しています。これは、環境が有機体に対して従属することを意味します。キャベツを食べるウサギはキャベツにならないが、キャベツはウサギの一部になるのです。ピアジェはこの概念を認知発達に応用しました。認知発達における同化とは、有機体（子ども）が新しい情報を自分が既に持っている認識の枠組み（シェム）に合うように変形させ、取り入れることを指します。未知の情報を、既知の枠組みの中に取り入れるということです。たとえば、子どもが魚というシェムを持っていたとします。そのシェムの要件が、水の中で泳ぐ生物だったとします。ある日その子どもが川で遊んでいると、今まで見たことのないイワナに遭遇しました。子どもは、その生物が水の中で泳いでいることを見て取って、その生物を魚という既存のシェムの中に取り込むのです。同化の過程は、乳児に見られる吸綴反応や把握反応のような、感覚運動にもあてはまります。この場合は、乳児は母親の乳首に向けていた吸綴反応を、哺乳瓶や玩具にも適用します。このような行動も、自分の持っているシェムの中に、外界の対象を取り込む過程だと言えます。ヒトは、あらゆる発達の段階において、その段階における支配的な構造の中に、新しい情報を取り込んでいくのです。この知識の獲得プロセスは、科学者が既存の理論によって新しい知見を説明する様子と類似しています。新しい実験結果や観察結果が得られた場合に、既存の理論によって説明可能であるならば、それらの結果はその理論を補強するための証拠として取り込まれていくでしょう。この限りにおいて、その理論は安泰です。

次に、調節について見ていきましょう。調節とは、有機体が、自分の既存の認識の構造を、新しい経験に合わせて変化させていくことを指します。つまり、新しい経験に応じて、自分の認識を変更させることです。同化では、環境や経験を自分に従属させるのに対して、調節では、自分の認識を環境や経験に従属させるのです。魚の話だと、子どもにとって、水の中で泳ぐものはすべて魚だったとします。そこで、イルカやクジラといった、水の中で泳ぐ生物ではあるものの、魚ではない生物の存在を知ったとします。その場合、子どもの「魚＝水の中で泳ぐ生物」という認識は、変更を迫られることになります。世界の中で発見した新しい事実によって、水の中で泳ぐ生物が必ずしもすべて魚ではないことを知り、たとえば、魚というシェムに、水の中で泳ぐこと以外の様々な要件（卵を産むなど）を付け加えていくのです。感覚運動の事例を挙げると、新しい対象に対して、乳児は自らのつかむという行動を適用できない場合、つかむという行動自体を修正し、新しいつかみ方を試みようとします。

このように同化と調節を繰り返す中で、ヒトは新しい認識を獲得します。同化と調節は両輪であり、同化のない調節はなく、調節のない同化はありません。ピアジェは、同化と調節を含めた主体と環境との相互作用の過程のことを、適応と呼んでいます。乳幼児は環境との相互作用を通して認識を構成する、活動的な存在だと言えます。

最後に体制化についても触れたいと思います。ピアジェの言うところの体制化とは、子どもの持つ各独立したシェムがお互いに結びつき（ピアジェの言葉では協応）、機能的に一つの全体としてまとまりを作ることを言います。それにより、各シェムが他のすべてのシェムと相関するようになります。このようにシェムがそれぞれ協応し、体制化されていくことで、より複雑なシェムが形成されていきます。その結果として、複雑な知識が形成され、複雑な行動を産出することができるようになるのです。同化や調節を含めた適応が外的環境との関係を扱っているのに対して、体制化は、内的側面を扱っています。適応と体制化によって、認識は発達していくのです。

段階発達

ピアジェによれば、同化と調節、体制化の過程は、基本的には発達のどの時期においても不変であり、その意味において連続的な発達的変化を生み出します。一方で、ピアジェは、認知発達における段階発達を唱えています。この考えは、ヒトの論理的思考は、感覚運動期、前操作期、具体的操作期、形式的操作期の四つの質的に異なった構造を持つ段階を経て発達していくというものです。また、前の段階は、次の段階にとって必要なプロセスであり、皆同じ発達経路をたどるとされます。そして、ある段階から次の段階には、短い移行期間を経て、急速に変化します。その意味において、段階発達は不連続なものだと見なすことができます。

ピアジェの認知発達理論は、子どもがいかに論理的な思考能力を発達させるのかを説明するものです。その鍵となる概念が「操作」です。上述したように、感覚運動期を除いて、各段階の名称には操作という言葉が含まれています。前操作期は操作ができる前の段階、具体的操作期は具体的な事象に関しては操作ができる段階、形式的操作とは抽象的な問題や事象に関しても操作ができる段階をあらわしています。

では、操作とはどういう意味でしょうか。一言で言えば、手や口などの身体を伴った操作が、内化したものです。実際に手を動かさなくても、情報を区分したり、結合したり、変形したり、元に戻したりすることを論理的に行う過程のことです。心的な操作と言えるでしょう。

有名な保存の課題を例にとってみましょう。この課題では、子どもの前に二つのビーカーが置かれていて、一方に水が入っています。二つのビーカーは、面積や高さという条件において異なっています。ビーカーAは背は高いが底面積は狭く、ビーカーBは背は低いが底面積は広いとします。実験者は子どもに、水をビーカーAからビーカーBに入れ替える様子を見せて、ビーカーの水の量が変化したか同じかという質問をします。前操作期の子どもは、水の量が減ったと答えます。これは、ビーカーAの方がビーカーBよりも背が高いことから、そちらの水が多く入っているように見えるからです。一方、具体的操作期の子どもは、水の量は変わらないと答えます。それは、ビーカーBに移った水を、心の中でビーカーAに入れ戻すという操作をすることで、どちらのビーカーの水の量も同じだということがわかるからです。

身体で考える

ピアジェの段階発達については、中垣博士訳『ピアジェに学ぶ認知発達の科学』などで説明されていますので、詳しくはそちらをご覧ください。本書では、乳幼児と関わる感覚運動期と前操作期について説明していきます。まずは感覚運動期についてです。ピアジェの考えでは、言語や模倣などの象徴機能が出現する18か月以前においては、子どもは心の中で思考することができません。彼らにとっては、触ることやつかむこと、行動そのものが思考なのです。身体を使った操作によって、知識を構築し、認識を発達させていくのです。このような操作が、実際に身体を使用しなくても、だんだんと心の中で行えるようになっていきます。

ピアジェは『知能の誕生』の中で、自分の子ども3人についての詳細な観察を約180事例報告し、感覚運動期を、以下の六つに分類しています。

①反射の行使
②最初の獲得性適応と第一次循環反応
③第二次循環反応および興味ある光景を持続させる手法
④第二次シェムの協応と新しい状況への適用
⑤第三次循環反応と能動的実験による新しい手段の発見

⑥心的結合による新しい手段の発明

どの時期でも、同化と調節の適応過程と、シェム同士の協応という体制化による発達過程が説明されています。誕生直後は、吸綴反射などの反射を乳児は備えていますが、その反射行動すら、十分に機能するためには対象との関係によって吸い方等を調節する必要があります。一方で、吸綴するシェムを、乳首だけではなく、他の対象に対して適用するという意味で同化も行っています。第一段階では、生得的に備えた反射を同化し調節しているだけであるのに対して、第二段階では学習や経験による適応という側面が入ってきます。たとえば、第一段階では、指が偶然口に入ったから吸うという行動が、第二段階では、手と口が協応することにより、組織的に親指を吸うという行動になるのです。手と口を協応して指を吸うという行動は生得的に持っていないので、第一段階とは区別されます。そして、この段階で重要なのが、新しい行動の獲得のためにその行動を乳児が反復するという事実です。ボールドウィンによって循環反応と名付けられたこの反復行動は、乳幼児が同じ行動を何度も何度も繰り返すという日常的にも見られる現象に対して大きな理論的素地を与えました。ピアジェによると、この循環反応は乳児自身が発見した新しい行動に対してなされると言います。乳児は、興味を引く新しい結果を持続させたり、反復させたりしようとするのです。誰かに与えられたものではないという能動性と、新しい行動であるという獲得性が循環反応にとっては重要であり、そういう行動を乳児は反復するのです。その中でも第一次循環反応とは、自分の身体に対して向けられた循環反応を指します。第一次循環反応の観察例を以下に挙げてみましょう。

観察十二

ローラン

――〇：一（三）、また、続けざまに何度も舌を突出す。じゅうぶん目をさましているが、じっとして腕はほとんど動かさず、空吸いもしない。彼はただ、口をなかば開いて、下唇の上で舌を出したり入れたりしているだけである。

――〇：一（五）、ローランは最初空吸いをしていたが、やがてこの空吸いをやめて上述の舌だけの運動に変わっていった。

――〇：一（六）、彼は舌で下唇をなめたり、唇と歯茎のあいだで舌を動かしたりして、明らかに舌で遊んでいる。――その後もこの行動は頻繁にくりかえされ、いつも満足げな仕草をともなっていた。

（『知能の誕生』p.51）

第三段階から第四段階にかけては、「意図性」という言葉がキーワードとなります。ピアジェによると、子どもは自分の持っている様々なシェムを分解したり、再構成したりする中で、行為における手段と目的とを分化します。そして、目的のために手段を選択できるようになると、行為が意図的であると見なされます。意図性が見られるようになるこの段階こそが、知能の始まりであるとピアジェは提唱しています。まず、第三段階では、第二次循環反応が始まります。第一次循環反応が自分の身体に向けられた反復行動であるのに対して、第二次循環反応は、自分の行動が外界にもたらした興味ある結果を反復する行動のことを指します。たとえば、第一次循環反応においては、ものをつかむためにつかむわけですが、第二次循環反応においては、音を出すためにつかむのです。第二次循環反応を繰り返していく中で、自分の行為における手段と目的とが区別できるようになります。この萌芽が見られるのが第三段階であり、第四段階でこれが完成します。典型的な第二次循環反応は以下のようなものです。

観察九四b
ルシアンヌ
——〇：四（四）、新しい揺りかごのなかにいる。彼女は腰を激しく揺すって屋根を動かす。
——〇：四（一三）、屋根の花柄模様をながめながら、足を激しく動かす。しばらく休んでから、再びそれに目をとめると、また足を動かしはじめる。どのような屋根に対しても同じ反応がみられる。
——〇：四（十九）、屋根のあちこちをつぶさに調べながら揺すぶりをはじめる。
——〇：四（二一）、同じことを乳母車のなかで行なう（先の揺りかごのなかではもう行なわない）。自分が揺すぶった結果をみようと注意深く調べる。
（『知能の誕生』p.165）

第三段階においては、外部の対象に働きかけるものの、偶然に発見した新しい結果をあくまで反復することが目的であり、新しい状況や問題に対応することはできません。一方、第四段階に入ると、異なった二つのシェムを組み合わせて、主たるシェム（目的）と従たるシェム（手段）を区分し、新しい行動を生み出し、新しい結果を意図的に得ることができるようになります。

たとえば、玩具の前に障害物があるような状況を考えてみましょう。このような新奇な状況において、乳児は最初、玩具を直接つかもうとするものの、届きません。このとき、乳児は既存のシェムを使って、まずは障害物を取り除くという〈手段〉をとり、それによって玩具を取るという〈目的〉を達成することができるのです。ただし、第四段階においては、あくまで既に持っている手段を新しい状況に適用するにすぎず、新しい手段を能動的に生み出せるようになるのは、第五段階において第三次循環反応が始まってからとなります。第五段階において、様々な手段を用いて目的を達成するようになるのです。また、第四段階と第五段階のもう一つの違いは、対象に対する認識の仕方です。第四段階では自分の行為の延長に対象がある、つまり、自分との関係でしか対象を把握できなかったのに対して、第五段階では、自己とは離れた、より客観的な対象を構築することができるようになります。本章の冒頭で触れたローランの観察記録は、この第五段階における観察記録です。

第六段階において象徴的機能が発生します。意味されるもの（所記）と意味するもの（能記）が分離し、後者が前者を言語や心像、ごっこ遊びなどで象徴することができるようになります。そして、「心」の中で考えることができるようになるのです。第五段階までは、自分の身体を使って直接的に操作し、実験をしていましたが、第六段階になると、多くの制約付きではあるものの（論理的には考えられないなど）、心の中で実験することができるようになります。

ピアジェは、この第六段階における変化を、質的な変化だと捉えています。ここで鍵となるのは、発明と表象です。前者に関しては、いわゆる洞察学習のように、試行錯誤なしに問題を解決することが例として挙げられます。この時期になると、乳児は外的対象に対して様々なシェムを持つようになります。新しい問題を発見した場合に、既存のシェムが自発的に協応し、新しい問題解決が可能となるのです。以前の段階においてもこのような協応は見られるのですが、実際の行動となってあらわれていました。第六段階においては、これらの協応が、行動にあらわれない暗黙的な形でなされるというところがポイントです。

そして、この発明と密接に関連するのが、表象です。ここで言う表象とは、箱の中に隠れたものを取り出すときに利用するような、現前しない対象を喚起する知的活動のことを指し、ごっこ遊びや描画、心像のような象徴的機能を持つ活動を含みます。表象の発生に関しては、模倣が重要な役割を果たしています。何かを知覚した際に、乳児はその様子を模倣します。その場での模倣に加えて、一定時間経過後に模倣すること（延滞模倣）もできます。これにより、知覚した行為を自らのシェムに調節・同化していくのです。そのシェムは外的刺激がないところにおいても、自動的に再生されるかもしれません。このような延滞模倣は、その行為自体が脱文脈的である（そのときの特定の文脈に縛られない）という意味において、既に象徴的機能があります。そして、模倣は行為による表象だと言えますが、これが内化されることにより、思考による表象へと変遷していきます。かくして、身体や知覚を通した直接的な知的活動から、表象を通した間接的な知的活動へと質的な変化を遂げていくのです。

対象の永続性

ピアジェが提唱した概念の一つに、対象の永続性があります。対象の永続性とは、『心理学辞典』（有斐閣）によると、「対象物を実体性を持つ永続的な存在として捉え、見えなくなったり、触れられないとしても存在し続けている」という信念のことです。私たちは、ある対象が目の前から隠れても、その対象は存在し続けることを確信しています。たとえば、戸棚にケーキを入れておけば、ドアを閉めて目から見えなくなっても、そのケーキは存在し続けると考えます。これは一種の物理的な認識であり、知識です。この信念が獲得されるのが、生後8か月くらいだとピアジェは考えました。ピアジェによれば、感覚運動期の乳児の対象認識は自分の身体との関連でしかなされておらず、客観的な対象認識はできません。目に見えない対象を表象できないのです。それが可能になるのは、感覚運動期の終わり頃であり、それまでは対象の永続性は不確定なものであると言えます。その典型的な例として、対象探索とA－ノット－Bエラーの二つが挙げられます。

対象探索は、対象の永続性の基本的な研究パラダイムです。たとえば、乳児の前に玩具を置くと、乳児はその玩具に手を伸ばします。しかしながら、その後に、玩具の前に衝立を置いたり、玩具を布で隠したりしまうと、乳児は玩具の存在を忘れてしまったかのように、別の活動を始めてしまいます。このような乳児に対する観察から、ピアジェは、7か月以前の乳児は対象の永続性を持たないと考えました。8か月頃になるとこのような対象探索ができるようになりますが、対象の永続性を完璧に獲得したわけではありません。それが、第四期のエラーとも言われるA－ノット－Bエラーという現象に見て取れます。

これは、一見すると単純な現象です。二つの全く同じ箱と一つの玩具を用意します。一つの箱（箱A）に玩具を隠し、9か月くらいの乳児に探させます。乳児は、このA試行を正しく遂行することができます。A試行を数回繰り返した後、乳児の見ている前で、箱Aから玩具を取り出せして、もう一つの箱（箱B）に隠します。一定時間乳児を待たせた後に、再び乳児に探させます。このB試行において、乳児は箱Bに玩具が隠されるのをしっかりと観察していたにもかかわらず、箱Aを探してしまうのです。12か月くらいになると、正しく箱Bを探すことができるようになります。ピアジェによれば、これは、対象の永続性を乳児が持ち始めたものの、まだその信念は脆いものであり、少し課題を複雑にするとその信念が崩れてしまうことを端的に示す例です。

A－ノット－Bエラーをめぐる議論

ピアジェの対象の永続性についてのこのような議論は、後の研究によって論破されることとなります。第4章で触れますが、生後半年以下の乳児においても対象の永続性を持つことが示されたためです。そのため、A－ノット－Bエラーにおいても、議論が起こりました。

A－ノット－Bエラーが報告されて50年以上が経過しましたが、このエラーがなぜ起こるかについては、実はまだ決着がついていません。ピアジェ以降の研究者たちは、多くの実験を実施することによってA－ノット－Bエラーが発生する原因について議論を交わしています。筆者自身、このA－ノット－Bエラーに関わる論文を一つ書いていますが、この分野の研究は膨大にあり、調べるだけでも非常に大変です。

A－ノット－Bエラーに関する研究が面白いのは、発達心理学の研究史を概観する気分にさせてくれる点です。以下、各時代における優勢な理論を紹介し、この現象の説明を試みていきたいと思います。脳に関する議論など、後ろの章で説明する理論もあるので、それらに詳しくない読者はここを読み飛ばして、該当する部分を読み終えた後に、また戻ってくることをお勧めします。

A－ノット－Bエラー

① 記憶に重点を置くもの

認知心理学（第6章参照）が盛んになりだした頃、記憶は最も研究された領域の一つだったので、その記憶に関する理論を用いてA－ノット－Bエラーが議論されました。ある研究者は、Aの位置の記憶がBの位置の記憶を妨害（順向抑制）しているのではないかと言います[1]。A試行を繰り返すことでAの位置の記憶が定着し、Bの位置に隠されても、その記憶が探索行動を阻害するというのです。この点については、記憶負荷を操作することで検証が可能となります。事実、A試行の直後にB試行を実施するとエラーが減ることが報告されています。しかしながら、この説明にとって不利な知見もあります。その一例は、B試行で玩具が透明な箱に隠された場合（すなわち、B試行では記憶の負荷がない）でも、エラーが生じるという実験結果です。この記憶の説明とも関連するのがコネクショニストモデルによる説明ですが、複雑なので、第6章で紹介します。

② A試行における運動歴を強調するもの

A試行による運動歴を強調したのがダイナミックシステムズアプローチです。ダイナミックシステムズアプローチは、運動発達に関する理論です。運動発達は古典的には脳の成熟によって説明されていましたが、ダイナミックシステムズアプローチは、乳児と環境の相互作用によって生じると捉えます。このアプローチでは、ある平衡状態から次の平衡状態へ、複雑なシステムが自己構築していくと考えます。たとえば、ある課題において乳児が正しく課題を通過でき、その成績が安定して高いとき、平衡状態にあると言えます。ところが、乳児自身や環境に変化があると、その課題の成績は一時的に低下することがあります。たとえば、乳児自身の体重が増えたり、環境が変化して以前とは違う状態になったりすると、乳児は以前のように安定した成績が出せません。一時的に不安定な状態になりますが、乳児が環境と相互作用する中で、次の平衡状態に至るのです。このアプローチでは、様々な要因を考慮し、それぞれの要因の変化がシステム全体にどのように寄与するかを説明します。

ダイナミックシステムズアプローチでは、A－ノット－Bエラーを、コップの特徴、視覚的注意、記憶、リーチング（対象に手を伸ばす運動）の運動歴などの複数の要因を考慮して説明します。紙面の都合で、本書では特にリーチングの運動歴を取り上げます。

スミス博士やテーレン博士によると、エラーはA試行におけるリーチングの運動歴に起因しています。[2] A試行でAの位置にリーチングした運動歴が、B試行における探索に影響を与えるというものです。この説明によると、物体がAの位置に隠されるという点は重要ではなく、対象の永続性は大きな問題になりません。スミス博士らは、Aの位置に物体を隠さずに乳児にAの位置へとリーチングさせ、その後B試行を実施した際にも、A－ノット－Bエラーが生じることを示しています。

この説明への批判は、Aの位置に対するリーチングがなくても、A－ノット－Bエラーが生じるという研究結果からなされています。乳児が実際にA試行でリーチングをせずに、他者がリーチングをするのを観察したのちにB試行を与えられても、乳児はAの位置を探索し続けるのです[3]。批判はありますが、この解釈は現在も一定の影響力を持っています。

③ 前頭前野の成熟と行動の抑制を強調するもの

運動歴とともに、現在も支持されている解釈の一つは、前頭前野の成熟に説明を求めるものです。前頭前野は、行動の切り替えや抑制などに関わる脳部位です（第6章、第7章参照）。ダイアモンド博士らは、この脳内部位の未成熟と、それに伴う行動の抑制の未発達がA－ノット－Bエラーの原因だと考えています。この点は、ヒト以外の動物を対象とした実験によって検証されています[4]。ある研究では、健常なアカゲザルと、前頭前野の一部を除去したアカゲザルにこの課題を与えました。すると、健常なサルは正しく箱Bを探索することが可能でしたが、前頭前野を除去されたサルは箱Aを探索し続けてしまいました。この研究はヒト乳児の前頭前野を対象としているわけではありませんが、この結果から、ヒト乳児が同様の課題を通過するときにも前頭前野が関連している可能性が推測されます。

④ 乳児の他者認識能力にその原因を求めるもの

A－ノット－Bエラーに関する最新の説明は、乳児の他者認識能力にその原因を求めるものです。チブラ博士らによると、A－ノット－Bエラーは、実験者の出す顕示手がかりに原因があるとされます[5]。第5章で述べますが、顕示手がかりとは他者とのアイコンタクトなどのことで、乳児は顕示手がかりを検出すると、そのシグナルに関わるものを選択的に学習する状態に入ります。この説明によれば、A－ノット－Bエラーは、実験者の出す顕示手がかりを過剰に般化させてしまうことに起因します。実験者が玩具を箱Aに隠すとき、無意識に乳児とアイコンタクトをとるなどの、様々な顕示手がかりを出しています。この顕示手がかりを検出すると、乳児は学習する状態に入ってしまい、このような状況下では、玩具はたいてい箱Aにあるということを学習します。その結果、Bの位置に玩具が隠されたとしても、Aの位置を探してしまうのです。チブラ博士らは、実験者が顕示手がかりを出す条件と、横を向いて顕示手がかりを出さない条件、および実験者がいない条件を比べたところ、A－ノット－Bエラーを算出した割合は順に、80％、40％、40％程度でした。彼らの仮説が一部裏付けられたと言えます。

このように、ピアジェの報告したA－ノット－Bエラーについては、時代とともにその説明が変遷しています。④に関する論文が権威のある科学雑誌の一つであるサイエンス誌に掲載された際に、分野外の方々に「なんでこれがサイエンス誌に掲載されるの？」と質問されたものです。たしかに、それほどインパクトのある研究には見えないかもしれません。ですが、このA－ノット－Bエラーという発達心理学においてはいまだに答えの得られぬ問題に新しい解釈を付与したという点において、この研究は評価されているのです。

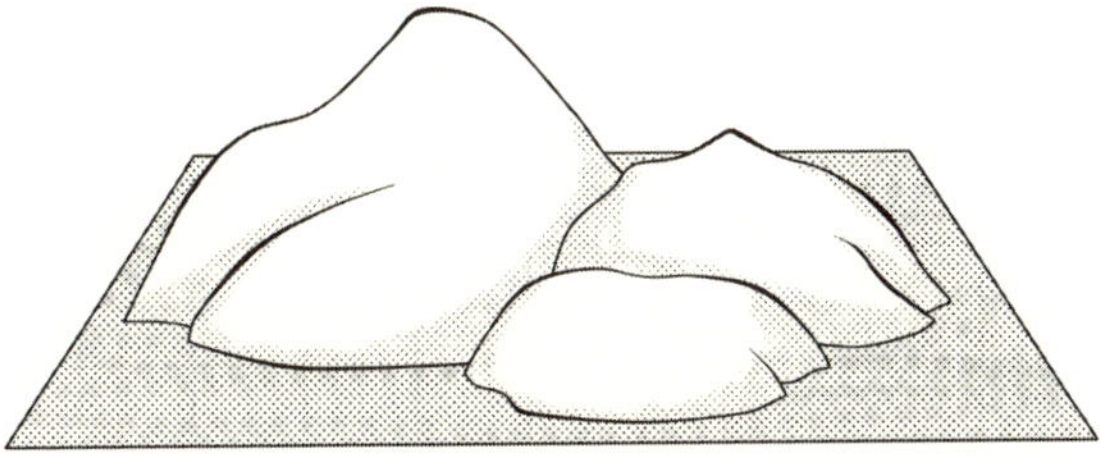

三つ山問題

幼児期の自己中心性

次に、ピアジェの幼児研究についても紹介しましょう。ピアジェにとって、幼児は前操作の段階にあります。感覚運動期の終わりに表象は獲得されますが、すぐに論理的な思考ができるわけではありません。この段階の幼児の思考は、自己中心性で特徴づけられます。ピアジェの言う自己中心性とは、一般的な意味とは異なり、自分以外の視点が存在することがわからず、周りの人も自分と同じように外界を知覚していると思っている状態のことを指します。ピアジェは三つ山問題を基に、この主張をしました。この課題では、三つの山の模型を用います。三つの山はそれぞれ高さや形が異なりますが、図のように配置されているために、ある場所から見た場合と別の場所から見た場合では見え方が違います。子どもはある場所に座らされ、子どもとは異なる位置に人形が置かれます。当然、子どもから見た場合と人形から見た場合とでは、山の見え方は異なります。子どもに人形が見ている光景の写真を1枚選んでもらうと、6、7歳以前の子どもはほとんど自分が見ている山の姿を選んでしまいます。自分の視点が中心になってしまっているのです。

中心化

自己中心性とともに、中心化も前操作期の特徴です。中心化は、ある特徴にのみ着目し、別の特徴を考慮できない子どもの傾向のことを指します。先に触れた保存の課題における子どもの行動も、中心化の一例です。高さと底面積という二つの特徴（そして奥行きも）を考慮して水の体積を考えるべきなのですが、子どもは高さという特徴に着目して、他の特徴を考慮できません。この量の保存課題以外にも、数の保存や長さの保存の課題もあります。数の保存では、まず、2列のおはじきを7、8個程度、等間隔で並べます。白いおはじきの列と茶色のおはじきの列としましょう。この段階で、幼児にどちらの数が多いかと尋ねると、同じだと答えます。ところが、茶色のおはじきの列の間隔を広げて、おはじきの端から端の距離を白いおはじきの列の距離よりも長くすると、幼児は茶色の列のおはじきの数が多いと答えます。おはじきの数は変わっていないのですが、子どもは変化のあった距離に着目し、茶色の列の方が多いと思ってしまうのです。

保存以外に、包含の問題もあります。全体と部分の関係についての認識です。10個のボールのうち、8個が赤色のボール、2個が白色のボールだとします。前操作期の幼児に、赤色のボールと白色のボールのどちらが多いかを尋ねると、正しく赤色だと答えます。ところが、赤色のボールとボールはどちらが多いかと尋ねると、幼児はこの場合も赤色と答えてしまうのです。この質問自体がトリッキーであり、後々批判されることになりますが、ピアジェの考えでは、このような幼児の反応は、全体と部分の関係を認識していないから生じるというわけです。以上のような中心化の傾向を脱するためには、操作の発達が必要です。たとえば、数の保存の例では、間隔が広くなってしまった茶色のおはじきを心の中で操作し、間隔を戻して、茶色と白色のおはじきの数が同じであることを確認しなければなりません。このような可逆的な操作により、子どもは脱中心化を遂げるのです。

アニミズム、実念論、人工論

もう一つピアジェの重要な業績として触れておきたいのが、アニミズムに関する研究です。アニミズムは前操作期の幼児に見られる認知的傾向の一つで、これも自己中心性の表れだと考えられます。アニミズムは、自分にとって未知の事物（たとえば、太陽）を、自分のよく知っている人間や生き物の枠組みに同化することで生じます。ピアジェは、アニミズムを、事物に生命や意識を帰属する傾向と定義しています。ここでの生命とは、あるものが生きているかどうかであり、意識とはあるものが知っていたり感じていたりするかどうかということです。ピアジェによると、子どもが意識を帰属させる傾向は、まず、人間にとって何らかの機能を果たしているものは意識を持つ（例、石）と考える段階があり、次に風や水のように動くものだけが意識を持つという段階（6、7歳～8、9歳）、3番目に自発運動をするものだけが意識を持つ段階（8、9歳～11、12歳）、最後に、動物だけが意識を持つ段階（11、12歳以降）の4段階で発達すると言います。たとえば、自転車は自発運動をしないので、8～9歳の子どもにとっては意識を持たないということです。生命の帰属についても、同じように発達していきます。

ピアジェによると、子どもの思考は生物と無生物を区別しないところから始まります。つまり発達早期の子どもにとって、世界にあるものは基本的に同じカテゴリーに属するということになります。生物概念の発達に関して言えば、この初期状態から、生物と無生物の区別をする過程であると言えます。自然は様々な生命を含んでおり、いかなる存在も多かれ少なかれ生命らしさや意識らしきものを持つように見えます。子どもはその中で、生物らしさを、自発的に動くものに帰属させ、それ以外の動きには帰属させないことを学習していくのです。

アニミズムと同様に重要な概念として、実念論と人工論が挙げられます。実念論とは、子どもが、心的な出来事と物理的な出来事を混同することです。子どもは、思考が口や耳で生み出されていると考えていますし、夢が頭の中だけで展開されていることを理解できません。自分の思考と外界の区別ができていないのです。その結果、魔術的思考のような非論理的な思考が生み出されてしまいます（第8章参照）。たとえば、石に動けと念じたことで、動いたように思ってしまいます。

また、人工論とは、すべての事物は人が作ったものだと考えることです。ピアジェは、太陽と月の起源や水・空・雲などの起源などについて検討しています。子どもは、これらの対象を誰が作ったのか、何からできているのか、ということに疑問を持ちます。対象によって違いはあるものの、共通する法則として、最初は、子どもは地球や太陽は人もしくは神が創造したと考えます。次に、人工論と自然な説明が共存する段階があります。たとえば、太陽は雲が凝縮してできたものであるが、雲自体は家の煙突から作られると説明します。最後に、自然な説明ができるようになります。たとえば、人の活動を介さないで、太陽や月の起源について説明できるようになります。ピアジェは、このような人工論が、教育や大人の指導の産物である可能性を認めつつも、子どもの自発的な思考であることを強調しています。

ピアジェにとって、この時期の子どもは、非論理的な思考によって特徴づけられます。自己中心的な思考や中心化を克服し、子どもたちの思考は論理的になっていくのです。

批判されるピアジェ

ここまで、ピアジェの乳幼児観と認知発達研究について説明してきました。ピアジェの理論は詳細な観察データに裏付けられており、乳幼児の日常的な様子ともマッチすることから、広く受け入れられてきました。その意味で、ピアジェが偉大であることは間違いありません。しかしながら、A－ノット－Bエラーに関する研究に見られるように、現在ではピアジェの理論は様々な批判を受けています。

最も多い批判が、子どもの能力を過小評価しすぎているというものです。ピアジェは、乳幼児は有能ではないが、能動的・活動的な存在だと見なしました。この根拠は、自らの子どもを中心とした観察データです。しかしながら、これらの研究手法では、乳幼児の能力を十分に測りきれていないという批判が20世紀後半に相次いでなされました。この点は、第4章で詳しく議論します。

次に、ピアジェは、文化や社会の影響を軽視しているという批判も受けました。本章で述べたように、ピアジェにとって、乳幼児は自ら知識を獲得し、思考を構成していく存在でした。彼は、乳幼児の周りの他者や文化の影響をあまり考慮せずに、乳幼児自身の力を強調していたと言えます。しかしながら、私たちの認識が、その時代の社会や文化に影響を受けるということは明らかなことです。この点については、

第5章で議論することにします。

その他に本書で触れておきたい点としては、ピアジェが発達の非連続性を考慮していた点です。段階発達に関する部分で述べたように、ピアジェは認知発達の質的に異なった発達段階を想定していました。第6章で述べるように、この点はコネクショニズムのような認知科学の理論によって議論されています。

本章のまとめ

本章では、乳幼児を対象にした心理学的研究の黎明期について紹介してきました。この時期の研究者は、自ら世界や環境について働きかける、能動的で活動的な乳幼児観を持っていました。このような進展の一つの要因は、観察法が研究手段として確立した点が挙げられます。とはいえ、乳幼児は論理的に思考することはできず、知的能力は非常に制約されていると考えられていました。このような考えがどのように変わるかについて、第4章で見ていきます。次章は、少し話が変わって、乳幼児のかわいさについて考えます。

第3章　かわいい乳幼児

銀も　金も玉も　何せむに　まされる宝　子にしかめやも

（『万葉集』巻5－803）

山上憶良が万葉集に詠んだ歌です。彼は筑紫守として九州は大宰府に任じられ、著名な歌をいくつも残しています。筆者の出身地は太宰府市であり、大宰府政庁近くの中学校に通っていたことから、（勝手に）浅からぬ縁を感じています。憶良がこの歌を詠んだのは奈良時代です。第1章で論じたように、近世になるまでは幼い子どもは疎外の対象だったかもしれませんが、一方で子どもに対する愛情は時代を超えてみられる普遍的なものであることを示す例だと言えます。本章では、このような乳幼児に対する愛情に関連する乳幼児観について考えてみます。これまでの章とは異なり、乳幼児に加えて、乳幼児を観察する大人の側が議論の対象となってきます。まずは、親と子の絆と言われるアタッチメントについて概観し、そこから浮かび上がってくる乳幼児観について紹介しましょう。

アタッチメント

アタッチメントは、愛着と訳されます。ここで言う愛着とは、日本語で慣用的に用いられている表現とは意味するところが異なります。アタッチメント理論の大家であるイギリスの精神分析家ボウルビィによれば、アタッチメントとは、危機的な状況で、特定の対象との近接を求め、維持しようとする個体の傾向、などと定義されます。本書では、特定の他者との間に築く情緒的結びつきという意味で使っていきます。私たちは、不安なとき、誰かに頼り安心感を得たくなります。子どもは大人に抱きしめられることによって安心感を得ますし、大人だって恋人とハグをすることによって不安が軽減されることがあるでしょう。そういった他者との情緒的な結びつきのことを、アタッチメントと呼ぶのです。

アタッチメントが親子間でどのように形成され、発達していくかが、発達心理学において最も重要な研究領域の一つです。これまでの章で見たとおり、乳幼児は無力な存在です。運動能力は限られており、自分の力だけで栄養を補給することはできません。これは、他の哺乳類と比べても、際立った特徴です。乳幼児はもう少し母胎内にいるべきなのだが成熟しきれないうちに出産されるのだという指摘もあります。スイスの生物学者ポルトマンによって生理的早産と名付けられたこの現象は、その原因として、乳幼児の脳の肥大化と、ヒトが二足歩行することにより母親の胎盤が小さくなったことが挙げられています（逆に脳の可塑性が高い間に出産することがヒトの特徴だという考えもあります）。ピアジェは無力な乳幼児は反射等を駆使して知識を構築しているのだと論じましたが、自分では栄養を補給できないので、養育者の助けが

親と子の結びつき

なければ乳幼児はそもそも生存することができません。このような考えから、乳幼児が養育者に求めるのは、授乳を通した栄養補給だとされていました。乳児は養育者からご飯を与えられることで、養育者を求めるようになると考えられていたのです。

ところが、この考えに異論を唱える研究が20世紀半ばにアメリカの心理学者ハーロウによって報告されました。ハーロウはサルの知能の研究を進めていました。彼はセレンディピティ（幸運に出会う能力）が高い人物だったのでしょう。歴史に残る多くの発見がそうであるように、彼はサルの知能の研究中に、サルの興味深い行動に気づきました。子ザルに哺乳瓶を与えている途中にその哺乳瓶を取り上げると、子ザルは唇を突き出してミルクを欲しがりました。ところが、子ザルからタオルを取り上げようとすると、サルたちは泣きわめき、タオルにしがみついて離さなかったのです。この観察から、ハーロウは、子が親に向ける絆の本質は、栄養補給にあるのではなく、身体的接触による温もりにあるのではないかと考えました。そして、この考えを、現在の視点から見れば残酷な方法で検証したのです。彼は、母子分離された幼いサルに、二つの代理母を提示しました。一つの代理母は、針金で作った物体に哺乳瓶をくくりつけたものであり、もう一つの代理母は温もりを与えることのできる毛布を段ボールの円錐にくくりつけたものでした。この実験の結果、子ザルたちは、数日後には布製の代理母にしがみつくようになったのです。お腹が空いたときには哺乳瓶の代理母のもとに行って栄養を補給するものの、それ以外は布製の代理母のところで大半の時間を過ごしました。このような研究から、ハーロウは、母子間の情愛的な絆には、接触が重要であると結論づけたのです。

乳幼児は積極的に親を求める

以上はサルの話ですが、ヒトの研究は、ボウルビィによって進められました。彼は、オーストリアの動物行動学者ローレンツなどの研究に影響を受けて、ヒトのアタッチメント理論を構築したことで知られています。ボウルビィによれば、乳児にとって母親とは、安全基地のようなものです。安全基地があれば、それを起点として、周りの世界の探索に出かけることができます。何か怖いことがあっても、基地に戻ればいいのですから。そこで安心と安全感を得て子どもは元気になり、次の探索に進んでいくことができます。

では、ヒトのアタッチメントはどのように形成されていくのでしょうか。サルの場合は、しがみつくような身体的接触が鍵でしたが、ヒトの場合はそのような行動はあまり見られず、ヒト固有のアタッチメント形成方法があるようです。ここに、乳幼児観についてのヒントが見られます。ヒトのアタッチメント形成における重要な要因は、乳幼児が出す様々なシグナルです。たとえば、生後間もない乳児であっても、泣く、見つめる、微笑むことができます。これらの行動は、発達早期においては、意識的な行動ではなく、反射に近いものも含まれているでしょう。しかしながら、それらのサインが意識的であるかどうかはさほど重要ではありません。重要なのは、サインを受け止める大人がいるという事実と、サインを受け止めた大人がどのような振る舞いをするかということです。

乳児が泣いているとしましょう。それを見つけた大人が、乳児をほうっておくでしょうか。乳児が微笑んでいるとしましょう。それを無視することができるでしょうか。意識的に乳児がサインを出しているかどうかにかかわらず、大人はサインを検出すると、乳児に対して何らかの働きかけを行います。乳児が泣いていたら、「どうしたの?」と語りかけ、抱っこをし、何か不快なことがあったのではないかと考え、それを取り除く努力をします。乳児が微笑んでいたら、その笑顔に心を奪われ、自然と大人の方も笑顔になり、乳児に語りかけるでしょう。

このように、乳児がサインを出し、養育者がそのサインに対して反応を返します。その養育者の反応に対して乳児がさらに反応を返すことで、二人のやりとりは進んでいき、絆が形成されていきます。単純化すれば、このような経過をたどって、ヒトのアタッチメントは形成されていくのです。

アタッチメントの発達過程をボウルビィの枠組みに従って概観すると、生後3か月くらいまでは、乳児はどのような他者ともアタッチメント関係を形成する可能性を持っています。両親以外の他者に対しても、泣く・見つめるといった行動を向けるのです。その中で、自分を世話してくれるのが誰かを見極めていきます。自分と一緒に過ごす時間が長いのは誰なのか、質の高い世話をしてくれるのは誰なのか、ということを見極めつつ、アタッチメント対象者を決定していきます。3か月頃から半年くらいまでは誰にでも愛想はいいものの、特に養育者に対して愛着反応を示すようになります。半年から2、3歳頃までには、人見知りが見られるようになり、見知らぬ他者に対して警戒する一方で、アタッチメント対象者に対しては近接関係を維持しようと努めます。この頃になると養育者がいなくなると泣き、後追いをするようになります。3歳以降になると、短期間であれば養育者が不在であっても取り乱すこともなく振る舞うことができるようになるのです。また、この頃には養育者と子どもとの間に双方向のやりとりが生じるようになり、協調して関係を築き上げることができるようになっていきます。

アタッチメントの個人差

アタッチメント研究において最もよく知られているのが、エインズワース博士によって開発されたストレンジシチュエーションテストです。この方法で、乳児と養育者がどのようなアタッチメント関係を築いているかを調べます。ストレンジシチュエーションテストの標準的な手続きは以下のようなものです。ウェブ上でも見ることができるので、参照してください。(http://www.youtube.com/watch?v=QTsewNrHUHU)

1　乳児と養育者が二人で遊んでいる
2　そこに見知らぬ人が部屋に入ってくる

3　養育者が部屋から退出
4　見知らぬ人と乳児が二人にされる
5　養育者が入室、見知らぬ人は退出
6　養育者も退出、乳児は一人ぼっち
7　見知らぬ人が入室
8　養育者も入室

この調査で鍵となるのが、養育者が部屋を出ていく母子分離時の乳児の反応（3と6）と、養育者が戻ってきたときの乳児の反応（5と8）です。これらの反応を見てみると、乳児によって大きな個人差があり、これこそが養育者との間に築いているアタッチメント関係の個人差を反映していると考えられています。アタッチメント関係は大きく三つのタイプに分けることができます。一つは回避型と呼ばれるもので、この型の乳児は母子分離時には困惑せず、再開時にも喜ぶ様子が見られません。日常的に養育者が乳児に対して拒否的であり、乳児がサインを出してもそれにあまり反応していないのではないかと考えられます。二つ目は安定型で、この型の乳児は母子分離時には戸惑うものの、再会時には容易に落ち着きを取り戻し、養育者に積極的に身体接触を求めていきます。日常的に、養育者が乳児に対して応答性が高いと推測されます。三つ目はアンビバレント型で、この型の乳児は、母子分離時には取り乱し、再会時にも容易に静穏化せず、養育者に近接しながらも激しい怒りを伴った抵抗的態度を見せます。アンビバレントは両価という意味で、養育者に接触したいという気持ちと放置されて許せないという気持ちの相反する二つの態度を持ち合わせているのです。日常的には、養育者は乳児に対して応答しますが、それが養育者の気分によるなど、乳児のサインに合わせた対応ではないため、乳児が困惑するのだと考えられています。

強調しておきたいのが、安定型がいいとか、アンビバレント型はダメだとかそういう話ではないということです。たしかに、安定型の子どもは、他の型の子どもよりも、幼児期・児童期の社会性の発達が健全であるという報告はあります。しかしながら、どの型であれ、乳児は自分の置かれた環境に適応しているのであり、自分にとって適切な行動を選択しているのです。たとえば、日常的に回避的な親子関係が築かれている場合、乳児が分離時に騒いだとしても、養育者から拒否されてしまうなど、ネガティブな結果が得られる可能性があります。子どもは、与えられた環境の中で、受動的に待つわけではなく、その場にふさわしい行動を選択しているのだと言えます。

ちなみに、回避型の乳児は、行動レベルにおいては母子分離時においても平然として見えるのですが、生理指標を取った場合には、実は変化があるという報告もあります。たとえば、脳神経の一つである迷走神経系に関わる生理指標を調べて、回避型の乳児と安定型の乳児を比較した研究では、回避型の乳児の方がその指標の変化が大きく、高い精神的負荷がかかっていることが示唆されています。[6] 回避型の乳児は、実はストレスを感じているけれども、環境に適応するには平然とするのが一番だと知っており、そういう方略をとっているのかもしれません。

このようにアタッチメント関係では乳児の役割は重要です。乳児は、自ら養育者に働きかけ、養育者を近くに呼び寄せ、自分の世話をさせているのです。栄養補給はもちろん、外敵から守ってもらうためにも、養育者を手元に置いておくことは重要です。さらに、養育者の反応を読み取り、状況に適した行動を生み出していきます。このように乳児が主体的な存在であるという意味において、筆者はアタッチメント研究においても、第2章で触れた「活動的な乳幼児」に類するものがみられると考えています。

筆者は、アタッチメント理論が、ピアジェの乳幼児観と同じだと言っているわけではありません。両者の大きな違いは、能動的に働きかける対象が異なるという点と、能動的に働きかける目的が異なるという点です。前者に関して言えば、ピアジェは、乳幼児は、自分や外界のモノに対して働きかけると考えました。一方、アタッチメント理論においては、乳幼児が働きかける対象は、他者です。また、ピアジェは、乳幼児の世界に対する働きかけの目的を、知識や概念を構築し、認識を形成するためだと論じました。一方、アタッチメント理論においては、乳幼児の能動的な働きかけの目的は、緊密な他者との関係形成であり、それによる安全や安心感の獲得です。以上のように、ピアジェとアタッチメント理論における乳幼児観には違いがあり、これら二つを同列に扱うのは乱暴でしょう。しかしながら、大きな視点から見れば、両者の乳幼児観には類似性が見られます。両者とも乳幼児に豊富な知識や認識があることを認めているわけではありませんが、乳幼児は完全に無力な存在なのではなく、活動的かつ主体的な存在として捉えていると言えるでしょう。

ベビースキーマ

ここまでは、アタッチメント研究における乳幼児観を前章と関連づけて説明してきました。これ以降は、親子関係を別の角度から見ることで新しい乳幼児観について考えていきたいと思います。それが「かわいい」乳幼児観です。筆者の中では、この乳幼児観は位置づけが難しいところがあります。その理由は二つあります。一つは、研究対象が、乳幼児だけではなく、乳幼児を見る大人を含む点です。もう一つは、大人の研究を扱っているため、他の乳幼児観との関連が薄いということです。そのため、ここから先は、箸休めとして読んでいただけると幸いです。

乳幼児のかわいさは、何が生み出しているのでしょうか。この点について、ローレンツは多くの動物の幼体が持つ共通点を指摘しています。それがベビースキーマです。

ローレンツによれば、ベビースキーマとは、おでこが大きい、頬がふっくら、丸いなどの、様々な種に見られる幼体の特徴のことです。これらの特徴を検出すると、成体の側にポジティブな感情が生起し、幼体に対する接近行動を誘発します。この指摘に基づき、ベビースキーマに関わる要因を操作し、大人の印象が変化するかを調べた研究があります。たとえば、ある研究では、同じ子どもの顔の丸さやおでこの広さを連続的に変化させ、それらの要因がかわいさの評定に影響を及ぼすかどうかを検討しました。[7]これらの操作は人工的ですが、系統だった実験をするためにはこのようなやり方の方が妥当です。操作した写真を大学生に、かわいさや世話をしたいかという点で評定させると、ベビースキーマを強調した写真の方が、そうではない写真よりも、よりかわいく、より世話したいという印象を与えました。ベビースキーマは、大人にかわいいという印象を抱かせるようです。

また、このような乳児の特徴は、実際に大人の行動にも影響を与えているようです。たとえば、乳児の顔写真は、大人の顔写真よりも、注意を引きつけやすいという研究があります。[8]この研究では、乳児と大人の顔写真を短時間提示し、その後どちらかの写真と同じ位置にドット（・）を提示しました。乳児顔が

ベビースキーマを持つ赤ちゃんと持たない赤ちゃん

注意を引きつけるとすれば、乳児顔の位置に提示されたドットは、大人の顔の位置に提示されたドットよりも、素早く検出できるはずです。この実験の結果は、左視野（視野の左半分）に提示された場合においてのみ、乳児顔の位置に提示されたドットの検出が大人顔の位置に提示された場合よりも、早かったというものでした。左視野の場合のみでこの結果が得られたことに関しては、神経科学の視点から説明が可能です。左視野から取得された視覚情報は主に右脳で処理されますが、右脳の紡錘状回という領域は、顔情報を選択的に処理しています。このことから、顔への感度が高い左視野においてのみ結果が明確であった可能性があります。

また、乳児のかわいさは、大人の注意を引きつけるだけではなく、実際に養育行動にも影響を与えます。たとえば、ある研究では、客観的に評定された乳児のかわいさが親の養育態度に影響を及ぼすことを示しています[9]。

まず、ある家庭の乳児の写真を撮り、それらの乳児を見たことがない大学生たちにその魅力度を評定させました。次にこれらの評定によって、乳児を魅力高群と魅力低群に分類しました。そして、その乳児と養育者のやりとりを観察したり、日ごろの養育者の養育態度を質問紙で聞いたりしました。すると、魅力高群の養育者は育児を楽しんでいるのに対して、魅力低群の養育者は、育児に対してネガティブな態度を示すことが明らかになりました。これらの結果は、乳児の魅力度が、養育行動や養育態度に影響を及ぼす可能性を示唆しています。加えて、近年の脳機能画像研究（詳細は第7章参照）などによって、未経産の女性を対象に、ベビースキーマを強調した顔写真とそうでない顔写真を提示した際の脳活動を計測すると、前者において側坐核などのいわゆる報酬系と呼ばれる脳領域の活動が有意に強いことも示されています。ベビースキーマを検出することは、観察者にとって報酬（褒美）になるのです[10]。

乳児は皆かわいいじゃないかと言われる方もいるでしょう。筆者自身、これまで接してきた乳児は皆かわいいと思いますし、かわいさの違いをそれほど感じることはありません。ですが、これは筆者が男性だからなのかもしれないのです。ある研究では、乳児のかわいさを連続的に変化させ、成人男性と成人女性が、乳児のかわいさの違いに気づくかを検討しました[11]。たとえば、写真を加工することによって、元の写真よりも50％増のかわいさの乳児と、50％引きの乳児の写真ができあがります。これらの写真を対で提示し、どちらの乳児がより魅力的かを問います。この実験の結果、男性である筆者としては残念なことですが、男性は乳児の魅力の違いに対してひどく鈍感でした。一方、女性は、乳児のかわいさの違いに対して敏感でした。特に、19〜26歳の女性参加者は、乳児のかわいさに対して非常に敏感であったといいます。また、この研究では、女性ホルモンが重要なのではないかと考え、エストロゲンなどの女性ホルモンが含まれる錠剤を与える群と与えない群に分け、これらの群に乳児の魅力度評定をさせたところ、錠剤を与えられた群の方がより乳児のかわいさに対して敏感だったことが示されました。

もちろん、乳児も、いつまでもベビースキーマを保持しているわけではありません。筆者は保育園において調査をさせてもらうことがありますが、同じ園に通う子どもでも、3歳児と5歳児の違いには驚くことがあります。3歳児はあどけないのですが、5歳児にもなると、その顔は精悍であり、もう大人なのだなと思うことがあります。近年の研究では、ベビースキーマは4歳半頃に消失していくという可能性も示唆されています。リー博士らは、様々な年齢の顔の好ましさと魅力度を大学生に評定させました。[12] その結果、0歳から4歳半くらいまでは同じように魅力的であると評定され、それ以上の年齢の子どもとは区別されることが示されました。これらの結果から、リー博士らは4歳半までが高い魅力度を備えており、それはベビースキーマによるものだと推測しています。もちろん、大人の中にもベビースキーマを保持している人もおり、そのような大人は魅力的だと評定されやすく、他者からの援助行動を引き出しやすいことも知られています。ですが、全体的には、4歳半を過ぎると、子どもの顔に対する魅力度が急速に下がるという点は非常に興味深い結果です。

かわいい乳幼児と不思議な大人の行動

乳幼児が持つ特徴は、大人から特別な行動を引き出すことも知られています。最も有名な例は、マザリーズです。日本語にすると母親語というところでしょうが、父親も類似した言葉を発することから、現在は乳児向け発話と呼ばれることが多いようです。この乳児向け発話の特徴としては、音のピッチが高い、音の抑揚がはっきりしている、などが挙げられます。筆者の母親も乳児向け発話の上手な使い手で、筆者に対しては淡々と話しているのに、甥っ子など乳児の姿を見ると、息子たる筆者をわきにやり、非常に高い声で、乳児に語りかけます。この変化たるや、見事なものであるとしか言いようがありません。このような発話は、多くの文化で見られるようで、かなり普遍的なものだと思ってよさそうです。乳児向け発話にはいくつかの機能があると考えられていますが、特に重要なのが、乳児の注意を引きつけ、彼らの学習を促進するという点です。乳児は、乳児向け発話を検出することによって、養育者から様々な行動を学習するための準備状態に入るという主張がなされています（第5章の「自然な教授法」理論参照）。

養育者と乳児の関係は双方向なものです。上述のように、乳児はそのかわいさによって、養育者を手元に置き、栄養や安心を与えてもらうことができます。養育者は、そのかわいさを検出することで、養育への動機づけが高まります。テンションが上がった養育者は、今度は乳児向け発話を発して、乳児に語りかけます。そうすると、乳児の方がその乳児向け発話を検出し、彼らの学習が促進されるのです。こういう研究を知れば知るほど、親子関係がきわめて興味深い研究領域であることがわかります。ただ、乳児だけを研究する場合、もしくは養育者だけを研究する場合に比べると、そのダイナミックな関係を定量的に捉えるのは難しく、乳児写真を使うような疑似親子相互作用場面になってしまうことが多いのはしかたがありません。近年、親子間のやりとりを定量化する試みも増えており、より科学的な研究がもっと増えてくるでしょう。

乳児向けの行動は、発話に限ったものではありません。ある研究では、大人の被験者に道具を与え、その道具を使って乳児と相互作用している場面と、別の大人と相互作用している場面を比較しました[13]。その結果、乳児と相互作用する場面の方が、より頻繁に相互作用をし、より大げさであり、同じ行動を繰り返す傾向が強かったのです。このような乳児との相互作用における特徴的な行動傾向は、マザリーズに倣ってモーショニーズと名付けられました。大人は乳児を前にすると、行動のある側面を強調する傾向にあるようです。やはりこのような乳児向けの行動は乳児の注意を引きつけるようで、6~8か月児に、成人向けの行動と乳児向けの行動を対提示したところ、後者を好んで見たと言います[14]。

もう一つだけ、大人が乳児に対してとる特異的な行動を挙げておきましょう。それは、養育者が乳児の行動を過剰に解釈する傾向のことです。想像してみましょう。乳児が、何かを見つめています。何かに手を伸ばしています。私たちは、それらの様子を見ると、乳児の「心」を勝手に想定し、乳児の心の動きを読み取ろうとしてはいないでしょうか。乳児が何かを見つめている場合、「それが欲しいの?」と声をかけないでしょうか。乳児はただモノを注視しているにすぎず、それらを「欲しい」と考えているかどうかはわかりません。しかし、大人は乳児の行動を勝手に解釈し、その行動に勝手に意味を与えてしまいます。時には、その行動の背後に心の働きを想定します。ケイ博士やトレバーセン博士などによれば、養育者は乳児の行動を見たときに、その行動の意味を膨らませて、過剰に解釈し、意味を与える傾向があると言います。篠原博士は、このような養育者の「勘違い」は、実は養育者と乳児との間のコミュニケーションにとってきわめて重要であり、このような勘違いによって乳児とのやりとりが成立すると指摘しています。たしかに、乳児が実際に何を考えているかは簡単にはわかりません。ですから、大人が勝手に意味を与え、勝手に意思疎通ができた気にならなければ、いくら乳児がかわいくても、やりとりに困ってしまうことでしょう。

このように、過剰に乳児の行動を解釈する傾向の中でも、特に注目されているのがマインドマインデッドネスと呼ばれるものです。これは、養育者が、発達早期から、子どもを、心を持った存在として扱い、子どもの心に目を向ける傾向のことです。子どもの心（mind）が、養育者の心によって読みこまれる（minded）という意味の概念です。マインズ博士によって提唱されたこの概念は、子どもの心の発達の足場作りに寄与していると考えられています。事実、この傾向が強い養育者の子どもは、他者の心を理解する能力である心の理論の発達が優れているという報告もあります。その一方で、篠原博士が示しているように、養育者のこの傾向が強いからといって、心の理解の発達のすべてが促進されるとは限らないという知見もあり、議論のあるところです[15]。

以上のように、大人は、ベビースキーマを検出すると、乳児向けの特異的な行動様式に変化するようです。そして、このような行動には訓練は必要ではないようです。照れや恥じらいもあって、人前で乳児向け発話を発するには慣れが必要でしょう。しかしながら、私たちは、誰に教えられることもなく、このような乳児向け行動を産出することができるのです。ベビースキーマが解発刺激となり、私たちの脳内には大きな変化が起こるようです。ヒト以外の動物を対象にした研究では、子どもを産むことで、母親の脳内回路が劇的に変化するという知見があります。母親がなぜ、子育てをしながら仕事をするというようなマルチタスクをこなせるかという疑問も、このような研究によって明らかになってくるのかもしれません。

乳幼児は「なぜ」かわいいのか

最後に乳幼児が「なぜ」かわいいかについて考えてみたいと思います。現代社会においては、乳幼児はかわいい存在であり、そのかわいさによって周りの大人をほうっておくことはありません。これはわが国だけのことではなく、西洋諸国においても同じようです。しかしながら、なぜ乳児はかわいいのかという点を考えたときに、少し難しい問題が生じます。このような問題に対して、研究結果から直接的に答えを出すのは容易なことではありませんが、議論する価値はあるでしょう。

現代の心理学では、この問題は、進化的な視点から説明されています。代表的な考え方は、乳幼児のかわいさは生存のために進化してきたというものです。自然淘汰の考え方に従うと、かつてはかわいい乳幼児とそうではない乳幼児がいて、かわいい乳幼児のみが選択されてきたことになります。[16] かわいさを備えた乳児は、後の配偶者選択に有利であり、遺伝子を次世代に残す可能性が高いためです。大人は、かわいい乳児に資源を与え、生存の確率を高めたのかもしれません。こういう説は、心理学では受け入れられている印象があります。しかしながら、こういう考え方に少し疑問を持つ必要があるようにも思えます。もし乳幼児のかわいさが進化的な適応だとすれば、少なくとも現生人類が出現してから、いつの時代も乳幼児はかわいいのであり、乳幼児はいつの時代も周りの大人を引きつけ、養育行動を引き出してきたはずです。

歴史的に見ても、乳幼児がかわいかったことを支持する証拠はみつかります。江戸時代の浮世絵を見ても、それ以前の平安時代や鎌倉時代に描かれた乳児の絵画を見ても、乳児はベビースキーマらしき特徴を備えています。たとえば、13世紀の作品である『西行物語絵巻』では洗濯しながら乳児をおんぶしている女性が描かれていますが、そこでの乳児はふっくらして、丸い顔をしています。このような描写は、特別なものではなく、この時代の絵画のいたるところに見られます。現代よりも生存の厳しい時代だったからこそ、ベビースキーマはより効果を挙げていたのかもしれません。

しかしながら、一方で、乳幼児は生存のためにかわいさを進化させたという考えに必ずしも適合しないのではないかという証拠も見つけることができます。たとえば、出生直後の乳児を見ると、少なくともベビースキーマで指摘されているような「かわいさ」はあまり感じられません。むろん、新生児は庇護したくなる対象なのですが、出産直後の乳児はふっくらしていませんし、丸みもあまりないと言えるでしょう。このような特徴が出てくるのは、少なくとも生後1か月か2か月経ってからのことです。つまり、出生の時点では、乳児はベビースキーマを備えておらず、生後数か月程度で備えてくるという、発達の産物なのです。このことは、進化論的な考えとは相いれないようにも思えます。出生直後は乳児が最も無力な時期であり、死亡する確率も高いと言えます。一例として、平成22年の厚生労働省の人口動態総覧によると、亡くなった乳児（0〜12か月）の総数は２４５０人なのですが、その約半数は生後1か月以内に亡くなっています。明治32年の記録でも、乳児の死亡数は21万３３５９人であるのに対して、やはりその約半数が生後1か月以内に亡くなっています。このように、新生児期に死亡する確率は高いと言えます。そうであるならば、最も死亡する可能性が高い出生直後の時点においてこそ、ベビースキーマが必要なはずではないでしょうか。しかし、実際にはそうではない点が疑問に残るところです。

また、間接的な証拠にしかなりませんが、第1章でも見てきたように、わが国においては古代から中世に至るまで、乳幼児は保護の対象ではなく、疎外されていた可能性があります。徳川家第五代将軍である徳川綱吉の「生類憐みの令」からもその点はうかがい知れます。生類憐みの令は犬以外にも、猫や鳥、虫に加えて、ヒトの乳幼児も加えられており、むしろ実際には乳幼児の保護に寄与したという評価がありま す。裏を返せば、乳幼児は当時虐げられていたということになるのでしょう。すべての乳幼児がかわいがられ、養育の対象であったとは決して思えません。西洋においても、アリエスの『子どもの誕生』の中で詳しく記述されているように、子どもは特別な保護を受けておらず、乳幼児が亡くなったところで、深く嘆くこともなかったと言います。洋の東西を問わず、古代から中世に至るまで、乳幼児は疎外される対象であった可能性があるのです。原博士著『子どもの文化人類学』に記されているように、現代でもそのような文化を持つところはあります。

また、教育学者太田氏は、著書『子宝と子返し』の中で、少なくとも近世後期においては、子宝思想と子返し（子殺し）は共存しうると述べています。太田氏は、子返しは、失われやすい生命は再生の可能性も大きいと考える当時の民衆の信念に根差しているのではないかと指摘しています。彼女によれば、当時の社会においては、家を継ぐ者としても、情愛の対象としても、乳児を子宝と見る考えがあった一方で、家計への配慮からあまり多くの乳児を抱えるわけにはいかず、ある種のバースコントロールのために子返しがあったということです。つまり、経済状況から、子どもを、宝とも、子返しの対象とも、見なしたということになります。現代ほどには、子どもへの愛情と家計への配慮が分離されておらず、両者は未分化なものであったと考えられるわけです。このように、時代によっては、乳児がかわいいだけの対象ではなかったのでしょう。

人間以外の動物においてもベビースキーマはあることから（というよりも、動物の研究から見つけられたものなので）、進化的視点での説明は説得力があります。また、絵画等を見ても、近代以前から少なくとも一部の乳幼児にベビースキーマがあったのは事実でしょう。しかしながら、それらを考慮しても、ベビースキーマがあるという事実と、それが進化のために機能していたという仮説の間には少々の乖離があるように思えます。栄養状態がよい現代においては乳幼児のかわいさが際立っているため、私たちは現代の視点から、歴史や進化を捉え損なってしまっているのではないかという気もしています。

乳幼児の研究において、歴史という視点は見過ごされがちです。第5章で述べるように、偉大な発達心理学者であるヴィゴツキーは歴史を非常に重要視しましたが、現代の乳幼児研究者の中には進化や発達は語っても、歴史を語らない人もいます。進化や発達は論文になりやすい一方で、歴史を語ってもなりにくいという事情があるのかもしれません。しかしながら、歴史という視点を見過ごせば、人間の心の在り方の記述は不十分なものになってしまう可能性もあります。進化と発達だけではなく、歴史という視点も含めて考えていきたいものです。

本章のまとめ

本章では、アタッチメントの理論を中心に、乳児と他者の関係について紹介してきました。アタッチメント理論においても、乳児は活動的な存在であり、その点においては第2章の「活動的な乳幼児」と類似している部分があります。また、本章では、「かわいい乳幼児」観についても見てきました。乳幼児がかわいい存在であるのは間違いなく、それが乳幼児の進化的な戦略である可能性も考えてみたくなります。一方で、この解釈には慎重になる必要があることも指摘しました。第1章から第3章で見てきた内容に共通するのは、乳幼児は無力かつ無能な存在であるという考え方でした。このような考えが、どのように変化してきたか、次章以降で見ていきます。

第2部

有能な乳幼児

第4章　有能な乳幼児

乳児期は … 人間の発達の中でももっとも重大な時期の一つである … このように重要な時期にもかかわらず、それが一つの研究分野として本当に抬頭してきたのはごく最近のことである。ここ10年、乳児研究のための方法は急速に正確さをましてきた。乳児についての問題もきわめて詳細に問いうるようになってきたし、そこから出て来た答えも、多くの人々を驚かすにたるものがある。乳児はわれわれが思ってもみなかった多くのことをなし得ると同時に、われわれが疑ってもみなかったことが意外に出来ないこともその答は示しているのである。

（バウアー『乳児の世界』p.3）

第2部では、ピアジェ以降の乳幼児観についてみていきます。認知発達研究におけるピアジェの影響力は強く、ピアジェ以降の乳幼児観は、ピアジェのものを批判的に発展させたものです。冒頭の言葉は、ポストピアジェの牽引者の一人であるバウアー博士の著書『乳児の世界』の一節です。様々な独創的な実験手法を考案した彼は、「有能な乳幼児」と言われる新しい乳幼児研究時代の扉を開き、その時代を主導しました。

ピアジェの研究が本格化し始めたのは1920年代頃でしたが、アメリカに紹介されたのは1950年頃のことです。ピアジェの研究が広がる一方で、1950年代から60年代にかけて、現代の発達心理学に強い影響を与える研究も始まっています。その一つは、言語学者チョムスキー博士の研究です。生成文法などの言語理論において著名なチョムスキー博士は、言語が本質的に生得的なものであると論じました。これらの研究は、乳幼児研究における新生得主義に大きな影響を与えています。新生得主義とは、乳児がある種の知識を持って生まれてくるという考えのことです。

本章では、バウアー博士などの優れた研究者によって示された「有能な乳幼児」観について概観します。この乳幼児観に寄与したのは、生得性への着目と、乳幼児を実験的に研究するための方法が確立したことです。本章ではまず実験手法の確立について紹介したのちに、「有能な乳幼児」観について見ていきます。

乳幼児の視線に注目する

最初に、実験と観察の違いについて説明しておきましょう。観察が特定の人為的操作を加えず、対象の諸現象を生の形で記述しようとするものであるのに対して、実験では、実験者が特定の仮説を基にある要因に着目しその要因を変化させ（A条件、B条件など）、その変化に応じて結果が異なるかどうかを検証します。

ピアジェの時代では、主に観察手法が用いられていました。ピアジェ理論は偉大ですが、子どもの能力を過小評価しているという問題点がありました。その原因の一つは、ピアジェが観察手法に依存したという点にあります。日常行動の観察に基づいた場合、乳幼児の能力は著しく低いように見えます。乳児は自分で移動することもできなければ、食事をすることもできません。彼らの運動能力の低さから、彼らの知的能力や認知能力も低いと考えられていました。しかしながら、実験的手法の進展によって、乳幼児は運動能力が低くても、様々な知的能力を有していることが明らかになってきたのです。

ピアジェ以降で広く使われている実験手法は、乳児の視線を利用したものです。乳児は、養育者などの周りの環境にあるものをじっと見つめることがあります。自分で移動することはできなくても、自分の周りにあるものは積極的に見つめ、目で追い、それが何であるかを学習しようとします。このように、乳児の視線の動きは非常に活発で、その視線から乳児の知的能力を調べようという考えが生まれました。

乳児の視線実験

視線計測を用いた実験手法は20世紀初頭からその有用性が指摘されていました。たとえば、ある研究者は権威のある心理学専門誌に発表した論文の中で、生後30日以内の乳児が動く物体を追視することを報告しています[17]。

これらの研究は厳密性を欠いていましたが、科学的な研究の第一歩としての重要な役割を果たしました。現在標準的に用いられている手法は、アメリカの心理学者ファンツ博士の研究に基礎を置いています。

ファンツ博士と、同時期に同様の研究を発表したベリーネ博士の研究により、視線を用いた研究は一躍注目を集めることとなりました。

代表的な手法の一つが、選好注視法です。この手法は、二つの対象（刺激）を対提示し、乳児がどちらか一方を選択的に注視するかどうかを調べるものです。たとえば、ストライプの図形と、灰色の図形を対提示し、図形から少し離れたところに乳児を座らせます。この状況で、二つの図形のうち、どちらかの図形をより長く見ることがあれば、乳児がその図形をより好んだと解釈できます。それがファンツ博士の主張でした。もちろん、一方を長く注視したからといって、乳児が本当にそちらの図形を好きだとは限りませんし、二つの刺激の間の注視時間に差がなかったからといって、乳児がどちらも好まなかったということにはなりません。問題点を挙げればきりがありませんが、この手法においては、少なくとも乳児が二つの刺激を区別していることはわかりそうです。この手法により、乳児は単純なものよりも複雑なものを好んで見ること、非対称的なものよりも対称的なものを好んで見ること、パターンがないものよりもパターンがあるもの（顔など）を好んで見ることが明らかになりました。この手法は、単純で再現性もあり、大掛かりな装置を必要としないことから、乳幼児研究において急速に広まっていきました。

選好注視法は、乳児がある対象に対する好みを持っていない場合には利用できないという問題点があります。この点について、ファンツ博士はさらに、馴化《じゅんか》・脱馴化法も生み出しました。この方法は、乳児が対象を見つめる傾向に加えて、新しいものが好きであるという傾向と、すぐに飽きてしまう傾向を持つことを利用しています。乳児は新しいものが提示されると、それを注視し、その対象が何であるかを学ぼうとします。乳児が飽きっぽいことはあえて語るまでもありません。私たち研究者が一番苦労するのは、研

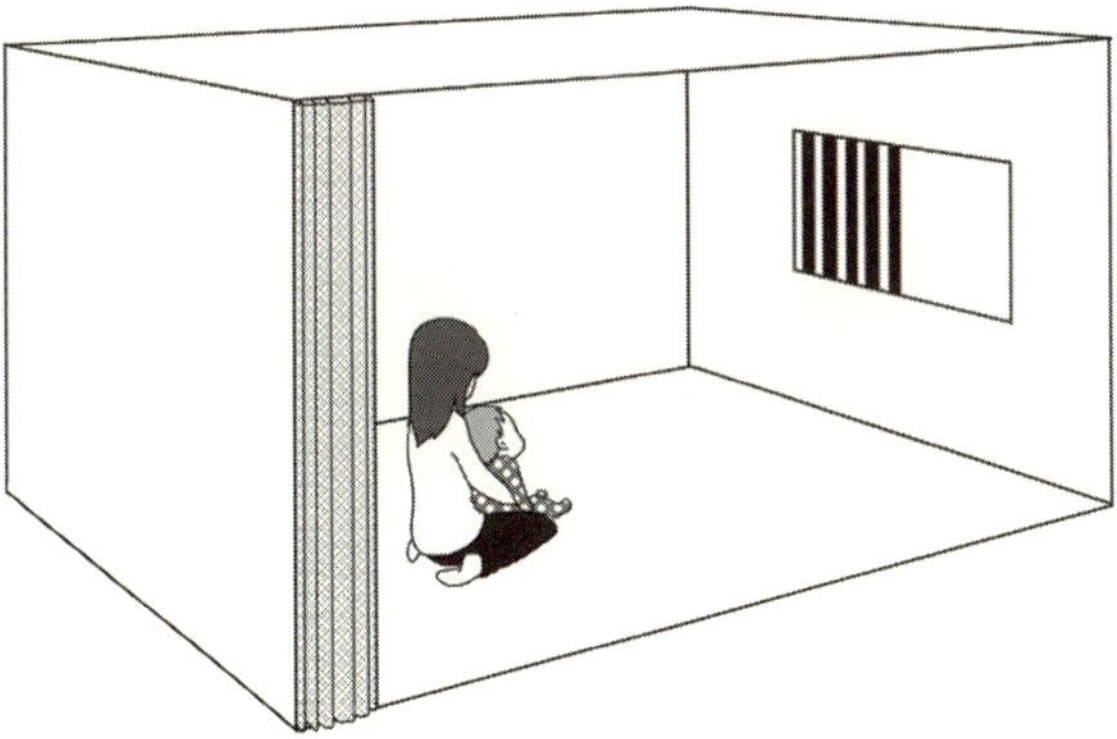

乳児の視線実験

究の都合上、乳児に対して同じ刺激を何度も提示したときに、乳児が飽きてしまってすぐに見なくなってしまうことです。

馴化・脱馴化法では、まず、乳児に一つの刺激を繰り返し提示します。たとえば、女性の顔を繰り返し提示するとしましょう。乳児は新しいもの好きなので、見知らぬ女性の顔が提示されると、その顔を見つめます。乳児の目がその顔からそれると刺激を一度消し、再び同じ女性の顔を提示します。このようなことを繰り返すと、乳児はその女性の顔に飽きてしまい、その顔を見つめなくなります。乳児が飽きたとき（馴化）に、別の刺激を提示して反応の回復（脱馴化）を調べます。たとえば、女性の顔に飽きた乳児に、見知らぬ男性の顔を提示したとしましょう。すると、乳児はその顔を見たことがないので、注視します。このような実験から、乳児が男性と女性の顔を区別していることが明らかになるのです。もちろん、この場合、乳児が女性と男性の区別をしているのか、ある顔と別の顔を区別しているのかは明らかではないので、研究デザイン自体に工夫が必要です。

また、期待違反法と呼ばれる方法もあります。大人でもそうですが、予想外のことがあると、「なんでやねん」と突っ込みたくなるものです。それは乳児も同じで、彼らが知っていることとは異なる出来事を提示して乳児の興味や驚きを誘発する方法を期待違反法と呼びます。たとえば、物理的に起こりえない事象を乳児に提示した際に、その事象に対する乳児の注視時間や心拍数などが変化します。これは、既に持っている知識と目の前で起きている事象とが一致しないために、乳児が驚いて反応するためです。実際の研究においては、この方法を馴化・脱馴化法などと組み合わせて使うこともあります。

乳児向け実験装置

視線を用いた研究のほかにも、様々な研究装置が開発され、乳幼児研究の進展に大きく貢献してきました。最も有名な例の一つに、エレノア・ギブソン博士によって開発された視覚的断崖があります。この装置は、乳児の奥行き知覚がいつ頃獲得されるかを検討することを目的として開発されました。この装置は、図のように、中心にプラットフォームがあり、それを挟んで一方は浅く落ち込んでおり、もう一方は深く落ち込んでいます。両方とも透明のガラスがはめこんであるのが、視覚的な断崖と呼ばれるゆえんです。乳児はそのガラスの上を自由にハイハイすることができます。ただ、ガラスが透明であるため、深く落ち込んでいる方に行くと落ちてしまうように見えます。もし乳児が奥行きを知覚できるのであれば、深い方ではなく、浅い方を選ぶだろうという仮説の基に研究が実施されました。その結果、乳児は深い側を避けて、浅い側を渡るという結果が得られました。生後半年頃の乳児には奥行きを知覚する能力が備わってい

視覚的断崖

ることが明らかになったのです。

また、新しい研究装置の開発といえば、バウアー博士の独壇場です。たとえば、彼は投影機とスクリーンを使った装置を用いて乳児の奥行き知覚を検討しました。この研究では、スクリーン上に、ある物体を投影機で写します。物体の位置を移動させることによって、スクリーン上にある物体は大きくも小さくもできます。私たちはスクリーン上の像が小さいものからだんだん大きくなっていくと、その物体が近づいてくるような印象を受けます。この研究では、スクリーンの前に乳児を座らせ、スクリーン上の物体の大きさを変化させた際に乳児がどのような反応を見せるのかが検討されました。その結果、生後2週目の乳児ですら、顔を手で覆ったりするなどの防御反応をとったというから驚きです。この研究は、乳児期初期から距離を知覚する能力が備わっていることを示唆しています。

このように、様々な研究装置と指標を用いることによって、乳児が様々な能力を持ち合わせていることが明らかになってきました。ここで強調したいのは、この時代の研究者は、乳児が有能であることを確信し、彼らの能力を引き出すために様々な指標の有効性を検証したという点です。そして、このような方法論の進展の背景には、ビデオカメラのような技術の進展があります。視線計測の研究では、実験中にデータを分析することは難しいので、乳児の視線パターンを録画し、後から分析するのが基本となります。乳児の有能さの実証に大いに寄与したメルツォフ博士らは、著書『0歳児の能力はここまで伸びる』の中で、ビデオカメラによって乳幼児研究が著しく進展したと言ってはばかりません。

一方で、この時代には様々な手法が提案されましたが、現在まで広く使われている手法は多くはないという点も指摘しておくべきでしょう。上述の視覚的断崖の装置は興味深い知見を多数生み出していますが、スペースや費用の問題から誰もが用いることができるわけではありません。バウアー博士が開発したような手法も然りです。選好注視法や馴化・脱馴化法は、比較的コストも低く、場所もそれほどとらず、様々な研究に汎用可能であるため、今でも広く使われています。

いずれにしても、研究手法の著しい進展が、有能な乳幼児観を生み出したと言えるでしょう。以下では、それらの手法が乳幼児のどのような能力を明らかにしてきたかについて見ていきます。

有能な乳幼児の知覚能力

初期の研究は、乳児の知覚能力の解明に焦点をあててきました。このような研究は重要なのですが、心理学者下條博士の著書『まなざしの誕生』など、わが国においても多くの良書が存在します。本書では知覚能力については簡単に見るにとどめておきましょう。

まず、視覚については、新生児は目が見えないと考えられてきました。しかしながら、科学的な検証の結果、新生児は、視力は悪いものの、全く見えていないわけではないことが明らかになりました。約30㎝先にあるものに対して焦点が合わされており、大人のように焦点を変化させることはできません。また、生後直後の乳児でも、動く物体を注視しようと試みますし、顔のような配置の図形を好んで見つめることも明らかになっています。

このような、乳児の30㎝先にあるものに焦点が合うという点と顔のような図形を好むという点は、乳児にとっては重要な意味を持ちます。通常、乳児の30㎝先にあるものは、養育者の顔です。第3章で触れたように、乳児は無力ですから、養育者の助けが必要であり、養育者に対して積極的に働きかける必要があります。養育者の顔が見えているということは自分の生命を守るという意味では非常に有利であるといえます。これ以外にも、乳児は半年を過ぎるまでには、物体のサイズや奥行き、色なども認識できるようになります。

聴覚については、母親のお腹にいる頃から機能していることが明らかになってきました。生後数日において母親の声と見知らぬ女性の声を提示した際に母親の声を好むことや、父親の声と見知らぬ男性の声を提示した際には好みが見られなかったことが示されており、これらの結果には在胎中に母親の声を聴く経験が影響していると考えられます。また、新生児は音を知覚すると音源に対して顔を向け、大人と同様に、不協和音を嫌い、協和音を好む傾向があることも知られています。嗅覚や味覚については研究が少ないのですが、新生児は苦い味よりも甘い味を好み、他人の母親よりも自分の母親の母乳の匂いのするパッドを好むなど、味覚や嗅覚も乳児期から機能していることが明らかになっています。驚くことに、大人の嗅覚は方向弁別能力（臭いの元は左か右か）が低いのですが、乳児は左右の弁別ができるという報告もあります。

このように新生児や乳児が視覚や聴覚などの感覚を発達させていることが明らかになってきたのですが、ピアジェの理論と最も大きく異なるのは、感覚と感覚の関係、つまり感覚間協応についての問題です。ピアジェは、把握や視覚などのシェムは、早期には独立して機能し、後にそれらのシェムが協応して働くようになるという考えを持っていました。この考えでは、新生児や生後間もない乳児では、視聴覚統合や視覚と触覚の統合はありえないことになります。しかしながら、実験手法の確立により、新生児にも感覚間協応があることが示されています。

まずは、バウアー博士らの新生児のリーチング研究です。ピアジェは、視覚と把握行動の協応ができるようになるには、生後数か月を要すると考えていました（第2章参照）。ところが、バウアー博士がネイチャー誌に報告した研究では、生後数日の乳児が、視覚的に誘導されたリーチングを行うことが示されました。[18] さらに、光学的に虚像を提示した場合に、新生児はその虚像に対して手を伸ばし、把握に失敗すると驚くというのです。驚くということは、新生児は視覚的に捉えた対象にリーチングしようとする意図を持っていたことを意味します。この研究については異論も呈されてはいますが、ピアジェが考えていたよりも早い時期に乳幼児が視覚と運動を協応させているのは確かなようです。

また、メルツォフ博士らは、視覚と触覚の間にも出生直後から協応関係があることを示しました。[19] この研究では、おしゃぶりを使用します。まず、1か月児に見えないように、イボイボがついたおしゃぶりと、普通のおしゃぶりのどちらかを口に含ませます。乳児がこれに慣れた後に、二つのおしゃぶりを乳児に視覚的に提示します。そうすると、乳児は口の中に含んでいたおしゃぶりを好んで見ました。触覚的に認識していたものを視覚的に認識することができたのです。

もう一つ、有名な新生児模倣についても触れておきましょう。新生児模倣とは、新生児が、他者の顔の動きを模倣する現象のことです。この新生児模倣も、視覚像と自分の顔の動きをマッチングさせる必要があることから、感覚間協応です。メルツォフ博士らは、大人が「舌出し」などの行動をすると、新生児が大人と同じような表情を作ることを報告しました[20]。次章で見るように、新生児模倣が心の理論などの社会的認知能力の発達の基礎にあると主張され、注目を集めています。一方で、この新生児模倣には批判も少なくありません。新生児模倣に批判的なアニスフィールド博士によると、報告されている研究には分析などにおいて問題点があり、新生児模倣の中でも、信頼に足る証拠と言えるのは舌出し行動だけなのです[21]。この舌出し行動についても批判があり、舌出し行動は他者の顔を見ていないときにも、一種の探索行動として乳児が産出することが知られています。つまり、この舌出し行動は模倣とは言えない可能性があるのです。いまだに議論がつきないところですが、新生児模倣が感覚間協応の証拠であるという点に関しては、筆者としても異論はありません。

これらの成果を受けると、ピアジェの考えは修正が迫られます。大きく二つの考えがあると思われます。一つは、メルツォフ博士のように、生得性を重視する考え方です。生まれつき感覚間の協応は持っており、それは発達とともに構成されるものではないというものです。もう一つの考えは、バウアー博士によるもので、まず知覚は全体的に未分化な状態にあり、発達とともにそれぞれの感覚に分化していくのではないかというものです。つまり、視覚や聴覚、触覚などは新生児期には全部つながっており、発達とともに、視覚や聴覚に分化していくという考えです。この考えは、ジェームズ・ギブソン博士の生態学的アプローチに大きな影響を受けました。知覚研究で広く知られているように、ジェームズ・ギブソン博士は、知覚とは環境に含まれている高次の特性（アフォーダンス）の能動的な探索プロセスであると主張しました。ここで重要なのは、バウアー博士は、アフォーダンスの考えを取り入れ、新生児は「どの特定の感覚にも依存しない刺激作用の形式的で抽象的な特性に反応している」（『賢い赤ちゃん』pp.28-29）と主張している点です。つまり、新生児は、環境にある特性を、特定の感覚に頼ることなく取り入れているということです。

このように、新生児の知覚研究は、知覚の発達についても新しい視点を提供しました。バウアー博士の考えについては、近年の神経科学的知見と関連するので、第7章で再び触れます。

有能な乳幼児の物体認識

乳幼児の実験的研究が進む中、認知能力も研究されるようになってきました。認知能力の研究は、1歳にも満たない乳児が成人と類似した知識や概念を有していることを示し、乳児の有能さを強調するに至りました。ここでは、対象の永続性に関する議論から始めたいと思います。たとえば、ぬいぐるみが布に隠されると、乳児は探そうとしなくなってしまいます。このことから、ピアジェは、対象が目の前から消えてしまうと、乳児はその対象がもはや存在しないと考えていると述べました。ところが、新しい時代の研究者たちは、生後半年以下の乳児が対象の永続性を持つことを示しました。

ベイラージョンの実験

この点について有名なのはベイラージョン博士の研究です。彼女は、3か月半の乳児が対象の永続性を持つことを示しました。この研究では、テーブルの上にスクリーンが置かれました。最初は、スクリーンはテーブル上に平らに置かれており、乳児から遠ざかるように回転し、180度になるまで回転し続けます。続いて、スクリーンは反対方向、つまり乳児に向かって回転し始めます。この様子を乳児に何度も見せ、馴化させます。乳児が飽きた頃に、テストが行われます。テストでは、図のように箱がテーブルの上に置かれ、その箱は、スクリーンが90度に達したとき、スクリーンに隠れてしまう位置にありました。

テスト条件は二つあります。可能事態条件では、スクリーンが最初の状態からちょうど箱にぶつかるところまで回転し、箱の位置でスクリーンは動きを止め、元の状態に戻ってくる事態が乳児に示されました。これは、物理法則に従ったものです。もう一つの不可能事態条件では、スクリーンが90度の位置まで回転してもさらに、そこには箱がないかのように180度の位置まで回転し続ける事態が乳児に示されました。箱があるのにスクリーンが180度の位置まで回転するわけですから、物理的にはありえない、不可能な事態です。もし乳児が、箱がスクリーンで隠されても存在すると思っているなら（つまり、対象の永続性を理解しているならば）、不可能な事態が生じた場合に、驚くに違いありません。可能な事態では、驚かないだろうという予測も立てられます。つまり乳児は、可能事態よりも、不可能事態を長く注視するはずだということです。[22]結果は、この予測を支持しました。3か月半の乳児でも、対象の永続性は理解できているようです。

このような物体について乳児が持っている素朴な知識や直感的理解のことを、素朴物理学と呼びます。ボールから手を離すと落ちる、固体は別の固体を通過させない、などの知識のことです。素朴物理学は、学校教育で習う科学的物理学とは矛盾することもありますが、乳児は生後間もない時期から物体の連続性（後述）などの素朴物理学的な知識を持っていることが示されています。

また、ベイラージョン博士らのグループは、乳児の支持（物体が物体を支えること）の理解についても検討を行っています。[23]乳児に、物体Aが物体Bの上に載っている状態を見せ、その後実験者が物体Aを動かします。可能事象では、物体Aを物体Bからとった後に、物体Bのところに戻します。不可能事象では物体Aを物体Bから離れた場所に置くのですが、その場所には物体Aを支えるものはなく、空中に浮いた状態になります。可能事象と不可能事象の注視時間の差を測定し、統制条件の注視時間と比較しました。統制条件では、可能事象および不可能事象と動きは同じですが、常に物体Aから手を離しません（何も不思議なことが起こりません）。その結果、実験条件において、4・5か月時の注視時間が長いことが示されました。

また、別の研究では、ある条件では、物体Bの上に物体Aが置かれ、物体Aを人差し指で押して動かし、物体Aの半分程度が物体Bに支えられている様子を乳児に見せました。[24] もう一つの条件では、同じように物体Aを動かすのですが、物体Aのほんの一部だけが物体Bに支えられています。重力を考慮すれば、物体Bが物体Aを支えるには、後者では不十分です。この結果、6・5か月児は、後者の場面を見せられると注視時間が増加しました。これらの実験結果から、生後半年頃には、乳児は物体と物体の支持関係や重力などのような物理的な知識を獲得していることが示されました。

有能な乳幼児の数認識

次に、数認識です。ピアジェは、論理的思考ができるようにならないと、数概念は十分に獲得できないと考えていました。しかし、乳児研究の進展はピアジェのこの考えも覆したのです。

まずは、乳児の数概念についてです。[25] ある研究では、スクリーンと二つの物体が用いられました。まず、二つの物体はスクリーンの後ろにあるので、乳児からは見えません。その後、物体Aがスクリーンの後ろから横に出てきて、またスクリーンの後ろに隠れます。続いて、物体Bがスクリーンの後ろから物体Aとは違う方向に出てきて、またスクリーンの後ろに隠れます。この様子に乳児が飽きてしまったら、二つのテスト試行が行われました。一方では、スクリーンが取り払われると、二つの物体があらわれました。もう一方では、スクリーンが取り払われると、物体が一つしかあらわれませんでした。ここまで読んできた読者の方ならば予想がつくと思いますが、12か月児は物体が一つしかあらわれない方に驚きました。乳児は、二つの物体が入った場所には、二つの物体があるはずだという数の同一性を保持しているのです。

別の研究[26]では、乳児が二つのものと三つのものを区別できるかを検討しました。この研究では、二つのドットを乳児に提示し、それに馴化させた後に三つのドットを提示しました。その結果、乳児は三つのドットに対して脱馴化したのです。この結果は、乳児にも数概念を持つ可能性があるという点で注目を集めました。ですが、二つと三つのドットを区別することが数概念を持つことを意味するのでしょうか。数ではなく、スクリーン上に何らかの変化が起きたために乳児が驚いたという可能性もあります。実際、別の研究グループ[27]は、乳児はスクリーン上に提示されたドットの数ではなく、ドットの輪郭の長さに脱馴化していると主張しています。このような反論は、証拠を伴って行われる場合、科学的な研究においては重要です。最近は乳幼児の有能性を強調しすぎるあまりに、反証論文が少なくなっているような気がしています。

正確に数を数える能力とは別に、乳児には大まかに数を見積もるアナログ表象の能力もあるようです。たとえば、8個の飴と16個の飴を提示された場合に、大人はどちらが多いかを瞬時に見積もることができます。スペルキ博士ら[28]は、6か月児が8個と16個の区別がつくこと、8個と12個の区別は難しいことを示しました。ある群の乳児はスクリーン上で8個のドットを、別の群の乳児は16個のドットを見せられ、それに馴化します。その後、テスト試行で8個のドットか16個のドットを提示し、脱馴化するかどうかを検討しました。この研究が重要なのは、様々な物理的変数で説明されないような工夫をしたということです。詳細は省きますが、スクリーンの明るさやドットがスクリーン上で占める密度などを統制したのです。このような場合においても、乳児は8個と16個を区別できました。8個と12個の区別は10か月頃までにできるようです[29]。このように、違いが4個以下の場合とそれ以上の場合で区別できる年齢が異なることから、数認識には4個以下の数を表象するシステムと4個以上の数を表象するシステムの二つがあるようです。

最後に、乳児の「算数」についての研究を紹介します。ウィン博士の研究です。[30] 彼女らは、乳児が「1＋1＝2」や「2－1＝1」を理解しているかを検討しました。5か月児は演劇を見せられます。舞台上に一つ目のミッキーマウスが置かれ、スクリーンに隠されます。次に、スクリーンの後ろに二つ目のミッキーマウスが置かれます。この時点で、スクリーンの後ろに二つのミッキーマウスがいます。この様子を見せられた後、乳児にテスト試行が与えられます。片方のテスト試行では、スクリーンが取り払われた後ミッキーマウスが二つおり、もう片方ではミッキーマウスが一つしかいません。もし乳児が「1＋1＝2」であることを理解しているのであれば、ミッキーマウスが一つしかいない場合に驚くはずです。逆に、乳児がディズニーランドについて熟知しており、ミッキーマウスが同時に二ついるはずがないことを知っていたら二つの方に驚くでしょう。結果としては、ミッキーマウスが一つしかいない場合に乳児は驚きました。乳児は「1＋1＝2」を理解しているようです。このように乳児が算数をできるとすれば驚きですが、この研究に対しても様々な批判がなされているのも事実です。現在では、様々な研究が乳児の計数能力を示唆していることから、わずかながらも乳児には計数能力があると言えるかもしれません。

領域固有性

これまで見たように、乳児には驚くべき認知機能が備わっています。では、乳児の認知機能は理論的にはどのように説明されるのでしょうか。この点を考える上で重要なのが、哲学者フォーダー博士によって提唱されたモジュール性という概念です。モジュールとは、特定の領域の問題のみ扱い（領域固有性）、特定範囲の情報のみを用いた、それ自体独立した計算過程のことを指します。その中でも、領域固有性という概念に焦点をあてて説明していきます。領域固有性は、「思考（あるいは認知）が様々な領域に区切られており、かつそれぞれが独自の特徴や構造を持つことを主張する」ものであり、「人は思考のための一般的なメカニズムを持つというよりも、対象の領域に応じた複数のメカニズムを持つ」ことを指します。これに対置される概念が領域一般性であり、「種々の領域を超えて適用される一般的な心的構造を想定する考え」のことを指します（共立出版『認知科学辞典』）。

高校の科目には、物理や生物といった科目がありますが、生物が得意で物理が苦手な人もいれば、その逆の人もいます。こういう例を見ると、私たちの脳の中には、すべての科目の問題を解くための仕組みが備わっているというよりは（これが領域一般性という考えです）、物理を専門に解く仕組みや生物を専門に解く仕組みがそれぞれ備わっていて、それが寄せ集められていると考える方がいいのではないか。そして、進化の過程の中で、ヒトが生存するために重要だった問題を解決するための仕組みがいくつか備わっているのではないか。簡単に言えば、領域固有性とはこのような考え方です。

ピアジェは、領域一般性の考えの代表者としてよく取り上げられます。彼によれば、ある発達段階にいる子どもは、どの問題も同じように解決します。認知発達研究に領域固有性の考えを取り入れた初期の研究者は、ケアリー博士です。彼女は特に、生物学的認識についての独自の理論を発展させました。ケアリー博士は、ピアジェのアニミズム的思考について論じています。ピアジェにとって、アニミズム的思考は、前操作期の子どもの自己中心性のあらわれでした。重要なのは、自己中心性は、生物学的知識の領域に限らず、三つ山課題のような課題でも見られる点です。つまり、様々な課題に見られる領域一般的な傾向です。一方、ケアリー博士は、幼児がアニミズム的思考を持つこと自体は認めて、このような幼児の言動は彼らの生物学領域の知識が不足しているせいだと考えました。

ケアリー博士の議論では、幼児は、物理学知識（モノ）や心理学知識（ヒト）をある程度持っていますが、生物学知識を十分に持っていません。たとえるならば、筆者は発達心理学の知識は持っていますが、素粒子論やリトアニアの歴史についての知識を持ち合わせていないようなものです。ケアリー博士は、当初、生物学知識を獲得するのは10歳程度になってからだと考えていました。幼児には生物学知識が不足しているため、豊富な知識を持っている心理学知識に従って考えてしまう。それがアニミズム的思考だというわけです。

ケアリー博士の考えは、波多野博士や稲垣博士などの研究者によって反証されることになります。詳細は稲垣博士ら著の『子どもの概念発達と変化 —— 素朴生物学をめぐって』を参照いただきたいですが、幼児でも生物学的知識を持っているということが示され、ケアリー博士の10歳までは生物学領域での思考が十分ではないという主張が反駁されたわけです。稲垣博士らは、幼児は生気論的因果という、活力やエネルギーを生成するために生物は食べ物を摂取するという考えを持つことを示しています。

ちなみに、筆者が素晴らしいなと思うのは、ケアリー博士が自分の主張にとって不利な証拠が提示されたことを受け、主張の一部を撤回したという点です。言葉で言うのは簡単ですが、このことを実際に行うことは難しいものです。ましてや、世界の認知発達研究をリードしている方です。プライドもあったでしょう。研究者としてこのような心構えは常に持っておきたいものです。

コアノレッジ理論

このように、乳幼児は物理学的知識、心理学的知識、生物学的知識を持っています。ここで乳幼児の領域固有の認識に関する二つの理論を紹介します。一つは、スペルキ博士らが提唱するコアノレッジ理論です。もう一つは、ウェルマン博士らを中心として提唱されている素朴理論です。

スペルキ博士は現代の代表的な発達心理学者の一人で、数々の優れた研究を行っています。彼女は、コアノレッジ理論と呼ばれる、新しい理論を提唱しました。コアノレッジは、中核となる知識という意味です。スペルキ博士によれば、乳児は、物体や数、第5章で触れるような他者などのように、ヒトが生存する上で重要だと考えられる領域の中でも最も基礎的かつ中核的な部分を、生得的もしくは必要最小限の経験で獲得できるように生まれてくると言います。そして、持って生まれてきた基本的知識を基に、その後の知識の獲得や学習を進めていくと主張しています。彼女らによると、中核となる知識は、どのような経験を経ても決して変わることがありませんが、一方、その後積み上げられる知識は、概念変化を経験することもあると述べています。

重要なのは、各領域の知識は領域固有であり、他の領域とは干渉しあわないことです。たとえば、モノに関する知識は、ヒトにはあてはまりません。また、乳児が持っている中核的な知識は、他の知識に比べて最も本質的であり、その領域内における様々な事象にあてはまる確実性を持ちます。たとえば、物体について言えば、物体が別の物体に接触するとその物体の動きに影響を与えるという接触の原理は中核の知識です。しかし、重力は中核の知識ではありません。スペルキ博士によると、物体は知覚できる形で支えられていなくても、必ずしも下に落ちるとは限らないため、確実性が低いということです。

スペルキ博士が研究初期から主張していた基本的領域は、物体、数、他者（行為者）、幾何の四つです。[31]物体については、上記の接触に加えて、連続性と凝集性が含まれています。連続性とは、ある物体は、一つの連続した軌跡を動くものであり、途中でその軌跡が途切れたりしないという原理のことです。凝集性とは、独立した物体はひとまとまりで動くものであり、一つの物体が途中で二つになったり、その逆になったりはしないという原理のことです。数についても三つの原理があり、数概念のところで述べたような大まかな数認識、多様な対象に対して複数の感覚を用いて数を表象すること、加算や減算を用いて数を統合したり比較したりすること、が挙げられています。他者については、次章で述べますが、他者の行為は目標志向的であること、他者は随伴的かつ相互的に関わる性質を持つこと、他者の視線は多様な情報を含むことなどが挙げられています。幾何は距離や角度などの空間把握についての原理です。乳児が対象を定位する際に実験者が乳児の方向感覚を失うようにしむけると、壁の色などの外部手がかりは用いず、対象が右にあったか左にあったかなどの幾何的・空間的情報を用いて再定位する傾向があるという原理のことです。[32]

これらに加えて、2000年代半ばからは、新しく社会集団についての領域もコアノレッジに含まれようとしています。たとえば、3か月の乳児は自分と同じ人種の顔を好んで見つめたり、[33] 5か月児は自分の母語のアクセントで話していた人の顔を、別の言語や別のアクセントで話す人の顔よりも好んだりするなど[34]の傾向が見られます。自分が所属する集団に対するこのような好みは、大人でも普遍的に見られることですが、生後数か月の乳児にも同じ傾向が見られるということは大変な驚きです。筆者は、このような乳児の傾向は、経験や学習である程度説明可能ではないかと思っていますが、スペルキ博士らはコアノレッジの領域として含めたい意向のようです。最新の研究では、食物は新しい領域に含めるべきかなどという研究を実施していることから、今後も領域は増えていくものと予想されます（この研究では、食物を含めることは支持されませんでした[35]）。

スペルキ博士以外の研究者も、多少の違いはあるものの同じような考え方を持っています。ベイラージョン博士は、生得的な知識は仮定せず、生得的に領域固有の学習メカニズムがあると考えているようで[36]、生得的な知識を想定するよりは受け入れやすいかもしれません。彼女らの主張は、経験や学習の影響を否定しているわけではなく、第1章で述べた古い生得主義とは区別されます。また、スペルキ博士は、生得的な知識が様々なエラーを引き起こすと述べており、経験や学習、教育などによって新しい知識を取り入れていくことが重要であるということも主張しています。たとえば、自分が所属する集団に対して過剰な好みを示せば、他集団に対して不寛容な人間になってしまう可能性があります。進化心理学者がしばしば述べるように、このような知識は、進化の過程では重要であったものの、現在の社会とは必ずしも相容れないケースがあります。またこのような生得性に関する議論は、乳児のデータをうまく説明できる一方で、非常に安易に生得性を持ち出していると批判されることもあります。この点は、本章の最後でまた触れたいと思います。

素朴理論

他の有力な理論の一つは、ウェルマン博士らによる素朴理論です。素朴理論とは、子どもの持つ知識が、断片の寄せ集めではなく、理論と呼べるほどに体制化されている様子のことを指します。学校教育で教わったわけではなく、素朴に子どもが持っているという点が重要です。また、素朴理論は領域固有性を持ち、その領域内において一貫した説明や予測ができます。科学理論もそうですが、その領域内における現象を説明することと、新しい現象を予測することが理論の必須条件です。そのため、理論で説明できない現象に出くわしたときに、理論を変更する必要が出てきます。

現在一般的に受け入れられているのは、幼児期までには素朴心理学、素朴物理学を持ち、やや遅れて素朴生物学を持つというものです。ウェルマン博士らは[37]、生存および日常生活における相互作用に必須である領域としてこの三つを挙げています。これらの研究のルーツはアニミズムのようなピアジェの研究にあります。違いは、ピアジェがこれらの知識が児童期後期になるまで獲得されないと考えていたのに対して、ウェルマン博士らは幼児期には素朴理論を持ち合わせていると考えた点です。

ウェルマン博士らは、三つの子ども観を示しています。「大人のような子ども」観、「未熟な子ども」観、そして、「異星人としての子ども」観です。彼らの考えでは、「大人のような子ども」観は生得説、「未熟な子ども」観は古典的な経験説、「異星人としての子ども」観は素朴理論に該当します。本書の、「有能な乳幼児」、「無能な乳幼児」、「異なる乳幼児」と類似した表現だと言えます。

ここでは、生得説と素朴理論の違いに焦点をあてましょう。生得説の特徴は、生まれつき領域固有の認識システム（モジュール）を持つと考える点です。この考えによれば、生後の経験はそれぞれの認識システムが発動するためのきっかけを与えるにすぎず、経験の影響を軽視します。一方、素朴理論説は、経験をデータ収集の過程であると見なし、重要視します。生まれつき持ち合わせるのは、各領域における原初的な概念構造だと仮定しています。たとえば、生まれつき生物であるか無生物であるか、領域を見分けることができるのです。その概念構造に従ってそれぞれの領域に関する経験（データ）を集積し、データに因果的な説明を与え、理論を構築するのです。データ量が大人とは異なるため、理論も大人とは異なります。結果として、大人の考えとは全く異なる異星人と見なされるのです。

スペルキ博士の主張するような中核的な知識を乳児は早期から持ち、それを基に各領域の理論を形成していくというように、二つの理論は必ずしも相互排他的なものではないと言えるでしょう。

論理的な乳幼児

話を少し変えて、乳幼児が論理的であるという研究について紹介しましょう。この研究を進めたのは、バウアー博士です。彼の研究は、追試が難しかったり、理論が先走りすぎて実験結果との整合性があまりとれていなかったりと、現在の評価はよいものばかりではありません。しかしながら、ピアジェ以降の時代に新しい研究の流れを作ったという点において、評価されるべきであろうと筆者は考えています。

ピアジェは、論理的な思考が個体発生の中でどのように形成されるかに関心を持っていました。成人と同様の抽象的な論理的思考が形成されるのは、ピアジェ理論においては青年期です。乳幼児は論理的な思考ができないということになります。ピアジェは特に、アリストテレス的な伝統論理学における基本的な法則がどのように獲得されるかに興味を持っていました。そこでの法則とは、同一律、無矛盾律、排中律、の三つです。同一律とは、「AはAである」とか「BならばBである」というように議論の一貫性を保証するものです。無矛盾律とは、ある命題には矛盾が存在しないという法則であり、ある命題が同時に真かつ偽ではありえないというものです。排中律とは、ある命題は真か偽かどちらかのいずれかであるというものです。つまり、ある命題が真でも偽でもないという可能性を排除するものです。

ピアジェは、乳幼児は無矛盾律や排中律のような論理学的な法則を持たないと考えていました。乳幼児はある命題が「真か偽のいずれである」という法則と、ある命題が「真かつ偽である」ことを受け入れるという法則を持っておらず、ある命題が「真でも偽でもある」ことと、「真かつ偽ということはない」というのです。ピアジェは、大人では、ある命題は真か偽のいずれかである二値論理体系であるのに対して、乳幼児では、ある命題が真、偽、真か偽のいずれでもない、真かつ偽である、の四値論理体系であるという考えを持っていました。このようなピアジェの考えを推し進めて、乳幼児は論理的であると主張したのがバウアー博士なのです。

具体的な研究方法は、乳児のオペラント条件づけです。オペラント条件づけとは、ある個体が自発的に生成した行動に強化刺激（報酬や罰）を随伴させ、その行動の頻度を変容させる操作のことです。ここでは、乳児の足に紐をくくりつけ、その紐のもう一方の端にモービルをつけるという状況を想定してみましょう。発達心理学においてはありふれた実験ですが、乳児は誕生直後には自分の足の動きとその足につながったモービルとの関連を自覚できません。足を動かすという事象に、モービルが動くという事象が付随することを繰り返し経験することによって、両者の関連を学習していきます。ここではバウアー博士の表記法を少し修正して、乳児が足を動かすという事象をl、モービルが動くという事象をm、「乳児が足を動かすならば」の「ならば」に値する部分を「・」、その事象が偽であることを「-」（乳児が足を動かさない場合は-l）で表現します。両者の関係は、大きくl・m、l・-m、-l・m、-l・-m、の四つで表現できます。

l・m：足を動かせば、モービルは動く
l・-m：足を動かしても、モービルは動かない
-l・m：足を動かさないのに、モービルは動く
-l・-m：足を動かさないので、モービルは動かない

バウアー博士の実験では、まず、連続強化の段階が与えられました。つまり、乳児が足を動かせばモービルは随伴して必ず動く段階です。このような経験を何度も重ねると、乳児は両者の関係を容易に学習します。バウアーは、ここから議論をさらに進展させ、乳児がいかに論理的であるかを示しました。連続強化の段階で乳児は二つの仮説を持っています。その二つとは、l・mおよび-l・-mです。自分の足を動かすとそれに伴って常にモービルが動く連続強化であれば、この二つの可能性はどちらも正しいと言えます。ここで、バウアー博士は、lとmの関係を実験的に操作しました。二つの条件があります。一つは、連続

強化の後に、部分強化を与えます。部分強化とは、足を動かすとモービルが動くこともあれば、動かないこともあるような状態のことです。前者はl・m、後者はl・-mで表現されます。もう一つの条件では、連続強化の後に、非随伴強化を与えます。非随伴強化とは、足を動かさなくてもモービルが動く状態のことを指し、-l・mで表現されます。論理的に考えると、l・-mを経験すると、足を動かしてもモービルは動かないわけですから、l・mの可能性は否定され、-l・-mが正しいということになります。逆に、-l・mを経験すると、足を動かさなくてもモービルは動くわけですから、-l・-mの可能性は否定され、l・mが正しいということになります。

実験の結果、非随伴強化（-l・m）を与えた場合には、乳児は足を動かす頻度を増やして、部分強化（l・-m）を与えた場合には足を動かす頻度を減らしました。

バウアー博士は、これらの結果を、科学哲学者ポパー博士の反証主義に基づいて解釈しています。反証主義とは、ある仮説や理論は、何らかの経験的証拠によって論破される可能性（反証可能性）を持たなければならないことを指します。バウアー博士によると、乳児も自分の仮説に対する反証を試みるというのです。たとえば、l・-mを経験する部分強化の場合、-l・-mが正しいようだと考えた乳児は、本当にそうかなと思って、あえて足を動かすことをやめて、-l・mのような、仮説に反する事態が起きないかを検証します。逆に、-l・mを経験する非随伴性強化の場合、l・mが正しそうだと考えた乳児は、あえて足を動かすことを増やして、l・-mのような事態が起きないかを検証するのです。乳幼児に対する期待過剰な解釈のようにも思えますが、バウアー博士はこのように捉え、乳幼児の思考が論理的であると主張したのです。

バウアー博士はこの実験に基づき、乳児の四値論理体系についても言及しています。上述のように、連続強化では、足を動かすと必ずモービルが動きます。この場合、l・mという仮説は、真でも偽でもありません。なぜならば、l・-mと-l・mに関する経験をしないと、真であるか偽であるかは決定できないためです。真でも偽でもない命題は、その後の経験などによって、いずれは真か偽に決められる可能性があります。一方、乳児がl・-mと-l・mの両方を経験する場合には、l・mという仮説は真でも偽でもあります。たとえば、乳児が連続強化後に、l・-mを経験すると、-l・-mが真であると考えます。ところが、その命題の正しさを確信した後に-l・mという事象に遭遇すると、-l・-mは真であるが偽でもある、すなわち真かつ偽であると結論づけられると言います。ある命題が真かつ偽であるということは、どのような事象が起きても適合するということを意味しています。このような議論にどれだけの意味があるのか筆者には評価できませんが、バウアー博士によれば、乳児の論理体系はこのようなものであるとされます。「真でも偽でもない」という命題はその後の経験によって真か偽か決定できますが、「真かつ偽である」という命題は、断定も否定もできず、その結果として他の命題とは何ら関連を持てません。その結果として、否定されることなくその影響は長期的に継続してしまうのであり、発達初期に「真かつ偽である」とされた命題は大人になってもときおり影響を及ぼすというのです。乳児の四値論理がいかにして二値論理に変遷するかについては明確には記述されていませんが、バウアー博士が強調するのは、乳児の論理体系は大人とは異なるものの、それでいてやはり論理的であるということなのです。

統計する乳幼児

乳幼児は、論理的に仮説検証をしている可能性が示唆されました。バウアー博士の研究は残念ながら実証的な支持に乏しいのですが、近年これとは別の形で、乳幼児はやはり論理的であるということを示している研究もあります。これらの研究では、乳児は限られたサンプルから集団全体を正しく推論するなど、データから仮説を検証することのできる科学者であり、統計学者である可能性が示されています。

8か月の乳児に、箱の中に赤いボールと白いボールがある様子を見せます[38]。箱は二つあり、一つの箱には赤いボールが20個、白いボールが5個入っており、もう一つの箱は逆のパターンだとしましょう。いずれの箱も乳児に中身を見せます。中身を見せた後、一度箱をしまい、いずれか一つの箱を乳児の前に提示します。しかし、この場合、中が見えないようになっているので、乳児はどちらの箱が提示されているかはわかりません。実験者は、箱の中から一つずつボールを取り出し、合計5個のボールを乳児の前に置きました。この際、取り出した5個のボールのうち、四つが赤く、一つが白いとしましょう。この後、テスト試行において、乳児は箱の中身を見せられます。

乳児は、赤いボールが多い箱と、白いボールが多い箱があることを知っています。ここでの仮説は、もし乳児が統計的な学習者であり、確率についての直観を持っているのであれば、箱が赤いボールばかりであれば、当然のことと思います。逆に、箱の中身が白いボールばかりだったら、驚くはずです。この実験の結果、乳児は箱の中身が白いボールばかりだった場合に、注視時間が長くなりました。これらの結果から、素朴なレベルにおいて、乳児は統計的な推論ができる可能性が示されます。

また、ゴプニック博士の研究では、幼児が仮説を生成し、データに基づき要因間の因果関係を推定する科学者であることが示されています[39]。この研究は、ブリケット探知機という機械を使います。ブリケットという言葉は発達心理学でよく用いられる無意味語ですが、ここでは、ある機械を作動させる物体を指します。ある条件では、幼児は、2種類のブロックを与えられ、ブロックAを載せると機械は作動し、ブロックBを載せると作動せず、ブロックAとB両方を載せると機械が作動するところを示されました。また、別の条件では、ブロックAを載せると必ず機械は作動し、ブロックBを載せると最初機械は作動しませんが、2、3回目は作動しました。その後、幼児はどのブロックがブリケットであるかを問われます。この実験で、前者の条件では4歳児は目の前に起きた事象からブロックAがブリケットであり、後者の条件ではブロックAもBもブリケットだと反応しました。

これらの結果について、ゴプニック博士は、認知地図にヒントを得た因果地図という視点から説明しています。この因果地図は、上述のウェルマン博士らの理論説と関連しており、なぜ子どもが理論を持てるようになるのかを説明します。まず、認知地図について説明しましょう。私たちは脳内に地図を持っており、それは、この道を進めばどこへ着く、などの構造を持っています。この地図は、実際に道を歩くなどの経験（データ）の影響を受けて、変化します。私たちは、この脳内にある地図によって新しいプランを立てることもできます。これまでの経験で作成した地図から、今まで行ったことのない道であっても、こう進めばいいだろうと予想が立てられるのです。またその予想を実行に移すことで、自らの地図が正しいか否かを検証することもできます。ゴプニック博士は、同様の構造が出来事の因果関係にもみられるとし、それを因果地図と呼びました。この地図に、ある事象と別の事象についての観察や経験から、それらの事象についての因果関係が書き込まれます。実際の世界では、様々な事象が複雑に絡み合っていますが、因果地図によって、これまで経験したことのない事象間の因果関係を推定することもできるのです。彼女は、因果地図と、認知科学や神経科学において近年注目を浴びているベイジアンネットワークを関連づけています。ベイジアンネットワークは、事象の因果関係を確率的に記述するモデルで、複数の事象の因果関係をネットワークの形で表現できます。

ブリケット探知機の研究では、ブロックAを載せるという事象（事象A）と、ブロックBを載せるという事象（事象B）があり、それらの事象と、機械が作動するという事象（事象D）の因果関係を幼児が認識できるかを検討していることになります。この際に、事象Aと事象Bは、独立に事象Dに影響を及ぼしているかもしれないし、相互に依存して事象Dに影響を及ぼしているかもしれません。この研究で、与えられたデータから、幼児はどれが機械を作動させるブリケットであるか正しく答えることができました。これらの研究から、幼児が単純な因果マップを持っており、因果関係を推定している可能性が示唆されます。

乳児と幼児の食い違い

このように、乳児は様々な知識を発達早期から持っており、論理的でもあることが示されてきました。しかしながら、これらの乳児の有能さを示す研究が増える中で、いくつかの問題が指摘されるようになりました。一つは、研究の解釈の問題です。たとえばスペルキ博士らは、一連の実験結果から乳児が様々な物理的知識を持っていると主張していますが、そのような結果は、スペルキ博士らとは異なる解釈もできるという問題です。この問題には第5章で詳しく触れます。二つ目は、仮にスペルキ博士らが言うように乳児が物理的な知識を持っているとしても、それらの能力を乳児が生得的に持っていることの証明にはならないことです。彼女らの研究の多くは生後数か月の乳児を対象にしたものであり、生得的とは言えないのです。この点を生物心理学者ブランバーグ博士は、著書『本能はどこまで本能か』の中で、以下のように皮肉っています。

人間の中核知識は生得的なもの ── 生まれながらのもの ── であるという生得論者の主張は、おもに生後三カ月を越える、つまり二〇〇〇時間の生活経験をもつ幼児を使った研究にもとづいているのである。どうやら生得論者の頭のなかでは、人間の妊娠期間は九カ月プラス三カ月の十二カ月であるようだ。(pp.212-213)

三つ目の問題は、乳児と幼児で結果に食い違いが見られる点です。たとえば、スペルキ博士らは、視線を計測することで、生後4か月の乳児が物体の性質を理解していることを示しました。この実験では、乳児は馴化段階において、スクリーンの上方からボールを落とした後にスクリーンが取り払われ、ボールが地面に落ちている様子を観察します(左の図)。これを見せられた後に、テスト段階では、床の上にもう一つ水平面が用意され、馴化段階と同じようにボールがスクリーンの上方から落とされました。一致条件では物理法則に従って、スクリーンが取り払われた後も、ボールは水平面の上にあります(真ん中の図)。

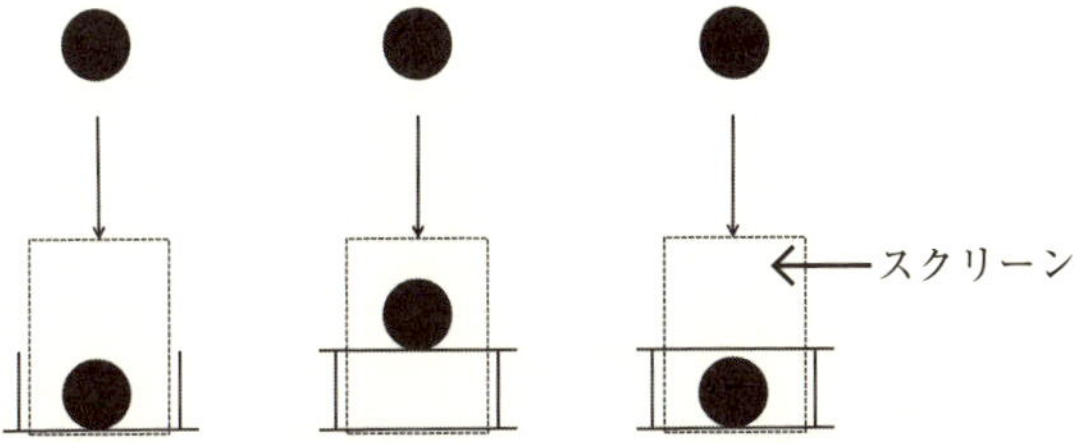

物体の性質の理解

不一致条件では、ボールは水平面を通過して、床にあります（右の図）。この実験で、乳児は不一致条件に脱馴化します。つまり、ボールが水平面を通過しないという物体の性質を理解しているのです。ところが、同じ性質を扱った実験を幼児に実施した場合に、幼児が失敗してしまうことがあります。幼児の実験では、視線ではなく探索行動を指標とします。この場合、馴化段階の後に、テスト段階において水平面の上と下にドアを用意して、ボールがある位置を探索させるのです。物理法則を理解しているのであれば、水平面の上のドアを開けるはずです。ところが、2歳半の幼児は、水平面の下のドアを開けてしまいました[40]。幼児は、乳児ですら理解しているはずの物体の性質を、理解していないかのような行動をとるのです。このような結果は、数多く報告されています。

こういう結果に直面したときに、研究者は、幼児の研究方法に問題があると指摘します。つまり、乳児より幼児が劣るはずはなく、測定方法に問題があったり、課題の教示の仕方に問題があったりするために、幼児が間違えてしまうように「みえる」というものです。本書では、もう一つの有力な見方について紹介しましょう。それが知識や表象のレベルを区別するという考え方です。特に、カミロフスミス博士の、表象書き換え理論が有名です。この理論では、表象を四つのレベルに分類しますが、大きくは暗黙的なレベルと明示的なレベルに分けることができます。第1章のデカルトの区別に類似しています。暗黙的表象とは、最も原始的なレベルで、潜在的・無意識的なレベルの表象を指します。子どもはこの表象を利用できるものの、これを他の表象と関連づけたり、要素に分割したりすることができません[41]。

ピアノの演奏を例に挙げて説明しましょう。ある曲を何度も練習して譜面通りにピアノが弾けるようになったとします。このとき、最初から最後まで正しく演奏ができたとしても、その演奏をアレンジしたり、即興であるパートから別のパートに飛んだり組み合わせたりすることはできません。この曲の演奏は、知識として身につけてはいるものの、意識的に柔軟に利用できていません。これが暗黙的なレベルです。明示的なレベルになると、自分なりにその演奏をアレンジしたり、曲の途中に他の曲を挿入したりするなど、柔軟な演奏が可能になります。

この理論の肝は、既に暗黙的に持っているレベルの表象が、書き換えられることで明示的な表象になっていく点です。書き換えるとは、既に持っている表象を別の形式で表象しなおすということであり、ある領域の表象がその領域内の別の表象や別の領域の表象と関連づけられるということです。明示的なレベルにも、別の表象と関連づけられるというレベルと、意識的にアクセスし、言語で記述し他者に伝えることができるようになるレベルなどに区別されますが、発達は、このような書き換えプロセスとしてみることができます。スポーツの世界において、名選手が必ずしも名監督になれないのは、暗黙的な表象が明示的な表象にうまく書き換えられず、言語的に他者に伝えられないからかもしれません。この書き換えプロセス自体は、どのような領域（物理・心理・生物領域）でも起こりうる領域一般のものですが、それぞれの領域の知識や表象の状態によっていつ書き換えが起こるかは異なります。その意味で、領域固有の考えと領域一般の考えを両方取り入れたものだと言えます。また、ある知識が明示的なレベルで表象されるようになったからといって、暗黙的な表象が失われるわけではなく、同じ知識が複数の表象レベルで貯蔵されています。

上述の物理的認識の研究のような、視線と探索行動の乖離は、暗黙的・明示的な区別で説明できます。つまり、視線のような測度は暗黙的な表象を反映しており、探索や言語反応は明示的表象を反映しているということです。この点に関して、視線での予測が意識的な認識を反映しているかどうかを検討した研究があります[42]。この研究では、視線と言語反応の両方を指標としました。この実験では二つの箱のうち一方に玩具が入っているのですが、就学前児は視線を指標にした場合は正しい箱を見るのに、言語的な反応を指標にすると不正解の箱を選択しました。そこで、この研究は、視線が本当に無意識的な認識を反映しているかどうかを調べました。具体的には、幼児に確信度を尋ねたのです。確信度は一種のメタ認知過程を含むので、意識的な認識を反映し、無意識的な視線反応には反映されないと考えられます。そこで、幼児が視線を向けた方の箱に、どれくらいの確信度を示すかが調べられました。もし視線が無意識的な認識を反映しているのであれば、子どもは自分が見た方の箱には全く確信度を示さないだろうと予想されます。実験の結果、この仮説が支持されました。子どもの視線反応は無意識的・暗黙的な認識の反映の可能性があります。

このように、乳児と幼児とで研究結果が食い違うことがあり研究者を悩ませますが、そのような食い違いは直感に反するからこそ興味深く、議論する価値がある問題とも言えます（第6章も参照）。

本章のまとめ

本章では、ポストピアジェ時代の乳幼児研究について見てきました。実験法が確立されたことにより、乳幼児の知覚能力や認知能力が次々と明らかになり、「有能な乳幼児」観が出現したのです。このような有能な乳幼児研究が進む一方で、いくつかの問題が生じました。本章では特に乳児と幼児の結果が食い違うことについて触れ、それらを説明する枠組みとして知識のレベルの考え方を紹介しました。本章では主に物理的な認識を扱いましたが、次章では近年飛躍的に増えている社会的認識の研究について紹介します。

第5章　社交的な乳幼児

あらゆる高次精神機能は子どもの発達において二回あらわれます。最初は集団的活動・社会的活動として、すなわち、精神間機能として、二回目には個人的活動として、子どもの思考内部の方法として、精神内機能としてあらわれます。

（ヴィゴツキー『「発達の最近接領域」の理論』pp.21-22）

筆者が好きな作家の一人に、先日亡くなった山崎豊子氏がいます。彼女は、『白い巨塔』や『沈まぬ太陽』など、実際に起こった出来事に基づいた人間ドラマを描く、素晴らしい作家です。筆者は、彼女の作品の面白さは、登場人物の駆け引きや謀略などの「他者の心」に対する働きかけが生々しく描かれている点にあると考えています。

人間は、社会的な生き物です。他者と共同して生活しています。物理的にも精神的にも、一人で生きていくことはできません。社会を形成し、その社会集団の中で、自分の与えられた役割を担って生きています。そして、その他者を時には思いやり、時には欺きながら、集団の中で生きているのです。

前章で触れたように、ピアジェ以降の研究では、乳幼児の有能性を示す研究が大きな流れとなりました。その中で、30年ほど前から急速に進展した研究領域があります。それが、他者の心についての認識である、心の理論に関する研究です。心の理論研究は、自閉症と接点を持つことなどによって、最も研究が盛んな分野になりました。本章では、他者の心を推理する能力を持った乳幼児について見ていきます。この「社交的な乳幼児」観は、冒頭の言葉を発した、ヴィゴツキーに遡ることができます。

ヴィゴツキーの乳幼児観

ヴィゴツキーは、後にロシアの一部となるベラルーシで生まれたユダヤ人です。生まれた年がピアジェと同じ1896年であることに因縁を感じさせます。彼が過ごした時代のロシアは、激動の時代だったようです。1917年にロシア革命が起こり、スターリンの独裁下ではソビエトにおける児童学は迫害を受け、ヴィゴツキーの死後には児童学が公式に禁止されるなど、学問に打ち込みやすい時代であったとは言い難かったようです。ちなみに、司馬遼太郎著『坂の上の雲』にも描かれているように、日露戦争とロシア革命が関連していたとしたら、私たち日本人が彼の思想にわずかでも影響を与えたかもしれません。また、演劇好きの彼は、歌舞伎を好んでいたという話も伝わっていて、わが国とヴィゴツキーは、多少なりとも縁がありそうです。

ヴィゴツキーは病気がちで、37歳という若さでこの世を去っています。彼が心理学に携わったのは20年にも満たない期間であり、その期間で偉大な研究をした点に驚かされます。

ヴィゴツキーは、発達心理学はもちろん、教育心理学や芸術論、そして障害児教育に至るまで、幅広い分野に影響を与える理論を構築しました。彼の理論が国外に知られたのは後のことでしたが、行動主義が浸透している時代の中で、ピアジェの理論が広まる中で、一際異彩を放ち、そして革新的でした。

ピアジェにとって、乳幼児は活動的な存在であり、科学者でした。周りの他者の影響を重要視せず、子どもは自力で発達していくという考えです。この点が、ヴィゴツキーとは大きく異なります。ヴィゴツキーが強調したのは、社会や文化、歴史の影響です。彼は、子どもの周りにいる他者が育んできた社会や文化は子どもの発達に重要な影響を与えると考えました。ヴィゴツキーにとって、乳幼児は社会に開かれ、社会とともに育つ、社会的で社交的な存在なのです。

発達の最近接領域

まずは、社会を構成する他者が子どもの発達にどのような影響を与えるかについてのヴィゴツキーの理論を見ていきましょう。最も有名なものが、発達の最近接領域に関する理論です。この理論では、子どもの発達を二つの水準に分けて考えます。一つは、子どもの現在の発達レベルであり、もう一つは発達しつつあるレベルです。現在の発達レベルとは、子どもが自分一人でできる、完成した水準のことを指します。発達しつつあるレベルとは、自分一人だけではできず、教師や親の助けを借りればできる水準のことを指し、潜在的な発達レベルと言えます。たとえば、九九を習っている子どもが、2の段を自力で言えて、3

の段は教師の助けを借りれば言えて、4の段に関してはヒントを出されても言えないとしたら、2の段が現在の発達水準、3の段が発達しつつある水準ということになります。発達の最近接領域とは、現在の水準と発達しつつある水準の間の領域のことを指します。この理論によれば、子どもは、他者の力を借りることによって、現在の自分の力以上のものを発揮できます。そして、他者の力を借りてできることは、明日には自分一人の力でできるようになる可能性があるのです。

発達の最近接領域を考える上で、二つの重要なポイントがあります。一つは、同じ文化内に所属する、自分よりも能力のある構成員こそが子どもの発達を支援することができる点です。子ども以下の発達水準にある他者は、子どもの潜在的な発達レベルに気づくことができないので、支援できません。もっとも、子どもと同等の能力を持つ他者（友達）は、模倣などを通じた相互学習や共同学習によって、子どもが自分ではできないことをできるように導くことも示唆されています。二つ目は、子どもの発達を知るには、現在の発達レベルではなく、潜在的な発達レベルを評価するべきだということです。テストなどで測定できる発達レベルは現在の発達レベルであり、潜在的な発達レベルを知ることができるような指標が必要だと訴えました。

精神間から精神内へ

このように、ヴィゴツキーの考えでは、他者が子どもの発達に重要な影響を与えます。では、具体的にどのように影響を与えるのでしょうか。ヴィゴツキーが特に重要視したのが、「道具」と呼ばれるものです。彼の言う道具とは、ハンマーのように物理的な道具も含みますが、心理的な道具の最たるものが言語であり、数字や計算記号なども含みます。物理的であれ、心理的であれ、道具は人間の社会的経験が歴史的に蓄積されたものです。ヴィゴツキーによれば、これらの道具が私たちの思考を支えます。彼は特に言語による思考を強調し、それにより私たちは抽象的な思考ができるようになると考えました。

言語や、それに基づく言語的思考はどのように獲得されるでしょう。この点について、ヴィゴツキーの有名な精神間機能から精神内機能へ移行するという冒頭の言葉が重要になってきます。これは、言語や概念形成のような高次な精神機能は他者との社会的な相互作用を通じて、外側から与えられ、徐々に子どもの中に内化していくことを意味しています。ここに、乳幼児は他者とのやりとりを通じて発達していく、社会的な存在であるというヴィゴツキーの考えが明白に見て取れます。上述のように、言語は私たちの思考を支える最も重要な心理的道具の一つです。言語は、まず、精神間機能としてあらわれます。乳幼児は、文化の先輩である他者と言語的なコミュニケーションをすることで、外的に言語を与えられます。他者と乳幼児の「間」に言語があらわれるわけです。ところが、幼児期半ば頃までに、言語は子どもの中に内化されていきます。精神内機能としての言語、つまり、思考のための言語という機能を持つようになるのです。言語以外の様々な精神機能も、まず他者から与えられて、子どもは徐々に内面的に獲得していくとヴィゴツキーは考えました。

言語が内化していく過程で見られる子どもの独り言についての、ピアジェとの有名な論争があります。この議論はヴィゴツキーの主著『思考と言語』の中で見られます。ピアジェは、子ども同士のコミュニケーション場面において、子どもがそれぞれに独り言を発する様子を「集団的独言」と呼び、子どもの自己中心性の表れであるとしました。会話しているように見えても、お互いに自分が言いたいことを言っているだけということです。一方、ヴィゴツキーは、独り言は、思考のために用いられる言語が内面化されていない様子だとして、ピアジェの説を批判しました。コミュニケーションのための言語（外言）が、思考のために内面化される（内言）過程に見られるのが独り言だというわけです。

ヴィゴツキーの理論は、その説得力の高さから幅広く支持されています。ですが、その理論の中には実証的な検証が比較的最近になって始まったものもあります。たとえば独り言の研究では、3歳児は様々な状況で独り言を発するのに対して、4歳児は問題解決場面のように負荷がかかる場面においてのみ独り言を発することが示されました[43]。

このように、ヴィゴツキーは乳幼児が社会的な存在であると見なしました。これから述べる心の理論の話とは直接的には結びつかないものの、それらの研究のルーツになったことは確かです。

心の理論

近年、大きな社会集団を形成することが、人間の脳の進化の原動力だという考え方が注目を集めています。脳が進化した原因には様々な仮説がありますが、社会集団の大きさと、そこに見られる騙し合いなどの駆け引きなどに焦点をあてたのが社会的知性仮説です。その証拠として、霊長類において、大きな社会集団であればあるほど、その集団の個体の大脳皮質が大きいことが挙げられます。人類学者ダンバー博士によると、安定した関係を築ける認知的上限（ダンバー数）は、チンパンジーは50頭程度、人間は１５０人程度だといいます。１５０人と聞くと意外に少ないと思うかもしれませんが、これは人間が伝統社会を形成していたときの人数なので、テクノロジーが発達している現代とは少し状況が違います。

社会集団の中で、人間は時には他者と協力し、時には他者を欺き、また欺かれ、生きていきます。この視点から人間を見てみると、相手が何を考え、どのように感じているかを想像し、推論する能力が重要であることがわかります。この能力を心の理論と言い、ここ数十年の発達心理学や比較認知科学などで最も重要なトピックの一つになっています。前章で、ウェルマン博士らが乳幼児は素朴な物理学的、生物学的、心理学的知識を持つと論じていることを紹介しましたが、この心理学的知識に該当する部分が、心の理論なのです。

心の理論とは、他者の行動からその背後にある心的状態を推測し、その次の行動を予測するための理論です。心そのものは見たり触れたりできないので、私たちは推測するしかありません。ここでの心的状態とは、相手の知識、意図、欲求、信念などを指します。相手の考えを推測できれば、私たちはその人の行動の意味を理解し、次に何をするかを予測し、その人に対応できます。相手の振る舞いから、お腹が空いていることが推測できれば、その人の元気がない理由が理解できますし、昼食を食べるだろうと予測し、昼食を食べる場所を紹介できます。では、他者の心を推測する能力は、いつ頃獲得されるのでしょうか。

心の理論研究は、最初はチンパンジーの研究から始まりました。人間が他者の心を推測するのは自明ですが、近縁種のチンパンジーはどうなのかという問題です。心理学者プレマック博士らは、サラというチンパンジーを対象に、人間がある行動をしているがうまくいかない場面を見せ、その場面を解決するための方法が描かれた2枚の写真を見せて選ばせました。たとえば、人間がドアの鍵を開けようとしている様子を見せ、鍵を選べるかどうかを調べたのです。[44] この実験でチンパンジーが正しく写真を選べたことから、チンパンジーにも心の理論があるとプレマック博士は推測しました。この研究は様々な議論を呼び、他の研究者から他者の心を推測しなくてもこの課題を解決できることが指摘され、より洗練されたテストの必要性が訴えられました。

この指摘を受けて、パーナー博士らによって誤信念課題が開発されました。[45] 誤信念課題は、子どもが、他者が誤った信念を持つことを理解できるかどうかを評価する課題です。現在標準的に使用されているのは、バロン・コーエン博士によって開発されたサリー・アン課題なので、その課題について説明します。

この課題には、サリーとアンが登場します。まず、サリーが、ボールをバスケットの中に入れてその場を退出します。サリーがいない間に、アンはバスケットからボールを取り出して、箱に入れ替えました。次の場面では、サリーが戻ってきて、ボールで遊ぼうと考えています。このとき、サリーはバスケットと箱のどちらを探すでしょうか。このテストを通過するには、サリーの知識状態や信念の状態を理解する必要があります。サリーは、アンがボールを箱に入れ替えたことを知らないのですから、ボールはバスケットに入っていると信じており、バスケットを探すはずです。この課題を幼児に与えると、3歳児はサリーは箱を探すと答えます。サリーがどのような信念を抱いているか正しく推測することができず、箱にボールが入っているためにこのような答え方をします。様々な研究を通覧して評価した研究（メタ分析と言います）では、4歳半頃になるとこの課題を通過できることが示されています。[46] 一方、この課題の非言語版をチンパンジーを対象に実施したところ、この課題を解決できませんでした。[47]

サリー
アン
サリーはバスケットに彼女のボールを入れる
サリーが立ち去る
アンはそのボールを自分の箱に移動させる
サリーは自分のボールをどこで探すでしょう？

サリー・アン課題

サリー・アン課題とともに用いられるのが、スマーティ課題です[48]。スマーティとは、イギリスのお菓子のことで、日本のマーブルチョコのようなものです。たとえばこういう状況を想像してください。あなたが今鍵を持っているとします。今すぐ使わない鍵なので、どこかに保管しておきましょう。近くに、食べ終わったお菓子の箱があるので、あなたは鍵をその箱に入れました。それから、あなたはその場を離れました。そこに事情を知らないあなたの父親が家に帰ってきて、その箱を見つけました。はたして、あなたの父親はそのお菓子の箱の中に何が入っていると思うでしょうか。スマーティ課題とは、これと同じ構造を持った課題です。この場合、あなたの父親は、お菓子の箱の中には鍵が入っていることを知らないので、箱の中にはお菓子が入っていると考えます。このような父親の信念を正しく推測できるか否かを調べます。このような課題において、3歳児は、父親の信念を正しく推測することができません。中に鍵が入っていることを知っているため、鍵と答えてしまうのです。この課題も、5歳頃にかけて正しく遂行できるようになります。

いかにして心の理論は獲得されるのか

子どもは4歳半ば頃から他者の信念を正しく推測することができるようです。では、このような理解はいかにして獲得されるのでしょうか。この点については、詳しくは子安博士の著書『幼児期の他者理解の発達』などを参照していただきたいのですが、ここでもいくつかの考えを紹介しておきます。

まずは、ウェルマン博士らの考え方です。ウェルマン博士によれば、他者の心の理解は、科学理論と同様に、首尾一貫した理論のようなものです。子どもは日常的な観察や経験を通じて、他者の心についての「理論」を形成していくのです。その理論は、単純なものから複雑なものへと変遷していきます。ウェルマン博士は、心の理論は三つの段階を経て発達すると主張しています。まず、2歳頃は、欲求心理学に基づいた理論を持つと言います。つまり、幼児は、他者の行動は、その人の欲求に基づいて引き起こされると考えているというのです。この段階では、幼児は他者の欲求を理解できますが、信念を理解することはできません。ある研究では、2歳児にサムという少年に関する以下のようなストーリーを与えました。[49]

サムは、学校にウサギを連れて行きたいので、ウサギを探しています。ウサギは、2か所のうちのどちらかの場所に隠れています。サムはそのうちの一か所を探そうとしています。

子どもは二つの状況について質問されます。一つはサムが探した場所でウサギを見つけた場合であり、もう一つはサムが探した場所で犬を見つけた場合です。その際に、幼児は、「サムはもう一つの場所を探すかな、それとも学校に行くのかな」と尋ねられました。もし幼児が他者の欲求を理解しているのであれば、サムの探索行動は、欲求によって引き起こされており、欲求が満たされればその探索行動は終了することを理解できるはずです。つまり、一つ目の場合には学校に行くと答え、二つ目の場合にはもう一つの場所を探すと答えるはずです。その結果、2歳児でもこの課題を遂行することができました。

二つ目の段階は、他者の欲求も信念も考慮できるのですが、信念についての理解が不十分な段階です。これは、以下のような課題で調べられます。

エイミーは、棚の上に本があると思っており、箱の中には本がないと思っています。本が読みたいエイミーは、どこを探すでしょう?

この場合、エイミーの信念を考慮しなければなりません。エイミーは、棚の上に本があると思っているので、棚の上を探すだろうと答えることが求められます。この課題は3歳頃に通過できるようになります。第三段階で誤信念課題に通過できるようになり、他者の信念が行動を引き起こすことを十分に理解できるようになります。

ここで、第二段階と第三段階の違いについて説明を加えておきます。ウェルマン博士は、第二段階の幼児は、他者の信念が現実世界のコピーに近いものだとして理解していると主張しています。エイミーは本が棚の上にあることを知っており、そのことがエイミーの行動を駆動します。つまり、エイミーの信念自体は正しいものであり、その正しい信念が行動につながっています。一方、誤信念課題においては、サリーの信念は現実のコピーではありません。実際には箱の中にボールがあるのですが、サリーはそれとは異なる「誤った」信念(ボールはバスケットの中にある)を持っています。つまり、誤信念課題において必要なのは、信念とは、現実世界をコピーしたものではなく、現実世界に対する一つの解釈であるという理解なのです。また、なぜ欲求の理解が先で、信念の理解が後かというと、欲求についての理論は比較的単純であるため先に形成され、この理論では説明できない事例に出くわした際に理論を修正し、最終的に誤信念理解に至るのです。

次に、シミュレーション説について紹介します。シミュレーション説は、他者の心を推測するために、自分の視点から考えるというものです。たとえば、小学校でクラスの友達に嫌がらせをしたとき、教師は「もしあなたがそんなことをされたら、嫌な思いをするでしょう?」と説きます。このように、他者の心の理解の基盤として自分の心があるという考え方です。理論説との違いは、自分自身の心を参照する点です。この説について、ハリス博士によれば、幼児は、ある状況における他者の感情や欲求、信念をシミュレーションすることでそれらの心の状態を理解できるようになると言います。[50] サリー・アン課題では、サリーの状況に自分の身を置くことが必要だと述べています。子どもはボールが箱の中にあることを知っていますが、サリーと同じ状況を想定し、そのような状況だったら自分はどういう振る舞いをするかを考え、サリーの行動を予測するということになります。

理論説もシミュレーション説も、実験的にはどちらを支持する証拠もあり、現段階ではどちらが正しいとは決められません。そもそも、理論説もシミュレーション説も、詳細な予測を生み出す仮説ではないので、明確な線引きはなかなか難しいところです。

他の考えの中で主なものは、メタ表象説とモジュール説です。メタ表象説は、パーナー博士によって提唱されました。[51] パーナー博士によれば、表象とは、表象される内容のことではなく、表象媒体であり、表象過程のことです。たとえば、私たちがカバについて考えている場合、表象される内容はカバであり、表象はカバのことを表わしている心です。メタ表象とは、他の個体が表象していることを表象する能力のことを指します。誤信念課題で見られるように、サリーが表象している現実（ボールはバスケットにあると思っている）について、4歳児は表象できるようになると言うのです。パーナー博士は、このようなメタ表象の獲得こそが、誤信念理解の基盤にあると考えました。

モジュール説は、心の理論は生得的に備えているモジュール（第4章参照）が、発達とともに徐々に機能していくという考えです。この考えのもとになったのが、自閉症スペクトラム（以下、自閉症）の人を対象にした研究です。自閉症は、社会的な相互交渉の質的な障害、コミュニケーションの質的障害、行動と興味の範囲の著しい限局性などを持って診断されます。バロン・コーエン博士らが自閉症児にサリー・アン課題を与えたところ、定型発達児やダウン症児よりも成績が悪いことを見出しました。これらの結果から、自閉症の原因は心の理論の欠如であるという考えが生まれました。自閉症者の中には知的に優れた人が多数いることから、心の理論は、他の知的領域などとは独立したモジュール性を持ち、それだけが欠落した人がいると主張されるようになったのです。ただし、近年は、自閉症を心の理論の問題だけで説明するのは難しいと考えられています。

日本人の誤信念理解

モジュール説に従えば、どの文化に住む人間も、同じような時期に、同じように心の理論が発達するはずです。たしかに、多くの文化の子どもで4歳半頃に心の理論が発達するのですが、日本の子どもは誤信念理解の発達が遅いということが指摘されています。内藤博士の研究では、日本の子どもの発達はイギリスの子どもに比べて2年近く遅いことが示されています。[52] なぜ日本の子どもは成績が悪いのでしょうか。いくつかの可能性が考えられます。たとえば、日本は他の国とは異なった心の理解の仕方をしている可能性もありますし、実験者が子どもの成績を低く見積もっているという可能性もあります。筆者らは、後者の可能性について検討しました。

子どもの研究では誰しも経験することですが、日本の子どもは、見知らぬ他者とのやりとりが得意ではありません。日本の子どもは言語的やりとりをする課題では黙りこくってしまう、と嘆く外国人研究者もいます。[53] これらから推測されるのは、日本人の子どもは、言語的に質問をされることが苦手ではないかという可能性です。子どもは誤信念理解をしているのですが、言語的に質問されるのに慣れていないため、正しく答えることができないのかもしれません。そこで筆者らは、子どもに言語誤信念課題と非言語誤信念課題を与えました。後者では、言語的には質問されません。この二つの課題を欧米の子どもに与えてもその成績にはほとんど違いがありませんが、日本人幼児に与えた結果、非言語課題の成績は、言語課題の成績よりも良いという結果が得られました。[54] この結果から、日本人幼児の発達が遅いとされた理由の一つとして、言語的に質問されるのが苦手であることが挙げられそうです。もちろん、日本の子どもは他の国とは異なった心の理解の仕方をしている可能性もあるので、今後の研究で探っていく必要があります。

新生児期の他者認識

心の理論の発達については、以上のような議論が交わされてきました。しかしながら、他者の心を理解する能力がこの時期に急に出現するわけではありません。乳児や幼児に接したらわかるとおり、心の理論ほど複雑ではないにしても、乳幼児は他者の心に対して感受性があるように思えます。以下では、3歳以前の乳幼児を対象にした他者認識の研究を紹介します。

他者認識の萌芽については、いろいろと議論があります。異論も多くありますが、新生児模倣が他者認識の原点だと考える研究者もいます。メルツォフ博士は、新生児模倣を含む乳児の模倣能力に関する知見を基に、ライクミー（自分みたい）理論を提唱しています。この理論は、新生児模倣が心の理論の発達の基盤にあるという考えです。この理論によると、新生児模倣に見られるように、生まれつき自己の行動と他者の行動の間にはつながりがあると想定します。次の段階で、自分の行為とその行為の背後にある自分の心的状態の関連に気づき、最終的に、これらを基に心の理論を含む他者の心の理解を発達させると言います。

新生児模倣とミラーニューロンシステムとの関連について触れておきましょう。ミラーニューロンとは、１９９０年代にサルにおいて発見されたニューロンのことです。ごく簡単に説明すると、あるサルのある運動をするときに活動するニューロンが、別のサルの同じ運動を見たときにも活動するというものです。ヒトの場合には、多くのニューロンが複合的に関わっていると考えられるため、ミラーシステムとかミラーニューロンシステムという言葉が用いられます。新生児模倣とミラーニューロンの関係は、サルを対象にした研究で確認されています。フェラーリ博士はアカゲザルの新生児の脳活動を、脳波計を用いて計測しました[55]。その結果、ある帯域の脳波が、自身が表情を産出しているときおよび他者の表情を観察しているときに抑制されることが示されました。このような脳波の抑制はミラーシステムの指標だと考えられており、新生児模倣がミラーニューロンシステムと関連している可能性が示唆されます。

また、乳児は他者の顔に対する選好を見せます。ジョンソン博士らは、顔らしい配置をしたパターンを

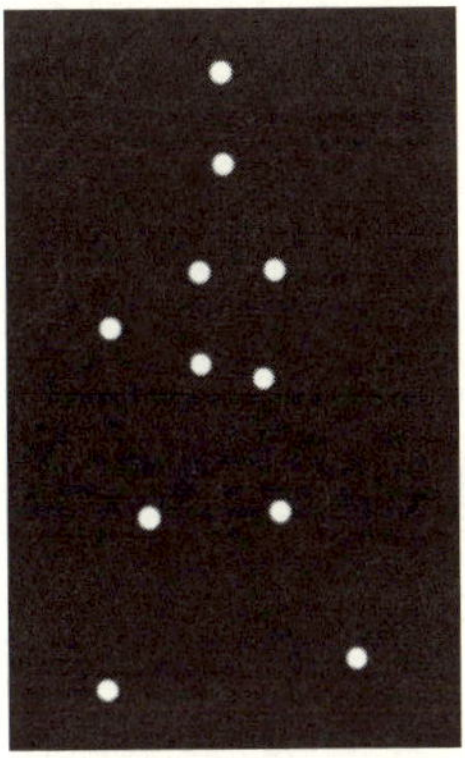
バイオロジカルモーション

新生児に見せたところ、新生児が好んでこのような図形を見つめることを示しました。[56]顔そのものではなく、顔らしいパターンを見つめるという点が重要です。顔認識だけではなく、近年では、新生児が生物らしい動き（バイオロジカルモーション）に対して感受性があることも示されています。大人は、白い点が動いているだけなのに、生物らしさを感じ取ってしまいますが、新生児にひよこのバイオロジカルモーションと、ランダムに光点が動く映像を見せたところ、新生児は前者を好んで見ることが示されています。[57]

もう一つ重要なのが、他者の視線に対する反応です。人間にとってアイコンタクトは重要な意味を持ちます。たとえば、サッカーの試合で声を出してボールを要求すると、相手に意図を読まれてしまうので、アイコンタクトだけで味方にボールを要求することがあります。ジョンソン博士らのグループは、モニター上に乳児とアイコンタクトしている顔と、目をそらした顔を提示したところ、乳児は前者の方を好んで見ました。[58]乳児は、アイコンタクトをしてくれる他者を好んで見つめるようです。このように新生児に見られる能力は、他者の心というよりは、顔や目などの表面的な特徴や、バイオロジカルモーションのような人間を含めた生物に対する選択的な好みだと言えそうです。

社会的随伴性

次に、6か月頃までに見られる特徴についてです。一つは、社会的随伴性の理解です。私たちは、他者に働きかければ、他者は自分に働きかけ返してくれることを知っています。私たちが微笑みかければ、相手は微笑み返してくれるように、自分の行為に対して、相手が応答してくれるということを理解しています。これを社会的随伴性と言います。ここであえて社会的随伴性というのは、この随伴性が不完全なものであるからです。相手の機嫌が悪かったりすると、微笑みかけても必ずしも向こうからの応答が返ってくるわけではありません。一方、物理的な随伴性は、ほぼ完全です。たとえば、同じ力でボールを壁に向かって投げつければ、ボールは毎回完全に同じように跳ね返ってきます。壁の機嫌によって、跳ね返ったりそうでなかったりということはありません。この社会的随伴性と物理的随伴性の違いは、人間と物体の性質の違いをまさしく反映していますが、重要なことは、乳児が完全に随伴してくる刺激よりも、不完全に随伴してくる刺激の方を好むということです[59]。

生後2~3か月児の乳児が、社会的随伴性に気づいていることが知られています。最も有名なのがスティルフェイスパラダイムです。スティルフェイスとは、顔が静止した状態のことを意味します。この研究では、乳児と母親にやりとりをしてもらうのですが、途中で母親の顔がスティルフェイスになります。最初は乳児が声を出せば母親も声を出して応答し、微笑みかければ母親も微笑み返すというやりとりがあったのに、スティルフェイスになったら、母親は何も反応をしてくれません。もし乳児が、他者は自分の行為に反応してくれる存在だと認識していれば、母親がスティルフェイスになったら、乳児は変化を検出し、母親が応答してくれないのでつまらない様子を見せるはずだということです。実験の結果、乳児は、母親がスティルフェイスになると、顔をそむけたり、負の情動を示したりしました。[60] このような研究によって、乳児が生後2か月くらいから社会的随伴性に対する感受性があることが示されました。これは、間主観性と呼ばれる、「二者関係において互いに相手の主観的なものを把握できること」の始まりとも言われ、その意味でも重要な研究結果です。

他者の目標理解

6か月頃に見られるもう一つの重要な発達的変化は、他者の行動が目標志向的であることの理解です。心の理論研究において、目標志向性の理解は、他者の行為理解の最も基礎的な要素だと考えられ、近年は研究が増加しています。[61] 人間の複雑な行動は、目標志向的です。漫然となされるのではなく、何か目標に対して働きかけています。他者が手を伸ばしている様子を見たときにその先に時計があるとしたら、私たちはその人が時計に対して働きかけているなと思います。このように私たちにとって重要なのは、行為そのものではなく、行為の先にある目標です。

この理解が乳児期からできることを示したのが、ウッドワード博士です。[62] 彼女は馴化・脱馴化法を用いてこの問題を検討しました。実験では、ボールとぬいぐるみの二つの対象が置かれています。二つのうち一方に実験者が手を伸ばす様子を乳児は見せられます。たとえば実験者がボールに手を伸ばすとしましょう。これを何度も提示されると、乳児は飽きます。そこで、ボールとぬいぐるみの配置が変えられ、二つのテストが用意されました。一方のテストでは、実験者が、馴化試行と同様に、ボールに手を伸ばしました。ボールの位置は変わっています。つまり、場所は変わっているけれど、ボールに手を伸ばしているという意味では馴化試行と同じです。こちらを場所変更刺激とします。もう一方のテストは、実験者は、ぬいぐるみに手を伸ばします。こちらは馴化試行と場所は同じですが、物体は異なります。物体変更刺激と名付けます。もし乳児が物体の位置の変化に対して敏感なのであれば、場所変更刺激に対する注視時間が長くなり、もし乳児が実験者の目標の変化に対して敏感なのであれば、物体変更刺激に対する注視時間が長くなるはずです。実験の結果、乳児は物体変更刺激をより長く見つめました。実験者の目標が変化したことに驚いたのです。面白いことに、人間の手の代わりにマジックハンドを使った場合には、脱馴化しないことも示されました。

最近の研究で、目標志向的な行動の理解が、乳児自身の目標志向的行動の発達と関係していることが示されています。対象に対して上手にリーチングできる乳児は、他者が対象に対してリーチングすることを理解できるということです。ウッドワード博士らは、上述と同じパラダイムを用いて、リーチングできない3か月の乳児は他者の行為の目標を理解できないこと、3か月の乳児にリーチングの訓練を施すと、他者の行為の目標を理解できることを示しました。[63] また、板倉博士と鹿子木博士は、6か月児において、リーチング能力と他者の行為の目標を予測する能力の間に関係があることを示しています。[64]

ここで、スペルキ博士らが提唱したコアノレッジ理論を思い出してください（第4章）。ここで紹介した乳児の他者認識の指標である、他者の視線への感受性、随伴性の理解、行為の目標の理解は、コアノレッジ理論における他者（行為者）の領域における代表例なのです。ただし、これらの能力は、人間の乳児だけではなく、チンパンジーなどの近縁種も持っています。人間に特有の中核的な知識とは言えないでしょう。

このように、生後6か月頃までに、乳児は様々な他者認識を示すことが明らかになっています。ですが、ここで見られる他者認識は、あくまで二項関係です。あくまで乳児と他者の一対一の関係です。乳児と他者が何かを共有しているわけではありません。一方、次で述べる生後9か月頃から見られる他者認識は、乳児と他者と、「何か」の三者の関係になります。たとえば、乳児と母親は、絵本を共有することができます。父親が変な髪形をしていたら、それを指さして一緒に笑うことができます。このような、乳児と他者が何かを共有するような関係のことを、三項関係と言います。そして、この三項関係の形成こそが、人間特有である可能性が示されています。

三項関係

三項関係の代表例が、共同注意行動です。共同注意とは、「母親と乳児といった複数の個体が同じ対象に注意を向けること」（ミネルヴァ書房『発達心理学辞典』）です。たとえば、目の前に犬がいれば、母親と乳児は、犬に対して同時に注意を向け、犬を共有します。母親もしくは乳児が個別に対象に注意を向けるのではなく、同時に注意を向けることができます。その際に、指さし行動や視線追従が出現します。乳児が犬を指さしたら、母親は犬に注意を向け、乳児が犬について何か伝えようとしていることを理解できます。これまでの研究で、12か月頃に、乳児が指さしを産出することが示されています。[65] ちなみに、レオナルド＝ダ＝ヴィンチによって描かれた「岩窟の聖母」という絵画がありますが、この名画は、イギリスのナショナルギャラリーとフランスのルーブル美術館にそれぞれ所蔵されていて、しかも、その二つには異なる部分があります。その一つが、絵画の右端の天使が指さしをしているかどうかです。この指さしがヨハネを指しているのか、イエスを指しているのか、また、この指さしは何を意味するかなどいろいろと推測がなされています。指さし一つで解釈がいろいろと生まれるほど、人間にとって指さしが重要な意味を持つということかもしれません。

ところで、指さしにも複数の種類の指さしがあることが知られています。これは特に、乳児自身の指さし行動において重要視されます。特に注目されてきたのが、「指令的」指さしと「宣言的」指さしです。指令的指さしとは、たとえば食事中に醤油瓶をとってほしいときに醤油を指さすようなことで、命令的な意味合いが含まれています。一方、宣言的な指さしとは、たとえば、かわいい豚と出会ったときに豚を指さすようなもので、興味がある対象に対して指さしして、他者とその存在について共有しようとするものです。[66] 実験的には、指令的指さしは、乳児が大人を道具として使いたくなるような状況を、宣言的な指さしは、乳児が大人の注意を引きたくなるような状況を設定します。

宣言的指さしに関して言えば、まず、実験者と乳児が相対し、乳児にあまり魅力的ではない玩具を与えて、その玩具で遊んでいます。遊んでいる最中に、実験者の背後にぬいぐるみが提示され、それが踊って

宣言的指さし実験

いる様子を乳児は目撃します。実験者はぬいぐるみの存在に気づいていません。この際に、乳児が指さしをするかどうかが検討されます。これまでの研究から、乳児は指令的指さしを、宣言的指さしよりも早く産出することや、自閉症児は、宣言的指さしはしないが、指令的指さしはすることなどが示されており、[67]これらの区別には一定の妥当性があるようです。近年は、教えるための指さしなど、指さしをさらに区別をしようとする試みもあります。[68]

また、視線追従も共同注意行動の一つです。私たちは他者が何かに視線を向けるとその方向に視線を向けることができます。40年ほど前に、大人が対象に視線を向ける際に、乳児がその視線を追従するかが検討されました。[69]その結果、8～10か月の乳児の7割程度が大人の視線を追従することが示されました。他者の視線なのかそれとも頭の向きなのか、乳児の視野内の対象か視野外の対象かで異なるのかなどの議論もありますが、概ね12か月頃に他者の視線を追従できることがわかっています。[70]

また、12か月頃の三項関係に関わる行動として、社会的参照と呼ばれる行動も見られます。社会的参照とは、不確かな状況で、大人の表情を参考にして行動を決定することです。たとえば、乳児が初めてゴキブリを見たとしましょう。乳児はゴキブリを見たことがないので、これが自分にとって安全なものなのか、危険なものなのかわかりません。このような状況で、乳児は母親の行動を参照します。つまり、対象の価値を決める際に、同じ対象に注意を向けた他者を参照するという意味で共同注意行動と言えます。この際に、母親が鬼のような顔をしていたら、乳児はこの対象は自分にとって危険なものだと認識し、その対象から離れます。逆に、母親がその対象に対して微笑んでいたら、その対象に近づくことになります。

この点は、第4章でも触れた視覚的断崖を用いて検討されています[71]。この装置の崖の先に、母親に立ってもらいます。このとき、ある条件では母親は笑顔、別の条件では怖い顔を乳児に対して向けました。乳児が母親の顔を参照しながら視覚的断崖の価値を決めるならば、乳児の行動は条件間で異なるはずです。乳実験の結果、母親が笑顔の場合は、乳児は視覚的断崖を渡って母親のもとに向かいました。一方、母親が怖い顔の場合は、乳児は視覚的断崖を渡ろうとしませんでした。近年では、乳児と情動を共有しやすい母親の表情だけに、単純に母親の表情を見て乳児の情動状態が変化したのではないかなどの批判がなされています。そのため、異なったパラダイムを用いて乳児の社会的参照が検討されています。たとえば、ある研究では、玩具の価値を決めるのに、乳児は見知らぬ大人の発声（ポジティブな発声とネガティブな発声）を利用することが示されています[72]。

郵便はがき

恐縮ですが、
切手をお貼り
下さい。

101-0051

(受取人)

東京都千代田区神田神保町三―九
幸保ビル

新曜社営業部行

通信欄

通信用カード

■このはがきを，小社への通信または小社刊行書の御注文に御利用下さい。このはがきを御利用になれば，より早く，より確実に御入手できると存じます。
■お名前は早速，読者名簿に登録，折にふれて新刊のお知らせ・配本の御案内などをさしあげたいと存じます。

お読み下さった本の書名

通 信 欄

新規購入申込書 お買いつけの小売書店名を必ず御記入下さい。

(書名)	(定価) ¥	(部数) 部
(書名)	(定価) ¥	(部数) 部

ご氏名《ふりがな》　　ご職業　（　　歳）

〒　　Tel.
ご 住 所

e-mail アドレス

ご指定書店名	取次	この欄は書店又は当社で記入します。
書店の住所		

9か月革命

このように、9か月から12か月頃にかけて、乳児は他者と何かを共有するという三項関係に参入することができます。この変化の重要性を強調する研究者は数多くいますが、本書ではその代表的な存在である、トマセロ博士の考えを紹介します。トマセロ博士は、心理学を含む様々な領域の研究を行い、大きなインパクトを与えている、当代で最も影響力のある研究者の一人です。トマセロ博士は、ヴィゴツキーにも影響を受け、人間における文化伝達の理論を構築しています。トマセロ博士は、人間と、人間の近縁種であるチンパンジーなどを比較することを通して、人間と他種の違いは、人間特有の文化的継承に見られると指摘します。ヒト特有の文化継承にも、累進的な文化進化プロセスと社会制度の二つの側面があり、ここでは前者について説明しましょう。後者は規範や慣習など、それぞれの集団に所属する個人が従うべきルールのことです。詳細はトマセロ博士の著書『ヒトはなぜ協力するのか』をご覧ください。

累進的な文化進化プロセスとは、誰かが発明したものを、別の誰かが忠実にそのまま受け継いだ上で、その発明品を改良していくプロセスです。ここでの発明品は、ヴィゴツキーの道具に対応しており、ハンマーのような物理的道具も言語などの心理的道具も含まれます。トマセロ博士によれば、人間以外の生物も発明はするし、広い意味での文化継承は生じます。ただ、人間の特徴は、誰かの発明を継承し、それを蓄積してよりよいものを構築する点なのです。いわば、歴史的な視点の重要性を強調しているわけです。

累進的な文化進化プロセスは、模倣による学習や共同作業による学習などでなされますが、これらの学習の基盤にあるのは、人間特有の他者認識能力です。トマセロ博士によれば、人間特有の他者認識能力とは、人間が、他者を、自分と同じような意図や精神生活を持っているものとして理解する能力であり、その意図や目標を他者と共有する傾向のことです。他者の意図を理解し、共有するからこそ、他者の行動を模倣できますし、教育から学ぶことができます。また、他者が意図を持った存在だと見なし、目標を共有するからこそ、共同作業や協力行動ができるわけです。眼前の他者から学ぶことはもちろん、書物や道具そのものを通じて、私たちは間接的にも他者から学習できるのも、それらの意図や用途を汲むことができるからです。このような他者もしくは他個体の意図を理解・共有する能力は、人間において特に発達しています。

そして、他者が意図を持った存在だと認識し、それによって他者と共同作業できるようになったことの一つのあらわれが、三項関係だというわけです。事実、他者の意図理解は、生後1年くらいでできるようになります。意図理解に関する先駆的な研究は、メルツォフ博士によるものです[73]。この研究では、乳児は二つのパーツから成り立つダンベルを、実験者が外そうとしているが、結果的に外せない様子などを見せられました。その後、乳児に同じ道具を与え、どのような行動を示すかが検討されました。この場合、乳児が他者の意図を理解できているのであれば、乳児は他者がしようとする行為を再現することができるはずです。この実験の結果、18か月児は、他者の意図を汲んで、ダンベルを二つのパーツに分けられること、ただし、機械がそのダンベルを二つのパーツに分割している様子を見ても乳児はパーツを二つに分けないことも明らかになりました。近年は、12か月以下の乳児でも他者の意図が理解できることが示されています。研究によっては、意図という言葉を使ったり使わなかったりですが、大雑把に言って、9～12か月頃に他者の意図を理解できるようになります。

他者が意図を持った存在であるという理解を獲得することによって、乳児は他者と注意や意図を共有し、道具に共同で働きかけることができます。他者の視線を理解するにしても、他者の指さしを理解するにしても、他者が意図を持った存在であるという理解があってこそなされるわけです。つまり、9か月を過ぎる頃から、乳児は他者を意図を持った存在として認識し、他者との三項関係を築くことによって、人間が培ってきた文化の中に参入し、その文化の中で学習するとともに、文化の担い手になるのです。言い換えると、この頃に、他の動物とは異なった他者認識能力を獲得し、人間らしさを特徴づける精神活動に参入することができるのです。これが、トマセロ博士が言う、9か月革命です。文化に参入することで乳児は心理的道具としての言語を獲得することができ、言語やそのほかの記号を用いたコミュニケーションを通じて、様々な知識や情報を吸収し、より複雑かつ抽象的な思考ができるようになるのです。特に、乳幼児は他者とコミュニケーションをし、時にはコミュニケーションに失敗しながら、様々な視点を取り入れ、たとえば、誤信念課題の通過に見られるような心の理論を発達させたり、カミロフスミス博士が言うように知識を様々なレベルで再記述できたりするようになるのです。乳児は社会や文化を通して学ぶ、社交的な存在であるわけです。

他者から学ぶ乳幼児

次に乳児の社会的文脈における学習について見ていきましょう。トマセロ博士によれば、累進的な文化学習こそが人間の文化の特徴だと言えます。この累進的な進化に欠かせないのが、模倣学習です。これまで新生児模倣については出てきましたが、ここでは模倣について詳しく見てみましょう。

模倣にはいくつかの種類がありますが、3種類について説明します。この三つの区別で重要なのは、観察者がモデルと同じ行動をとるかという点と、モデルの目標を理解するかどうかという点です。まず、ミミックと呼ばれるものがあります。これは、観察者はモデルと同じ行動をとるが、目標は理解していないというものです。新生児模倣はこれに含まれます。二つ目はエミュレーションと呼ばれるものです。これは、モデルの目標は理解しているが、モデルと同じ行動はとらないものです。三つ目が真の模倣と呼ばれるもので、モデルの目標を理解した上で、モデルと同じ行動を選択するものです。たとえば、ある道具を使って食べ物をとるという状況において、他者が行ったのと全く同じように道具を使って食べ物をとれば真の模倣であり、他者とは異なる仕方で道具を使って食べ物をとればエミュレーションです。

エミューレーションと真の模倣の違いについて、比較認知科学者のホワイトン博士らの研究を見てみましょう。[74]この研究では、道具を用いて箱の中の報酬を得ることが求められます。箱には二つ穴があるのですが、一つの穴は正解で道具を使って報酬を取り出せますが、もう一つの穴ははずれで、取り出せません。この研究で、モデルは、はずれの穴に道具を入れた後に、正解の穴に道具を入れ、報酬を得ました。モデルの前半の行動は、報酬を得るためには不必要な行動です。この状況で、モデルがやった行動を逐一真似するのが真の模倣であり、前半の部分を省いて、いきなり正解の穴に道具を入れるのがエミュレーションです。この研究は、チンパンジーと人間の子どもを対象になされ、チンパンジーはエミュレーション、人間の子どもは真の模倣をするということが示されています。子どもは不要な部分まで真似してしまったのです。

少し不思議に思われるかもしれません。この実験の場合、エミュレーションの方が、有効な戦略です。ところが、人間の乳幼児は、他者の行動を逐一真似してしまいます。近年、「過剰模倣」という言葉を使う研究者がいるくらいで、乳幼児は不必要な他者の行動すら真似してしまう、超模倣者なのです。しかし、トマセロ博士によれば、この真の模倣こそ、累進的な文化学習に重要なのです。文化が世代を超えて累進的に蓄積されていくには、教わったことをまずはそのまま再現することが必須です。誰かが開発した素晴らしい道具を、その用途（目的）だけ理解して別の道具を作ろうとしても多大なコストや時間がかかりますし、うまくいかないこともあるでしょう。まずはモデル通りに道具を作ったり使えたりするようになって、その後でアレンジすることによって、文化は徐々に進展していくのです。近年は、トマセロ博士は、乳児は他者から学習するだけでなく、他者に教授する存在であることも示しています。

次に、トマセロ博士と並んで現在の発達心理学をけん引するゲルゲイ博士とチブラ博士の主張について紹介しましょう。彼らは、「自然な教授法」と言われる理論を提唱し、大人と乳児のコミュニケーションの中に、人間の学習の本質があるという主張をしています。[75] 彼らの理論が優れているのは、大人と乳児のありふれたコミュニケーション風景を理論にまで仕立て上げたところです。大人と乳児のコミュニケーションを思い浮かべると、第3章で紹介したように、大人はつい自然と乳児向けの行動をしてしまいます。乳児に何かを教えるとき、乳児の名前を呼び、アイコンタクトをし、それから乳児に向けて物の名前を教えたり、道具の使い方を教えたりします。大人は自然にこのような行動を発信し、乳児はそれらの行動を受信します。ゲルゲイ博士らは、このような大人と乳児の間の自然なやりとりにおいて、乳児は様々な知識や概念を効率よく学習できると言います。

大人が自然に表出する、乳児へのアイコンタクトや乳児向けの発話のことを、ゲルゲイ博士らは顕示手がかりと呼んでいます。コミュニケーションに関する理論である関連性理論に由来していますが、顕示手がかりとは、情報の発信者が、受信者に発する「今からあなたに情報を伝えますよ」というサインのことです。この顕示手がかりによって、情報の発信者は、受信者に対して、次にやる行動には、伝達する意図があるということ（伝達するという文脈を準備すること）と、誰に対して伝達がなされるかということを伝えます。大人同士のコミュニケーションだと、「ねえねえ」と言って、話の聞き手に対して、「今から話をする」ということを伝えます。大人と乳児のコミュニケーションだと、アイコンタクトなどをすることによって、養育者は乳児に対して、「今からあなたに伝えますよ」という意図を伝えるわけです。これまで見てきたように、乳児には他者の視線に対する高い感受性があり、大人が発するそれらの手がかりに素早く注目することができます。言い換えると、乳児は顕示手がかりを検出し、養育者から何らかのことを学習する準備をするのです。

顕示手がかりによってコミュニケーションの場が設定され、乳児が学習する準備ができると、その次に、養育者は指さしなどの参照サインを出し、具体的な伝達内容を特定します。たとえば、ねずみのぬいぐるみを指さして対象を特定し、「ミッキー」と発話することで、ぬいぐるみの名前がミッキーであることを伝えるわけです。また、言語的なコミュニケーションに限らず、たとえばハンマーに視線を向けて対象を特定し、ハンマーの操作方法を教えるのです。つまり、顕示手がかりで学習するための場面を設定し、その後に参照サインで伝達内容を特定してから情報を伝えることで、コミュニケーション文脈における乳児の学習は成立しているのです。また、あるハンマーの操作方法を学習した乳児は、別のハンマーにも学習した知識を般化できます。ゲルゲイ博士らは、このように、乳児はある特定の場面や機会に依存しない、般化可能な知識を得ることができるということを強調しています。

実際の研究では、顕示手がかりがある場合とない場合を比較して、乳児の行動がどのように影響を受けるかを調べます。たとえば、6か月児を対象にした研究では、大人の実験者が乳児とアイコンタクトをした後に、実験者の前に置かれた二つの物体のうち一方の物体を注視しました。この条件と、実験者が乳児とアイコンタクトをしなかった条件とを比較したところ、アイコンタクトをした条件の乳児は実験者が注視した物体を注視しましたが、アイコンタクトがない条件の乳児は注視しませんでした[76]。顕示手がかりによって乳児が大人から情報を受信する準備をするのは間違いなさそうです。

この理論はまだ新しいため、ゲルゲイ博士とチブラ博士が主張するように、顕示手がかりが般化可能な知識を促進するという側面についてはまだそれほど証拠は多くないですし、顕示手がかりの効果そのものに対しても批判が見られます。今後の研究が待たれるところですが、大人と乳児のコミュニケーションに関する興味深く、本質をついた理論であることは間違いありません。ここでも、乳児は社会的かつ社交的であり、社会的な学習者であることが示されています。

1歳以降の他者認識の発達

生後1年に到達する前に、乳児の他者認識には革命が起きることが示されてきました。とはいえ、誤信念理解までには2年以上の時間があります。この間をつなぐ他者認識の発達について、見ていきましょう。

近年、ウェルマン博士らは、1歳半頃から4歳頃までの他者認識の発達経路について提案しています。[77] 彼らによると、他者認識は、多様な欲求、多様な信念、知－無知の区別、誤信念の理解、そして隠れた情動の理解の順序で発達していきます。ここでは、多様な欲求と知－無知の区別について見ていきましょう。

多様な欲求とは、好みの違いを理解することです。福岡県出身の筆者は、ラーメンといえば豚骨ラーメンに限ると思っていますが、上越地方にはあまりなく、残念な思いをしています。しかしながら、関東で育った友人の中には豚骨が苦手で、醤油ラーメンが好きな方が多数います。このように、私は豚骨が好きだけど、あなたは醤油が好きだといった、多様な欲求について理解できるようになるのが、1歳半頃だと言われています。ゴプニック博士らはこのことを、ブロッコリー実験で調べました。[78] たとえば、皿にスナックとブロッコリーをのせて乳児の好みを聞くと、たいてい乳児はスナックと答えます。次に、実験者が皿を自分の方へ引き寄せブロッコリーを食べるふりをし、それが好きである様子を示します。その後「食べ物を一つちょうだい」と乳児に求めます。もし乳児が、他者と自分の好みが違うことを理解していれば、ブロッコリーを実験者に渡すはずです。この実験の結果、18か月頃の乳児は正しくブロッコリーを選択することができました。

また、知－無知の区別は、他者の知識状態の理解であり、誤信念理解の直接的な必須要件とも言えます。たとえば、幼児は、自分が箱の中をのぞいた後に、箱の中をのぞいたことのない人が、箱の中身を知っているかどうかが問われます。この課題は、3歳児や4歳児でも容易に通過することが示されています。このように、1歳から4歳頃までを対象にした研究によって、他者認識の発達経路が確認されています。

鏡に映った自己

これまでは他者認識の発達について紹介してきましたが、他者認識と密接に関連しているものとして自己認識があります。ここでの自己とは、考える主体の自己ではなく、考えられる対象としての自己のことです。自己概念とも言われます。自己認識については、哲学に長い歴史があり、近年は脳機能イメージング研究が盛んになるなど、大きな研究領域になっています。本書では、自己認識の初期発達について見ておきたいと思います。

自己認識の発達は、発達心理学では鏡を用いた実験で調べられてきました。私たちは通常他者の顔を見ることはできても、自分の顔を見ることはできません。鏡は、私たちが自分の姿形を認識できる数少ない手段の一つです。朝起きて、顔を洗って男性であれば髭をそり、女性であれば化粧をして、自分の姿について確認します。このような鏡に映った像が自分であることを理解できるのはいつ頃でしょうか。

この問題は、チンパンジーを対象にした研究で検討されました。ギャラップ博士は、鏡を見たことのないチンパンジーに鏡を見せて、その様子を観察しました。鏡を見せた当初は、鏡に映った像に対して威嚇するような行動をとるなど、他者がいるかのように振る舞いました。筆者の飼っている犬（パグ）は、何年経っても鏡を見せたらこのような行動をとります。ところが、チンパンジーでは、5日もたつとこのような行動はなくなり、むしろ、鏡を使って歯の隙間に挟まった食べ物をとるなど、自分の体を整えるような行動が見られたのです。

さらに、マークテストと言われる有名な実験もなされました。チンパンジーが麻酔をされている間に、眉や耳のあたりに赤い染料をつけられました。そして、麻酔から醒めた後に、チンパンジーがどのような行動をとるかが検討されました。そうすると、鏡を見せる前には、チンパンジーは赤い染料がつけられた部分に触れないのに対して、鏡を見せた後には頻繁にその部分を触れることが観察されました。このように、自分自身に対して行動が向けられたことから、チンパンジーは鏡に映った自分を認識できると結論づけられました。鏡を使ったテストは様々な種の動物に用いられており、オランウータンなどは自己認識を持っているという結果が得られています（板倉博士著『自己の起源』参照）。

それでは、乳幼児はいつ頃から鏡に映った自己を認識することができるのでしょうか。乳幼児を対象にした場合、口紅をつけるのでルージュテストと呼ばれることが多いですが、ルージュテストに通過できるようになるのは、2歳前後だと結論づけられています。1歳以下の乳児は鏡を見せられても、他者がいるかのように振る舞います。18か月以降になると、鏡に映った自己像を見て、自分の顔についた染料を触れるようになります。2歳を過ぎる頃には、多くの子どもがこのルージュテストに通過することができるようになります。このことと関連して、2歳前後になると、恥ずかしがったりするなど、自己と関連するような感情を示すようになり、また、自分の名前を呼ぶようになったりします。1歳半から2歳頃という時期が、自己の発達の重要な時期のようです[79]。

興味深いことに、ルージュテストを通過できる2歳児も、過去の自分の認識は十分ではないようです。比較認知科学者であり、俳優業もこなすポヴィネリ博士らは、ルージュテストを修正した課題でこの点を検討しました[80]。この研究では、実験者が、子どもに気づかれないように頭にステッカーを貼ります。この様子をビデオに収録しておき、数分後に実験者と子どもが録画された映像を見ます。つまり、映像の中で自分がステッカーを貼られた様子を見るのです。ルージュテストとそれほど変わらないように思えるこの実験では、3歳前半の幼児でもステッカーを取ることができません。3歳後半になるとステッカーを取れるようになります。さらに、開博士と宮崎博士は、子どもの頭にシールを貼った後に、数秒間遅延が入る映像を見せました[81]。映像にはシールが頭についた子どもの姿が映っており、子どもが動いた数秒後に映像が動くように工夫されています。つまり、時間的な随伴性を狂わせるのです。遅延が入らない映像ではステッカーを取ることのできる3歳児も、遅延がある映像を示された場合にはステッカーを取ることができませんでした。これらの結果は、2歳児は「今、ここ」の自分の姿は認識できても、過去や未来といった時間的側面を含んだ自己認識は不十分であることを示しています。3歳から4歳にかけて、過去の自分や未来の自分というものを認識できるようになります。

原初的な自己

それでは、2歳以前の乳児には自己認識はないのでしょうか。近年、乳児を対象にした自己認識の研究も盛んです。以前は、乳児に自己認識があるとは考えられていませんでした。偉大な心理学者であり哲学者でもあるウィリアム・ジェームズが言うように、乳児は自分と世界が未分化な、混乱した環境の中に生きていると考えられていたのです。しかしながら、第4章で見たように新生児ですら、視覚的な対象に手を伸ばすことが示されています。自分の身体と対象とがどのような空間的関係にあるかを認識できないと、このような行動は見られないはずです。また、新生児は自分自身の手で頬を触るときと実験者が触るときを区別する知見[82]なども考慮すれば、ある程度は新生児においても自己と世界の分離ができているようです。これはルージュテストで見られるような成熟した自己認識ではなく、生態学的自己のあらわれと見なすことができます[83]。生態学的自己とは、「環境の中で分化され、位置づけられ、周りに影響を及ぼすものとしての自分自身」（ロシャ著『乳児の世界』p.72）であり、概念的もしくは表象的な自己ではなく、知覚的な自己のことを指します。人間は、発達早期から原初的な自己感覚を持っているのです。

2か月を超えると、自分の身体的動作についての認識ができるようになります。これはロシャ博士によって示されています[84]。この研究では、特別な装置を使って、乳児が自分の足を直接見えない状態を作り出します。乳児は、二つの映像を見せられます。一つは、普段のように、乳児の視点から見える乳児自身の足の映像です。もう一つは、それを上下反転した映像です。これは、乳児の視点からではなく、乳児と相対した大人の視点から見た乳児の足の映像です。この映像はライブ映像なので、乳児が自分の足を動かすと、映像中の足も動きます。片方の映像では、普段乳児の視点から見ているように自分の足が動き、もう一方の映像ではそれとは異なったように足が動くわけです。乳児が自己の身体を把握しており、その身体がどのように動くかについての期待を持っているとすれば、普段とは異なる後者の方の映像を見るはずです。この実験の結果、3か月以降の乳児がそのような反応を示しました。

2か月以降で見られる自分の身体についての行動は、言い換えると、自己の身体を探索し、確認する行動とも言えます。ピアジェの第一次循環反応と類似していますが、ロシャ博士は自己に着目して議論を行っています。ロシャ博士によれば、2か月頃に、生態学的自己のような知覚レベルの自己認識から、鏡像自己認知で見られるような表象的な自己認識への発達の兆候が見られると言います。ロシャ博士は繰り返し行動のことを「自己模倣」という言葉で表現しますが、2か月頃の乳児は自己模倣を行うことで、ある行為をすると何かの結果が得られるという経験を繰り返し、目標に到達するための手段を持った自己感覚を手に入れると言います。たとえば、自分の足を動かして、その動きを見ることによって、行為と結果の連鎖を乳児は学習することができます。このような行為を何度も重ね、様々な組み合わせを試すことで、乳児はある手段が特定の目標に到達することにつながることを理解するようになります。その結果、ある目標に向けて手段を選ぶという、意図的な行動、計画的な行動ができるようになるわけです。ロシャ博士は、このような意図的行動が出現することの重要性を強調し、このような発達が見られる2か月齢での変化を2か月革命と表現しました。他者認識の研究で、トマセロ博士が9か月革命という言葉を使ったことに対応するものでしょう。

他者認識の革命が9か月とすれば、自己認識の革命は生後2か月頃ということになります。2か月にも9か月にも革命が起こるとしたら乳児は大変ですし、研究者によって2か月革命の意味も異なるようですが、ここではロシャ博士の主張に触れるにとどめておきます。いずれにしても、2か月革命によって意図的な行動が出現すると、徐々に自己を対象として捉えることができるようになります。これらの自己像が、言語などの象徴化する能力などと組み合わさることで鏡像自己認知ができるようになると考えられます。

乳児における誤信念理解

他者認識および自己認識の発達について見てきました。2か月に自己認識の革命が起こり、9か月頃に他者認識の革命が起こり、4歳頃に誤信念を理解できるようになる。そういうストーリーがある程度実験的に確認されています。しかしながら、研究は、常に進展しており、今日真実だったことが、新しい発見によって明日には誤りになってしまうこともあります。

4歳頃の誤信念理解は、他者認識の発達の一つの到達点として見なされてきました。しかしながら、これらはすべて、サリー・アン課題のような課題が、幼児の誤信念理解を正しく測定できているという前提の下での話です。もしこの前提が間違っていたら、幼児の研究の多くは、吹き飛んでしまう可能性があります。誤信念課題は、その当初から、課題の構造が複雑すぎることや、言語能力に依存することなど、様々な問題点が指摘されていました。誤信念課題を開発したパーナー博士自身、この問題について意識していたのか、ある論文で、3歳児は誤信念課題において登場人物がどちらの箱を探すかを質問されると間違ってしまうが、視線を調べると、正しい方の箱を最初に見ることを指摘しています。つまり、視線という指標を使えば、3歳児でも正解できるのです。これは前章の最後に述べた暗黙的な表象と明示的な表象の違いについての議論と一致します[85]。

この点を決定的にしたのが、サイエンス誌に発表されたベイラージョン博士のグループらの研究です[86]。この研究では、期待違反法を用いて15か月児の誤信念理解を調べました。手続きが少しややこしいので、

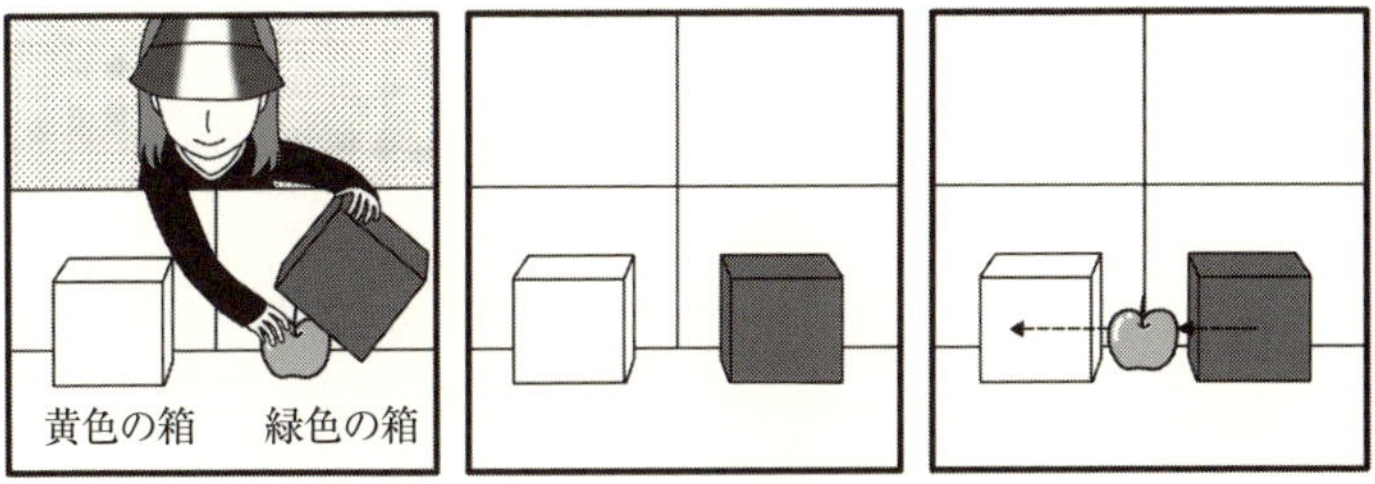

乳児の誤信念課題

簡略化して紹介しましょう。この実験は標準的な誤信念課題とは、登場人物が一人である点で異なります。登場人物の前に、黄色い箱と緑の箱が置かれます。登場人物は、対象を数秒持ち、緑の箱の中に入れます。乳児はこのような様子を数試行見て、馴化させられます。その後、登場人物の前の壁が下りて、登場人物から二つの箱の様子が見えないという状況が作られます。この間に、緑の箱に入っている対象が、自力で黄色い箱の中に移動します。標準版誤信念課題ではもう一人の登場人物が玩具を移動するのですが、この実験では対象が自分で動きます。その後、壁が上がり、登場人物が再びあらわれ、テストが与えられます。テストでは、登場人物が緑色の箱を探す条件と、黄色い箱を探す条件が与えられました。ここでは、登場人物は玩具が黄色い箱の方に移動したことを知らないわけですから、緑色の箱を探すはずです。この実験が、注意深く設定された統制条件とともになされました。その結果、黄色い箱を探す条件の方が、緑色の箱を探す条件よりも、注視時間が長いという結果が示されました。つまり乳児は、登場人物が黄色い箱を探すことに驚いたのです。これは、乳児が他者の誤信念に対して感受性があることを示しています。

様々な研究者らが1歳から2歳の乳児を対象にしてこの実験結果を追試しており、この結果は妥当であると言えそうです。さらに、最近では、手法を変えて7か月児でも他者の誤信念に感受性がある可能性も示されています[87]。これらの研究は洗練された、素晴らしい研究ですが、問題は、これらの結果と標準版誤信念課題における4歳半の結果の間の、3年間のラグをどう埋めるかです。乳児研究を推進するベイラージョン博士らは、幼児を対象にした誤信念課題を通過するには、他者の誤信念を推測する能力に加えて、反応選択システム（課題の質問に答える際に誤信念の表象に対して言語的にアクセスするシステム）と反応抑制システム（間違った箱を答えそうになるのを抑制するシステム）の三つが必要であると述べています[88]。つまり、幼児版の誤信念課題には不必要な要素が含まれており、誤信念理解を正しく評価できていないということです。もう一つの考えは、乳児研究も幼児研究も誤信念理解を測定しているが、そのレベルが異なるという考えです。前章で述べたように、乳児版のように視線で計測されるのは暗黙的な理解であり、幼児版のように言語で説明させるのは明示的な理解であるというものです。

乳児研究の結果を受けて、誤信念課題を作ったパーナー博士らは、発達心理学専門誌で心の理論特集を組み、明示的な誤信念理解の重要性を強調しています。標準版誤信念課題は幼児に直接他者の誤信念を問うものですが、乳児の課題はあくまで乳児の視線行動から、間接的に誤信念理解を推測しているに過ぎません。また、乳児の実験では、他者の行動から心を推測するルールを用いているわけではなく、登場人物が最後に見た場所を探すことを予測しているにすぎない可能性などの様々な解釈が示されています[89]。つまり、乳児が他者の誤信念を理解していることを想定しなくても、乳児の行動は説明できるというのです。

細かい違いのように見えるかもしれませんが、この議論はチンパンジーの研究において重要になっていきます。チンパンジーのように、心の理論を持っているかどうかわからない対象を扱う場合、チンパンジーが誤信念課題を解決したように見えても、研究者らは厳しい解釈で臨み、別の可能性を検討します。一方、人間の場合は大人が心の理論を持っている以上、個体発生のどこかの時点で心の理論を持つわけですから、どうしても乳児研究は解釈が甘くなりがちです。その戒めとしても、慎重な解釈は重要であると思われます。いまだに議論はつきず、乳児研究と幼児研究のギャップが埋まるためにはもう少し時間がかかるかもしれません。

「有能な乳幼児」への疑念

近年の研究から、乳児は早期から他者に対して感受性を見せる、社交的な存在であることが示されてきました。今後もこうした研究は増えていくものと思われます。特に、発達障害の子どもに対して早期介入をするためにも、生後早期における他者認識の能力の検討は非常に重要な研究課題です。

前章から述べてきたように、乳児の有能さは、ここ数十年の発達心理学研究における重要な発見でした。しかしながら、筆者には、近年の研究はいささか有能さが強調されすぎているようにも見えます。心の理論研究で典型的に見られるように、4歳半で獲得されると考えられてきた誤信念理解が1歳半になり、近年では7か月で類似した能力を持つ可能性が示されています。もちろん、このような研究自体を批判するべきではありません。上述のように1歳半の乳児の誤信念理解の研究は様々に追試され、その妥当性が示されつつあるので、この研究結果が正しいのは間違いなさそうです。しかしながら、すべての研究がこのような検証を受けているわけではありません。また、検証を受けたところで、「こんな早い時期にこんなすごいことができます」というインパクトと、「その結果は追試されず、他の解釈もでき、その結果は怪しいです」というインパクトとを比べた場合、前者の方が高いのは明らかです。徹底的な検証で後者が正しいことが証明されてもあまり脚光をあびないという現状があります。これは、新生児模倣の研究において顕著に見られることです（第4章も参照）。

最近出た有名な研究を例として挙げましょう。道徳性とも関連する他者評価の研究です。この研究では、6か月と10か月児が、丸い図形、三角の図形、四角の図形が相互作用する様子を観察しました[90]。丸い図形が坂を登ろうとしているが、自分の力では登りきれないという状況です。このような状況において、三角の図形と四角の図形は丸い図形に対してそれぞれ異なった働きかけを行いました。三角の図形は、丸い図形が坂を登るのを助けます。つまり、大人の視点からすると、三角の図形は援助者です。一方、四角の図形は丸い図形が坂を登ろうとするのを邪魔します。四角の図形は妨害者です。このような映像を乳児に見せた後に、乳児に三角の図形と四角の図形を提示し、どちらに手を伸ばすかを調べました。その結果、6か月の乳児が三角の図形に手を伸ばすことが示されました。生後半年の乳児でも、図形の振る舞いから他者の行動の善悪を評価し、援助者を好むという解釈がなされています。この研究グループはこのような研究を多数報告し、これらの評価が人間特有の道徳的思考や判断の礎になる可能性を示唆しました。この論文はネイチャー誌に報告され、乳児研究に衝撃を与えました。

しかしながら、この実験結果は、他者評価などを想定しなくても説明できるという批判も発表されています[91]。研究者らは、この実験で乳児が判断しているのは善悪ではないと言います。実は、先行研究には条件間に重大な違いがありました。援助者である三角の図形が丸い図形を助けると、丸い図形は坂に登ることができるのですが、登った後に丸い図形は頂上で喜ぶかのように何度もジャンプします。一方、妨害者である四角の図形が坂を登るのを邪魔した後には、そのような動きは見られません。つまり、援助者が出てきたイベントの後には丸い図形が飛び跳ねることから、このイベントは非常にポジティブなイベントのように見えます。一方、妨害者のイベントにはこのようなシーンがないことから、ポジティブではありません。6か月の乳児が援助者を選択したのは、この図形が「いい奴」だからではなく、このイベントの最後にポジティブなシーンがあったからではないかというのです。よく映像を見てみると当然の批判だと言えます。この点を実験的に統制してみると、乳児が援助者を選ぶ傾向は消失しました。乳児が善悪を判断しているとは言えない可能性があります。しかしながら、乳児でも他者評価ができるという研究は様々なところで紹介されますが、その結果が怪しいというこの反証論文はほとんど紹介されていません。

このように、私たちは、キャッチーな研究に対して、批判的に見ていく態度を忘れてはいけません。どのような研究にも批判がつきものです。批判を受けても生き残れるような研究が、歴史に残る研究だということです。

本章のまとめ

本章では、ヴィゴツキーの理論、心の理論研究、トマセロ博士の理論など、社会的認識の発達についての研究を見てきました。この分野の研究は近年盛んであり、多くの興味深い研究が報告されています。それらの結果から、乳幼児は社会的な存在であり、他者と交流を好む社交的な存在であることが示されました。一方で、第4章と第5章の最後で、有能な乳幼児研究についての批判的な見方も紹介してきました。乳児が有能な存在であるのは間違いありませんが、個々の研究は慎重に解釈する必要があります。いかにして発達早期の能力が獲得されるかについて、次章では情報処理という観点から見ていきます。

第6章　コンピュータ乳幼児

ほとんどの4歳児は20以上数えられるレベルに達しているが、このレベルの子どもは、数の系列の恣意的な部分も、規則的な部分も理解している……29、39、49、などの9で終わる数の所で数えやめる子どもの人数は他の場所でやめる子どもに比べてずっと多い。これは、子どもが十の位の名前に一桁の数を付け加えるという規則を知っており、次の十の位の名前を知らない場合には、当然のパタンである。

（シーグラー『子どもの思考』pp.324-325）

認知発達の情報処理理論家として著名なシーグラー博士の著書の一節です。彼は子どもの問題解決方略に焦点をあて、その発達的変化を詳細に記述しました。情報処理理論では、子どもが問題をいかに解決するか、その際にどのようなエラーをするか、目標にどのように到達するかという視点から、認知発達を検討します。その際に、子どもの認知過程を、コンピュータと結びつけて議論をします。

１９５０年代頃から起きた認知革命は、発達研究にも情報処理の考えを波及させました。情報処理理論は、ピアジェ以降の主要な認知発達理論の一つです。コアノレッジ理論が乳幼児を主なターゲットにしているのに対して、情報処理理論は幼児期から青年期の認知発達をターゲットとしています。本書は乳幼児研究がメインですので児童期以降の研究にはあまり触れませんが、主要な点については見ていきます。

ピアジェ理論の問題点

情報処理理論が進展する契機になったピアジェ理論の問題点についてみていきましょう。一つは、ピアジェが用いた課題が難しく、子どもの能力を正当に評価できていない点です。たとえば、三つ山問題では、子どもは自分と違う位置にいる人形の視点に立つことができません。ピアジェによれば、これは子どもが自己中心的であることに由来しています。しかしながら、ドナルドソン博士によれば、ピアジェの用いた課題は子どもにとってなじみがなく、子どもの能力を正当に測定できていません[92]。三つ山問題に対する反証としてドナルドソン博士の出した例は、かくれんぼです。たとえば、ある部屋をAからDまで壁で四つに仕切りました。この中で、子どもは、自分が持っている人形を、警察官（の人形）から隠すように教示されます。警察官の視点からはAやBが見えない場所だとすると、そこに人形を隠さなければなりません。この課題は、自分の視点とは異なる視点をとる必要があるという意味で、三つ山問題と同じ構造をしています。ですが、この研究では、ほとんどの幼児が正解することができました。

同様の結果が、様々なピアジェ課題で得られます。これらを見てみると、ピアジェ理論をそのまま受け入れることはできません。また、これらの結果は、ピアジェ理論の支柱である段階発達論に対しても疑念を呈しました。ピアジェによれば、同じ発達段階にいる子どもは、一貫して同じように思考するはずです。たとえば、保存の概念を持っていない子どもは、どのような課題でも、保存の課題に失敗するはずです。しかし、実際には、子どもは同じ能力を扱っているはずの課題に対して異なった反応を見せます。ピアジェの推論課題を検討したブライアント博士は、子どもがピアジェ課題に困難を示すのは、推論ができないためではなく、推論をするために必要な情報を記憶できないことによると述べています[93]。同様のことが三つ山問題や数の保存にもあてはまります。要するに、ピアジェ課題には、課題解決を阻害する情報が数多く含まれており、子どもの能力（保存概念など）を正当に評価できていないのです。このような中で、課題に含まれる情報が子どもの成績にどのように影響を与えるかに注目が集まりました。

情報処理理論

認知は、情報の獲得や処理に関わる精神活動のことを指し、知覚や学習、記憶などの複数の精神活動を含みます。20世紀前半の心理学は、行動主義が隆盛をきわめており、外から観察される行動にだけ焦点をあて、意識などの高次の精神活動を研究対象から外していました。しかし、チョムスキー博士による生成文法理論などが1950年代にかけて大いに進展し、情報理論などと接点を持つことによって、認知科学や認知心理学という新しい研究領域が勃興しました。

認知心理学では、情報処理理論が進展しました。情報処理理論とは、人間の心のモデルとしてコンピュータを用いる試みのことです。情報処理理論にも様々あるのですが、共通点は以下のものです。まず、ハードウェアの構造です。コンピュータには、キーボードのような入力装置とディスプレイのような出力装置に加えて、中央処理ユニット（CPU）やメモリなどを含む本体があります。キーボードからの入力を、本体に記録されている命令のセットに従って処理し、ディスプレイに出力を返します。人間の場合は、目や耳などの感覚器から入力された情報が、脳内に蓄積された記憶と関連づけられて処理され、行動などの形で出力されます。このようなハードウェアに加えて、ソフトウェアがあると見なす点も共通しています。コンピュータで言うとソフトウェアはエクセルなどのように特定の問題を解決するためのプログラムのことを指します。人間の場合は問題解決の方略のことをソフトウェアと見なします。

　また、処理の過程に関しては、コンピュータではキーボードなどによって与えられた情報が、コンピュータが理解できる記号に変換されますが、情報処理理論では、人間でも、環境から与えられた情報が、頭の中の記号（心的表象）として表現されます。また、コンピュータは、特定の問題を解決するための計算機です。人間の精神活動も、問題解決場面では同じ過程を含みます。もちろん、人間の心は計算機ではありません。処理の仕方も異なります。ただ、コンピュータのように人間の心を捉えることで、行動主義では扱えなかった精神活動を説明できるようになったという点が重要なのです。

　認知心理学における情報処理理論の例として、アトキンソン博士ら[94]のモデルについて説明します。アトキンソン博士らのモデルでは、三つの記憶貯蔵庫とその貯蔵庫を制御するシステムを仮定しており、記憶貯蔵庫がハードウェアに、制御システムがソフトウェアに該当します。記憶貯蔵庫は、感覚レジスター、短期記憶、長期記憶の3種類から構成されています。

　情報処理を考える上で、次のような例を考えてみましょう。朝目覚めて、新聞を読むことを想像してみてください。新聞の一面に目をやると、どこからかハエが飛んできて、あなたは思わず目を閉じてしまいました。このとき新聞の一面に関する情報は感覚レジスターに保持されます。外界から与えられる情報は必ず感覚レジスターに入力されるのです。その情報は短い期間だけ記憶され、数百ミリ秒たつとそれらの情報は失われたり、新しい情報に上書きされたりします。

新聞の一面の中で、目を引いたのは、ディズニーランドの新しいアトラクションに関する記事でした。感覚レジスターに入った情報のうち、ディズニーランドの情報のみが短期記憶に転送されます。この情報を忘れまいと、何度もそのことを考えます。このような過程を経て、短期記憶にあった情報は、長期記憶に転送され、ディズニーランドの新アトラクションと既に長期記憶に保存されていたドナルドダックが結びつけられて貯蔵されるのです。

感覚レジスターに入力された情報は意識にはのぼりませんが、短期記憶に貯蔵された情報は意識することができます。近年異論があるものの、この短期記憶の処理には限界があり、七つ程度の情報しか処理できないとされています。この短期記憶は、概念的に少しずれはあるものの、作業記憶（ワーキングメモリ）とも言われます。短期記憶に保持されるのは数十秒程度だとされていますが、そこで保持された情報の一部は長期記憶に転送されます。長期記憶には、長期的に情報が保持され、取り出しにくくなることがあるものの、その情報は基本的には失われることはないと考えられています。

ワーキングメモリと実行機能

近年、特にワーキングメモリに注目が集まっています。ワーキングメモリは、ある認知活動に必要な情報を一時的に保持しつつ、保持している情報を処理する際に必要とされるメカニズムです。コンピュータのメモリのようなものです。短期記憶が情報を保持している性質を強調していたのに対して、ワーキングメモリは保持した情報に何らかの操作を加えることを強調します。たとえば、「ちぐりも」という四つの文字をただ記憶する場合は短期記憶です。4文字を並び替えて意味の通る言葉にしなさいという課題に対して、「もりぐち」と反応する場合、ワーキングメモリによる処理であると言えます。

今日広く受け入れられているワーキングメモリのモデルを提唱したのは、バドリー博士です。バドリー博士の最近のモデルでは、視空間スケッチパッド、エピソード・バッファ、音韻ループの三つが情報を保持するシステムとして想定されています。視空間スケッチパッドは視空間性の情報を保持するもので、音韻ループは言語的・音韻情報を、エピソード・バッファは、長期記憶との調整役を担っています。これらの情報保持のシステムとは別に、情報を処理するシステムが想定されており、中央実行系や実行機能と呼ばれています。中央実行系は記憶保持の場ではなく、課題を達成するために注意を方向付ける役割を持つと考えられています。[95] ワーキングメモリのモデルは、読書や計算などの多様な精神活動を説明できることから、広く受け入れられています。

中央実行系という概念は曖昧な側面も含んでいたため、近年は、実行機能研究として情報処理の側面が検討されています。実行機能は、行動を制御することで、目標志向的な行動を実現する能力のことを指します。実行機能は広範な認知過程を含んでいるため、三宅博士らは、抑制、切り替え、更新の３要素が特に重要であるとしました[96]。抑制とは、不必要な情報を抑制する能力のことを指します。たとえば、レストランの電話番号を保持しているときに、隣の人が円周率を呟いている場合、円周率の侵入を抑止する能力のことです。切り替えとは、課題を柔軟に切り替える能力のことを指します。たとえば、電話しながらテレビを見ているときに、電話相手の話を聞くべきときはそちらを処理し、テレビが重要なシーンになったらそちらを処理するように、課題を切り替えることを指します。更新とは保持されている情報を更新する能力のことを指します。たとえば、ラーメン屋の店員が、客に料理を出したらその注文内容を破棄し、次の客の情報に更新し、その注文内容を保持するようなことです。人間は、これらの様々な処理過程を経て、目標志向的な行動をしているのです。

最後に、認知心理学で用いられている、反応潜時計測について触れておきましょう。反応潜時とは、ある反応が起きるために要する時間のことを指します。たとえば、文字の色を答えなさいという課題で、「くろ」と黒色の文字で書いてある場合と「あか」と黒色の文字で書いてある場合とを考えてみます。この場合、後者において前者よりも反応潜時が長くなります（ストループ効果と言います）。これは、後者では文字の読みと文字の実際の色が干渉を起こし、前者よりも処理に要する時間が長くなるために生じます。認知心理学では、このような反応に要するのに必要な時間を計測することで、認知処理過程を様々に推測します。

新ピアジェ派

では、子どもの研究について見ていきましょう。情報処理理論に従えば、子どもはメモリなどのハードウェアと方略などのソフトウェアを持ったコンピュータです。本書ではこのことを「コンピュータ乳幼児」観と呼びましょう。認知発達領域において特徴的なのは、ハードウェアやソフトウェアが、変化する点です。たとえばコンピュータのメモリを４GBから８GBに増設するように、また、ソフトウェアをバージョンアップするように、子どもは情報処理能力を向上させ、新しい方略を発展させるのです。

ピアジェ理論を情報処理理論に基づいて発展させたものを新ピアジェ派と言います。たとえば、その代表的な存在といえるケース博士の理論は、ピアジェ理論と同じような段階発達を想定していますが、大きな違いは、認知発達の機序を論理的思考にではなく、情報処理能力に求めたという点です。新ピアジェ派の研究者は、研究者によって異なるものの、エムスペースやエムパワーなどと呼ばれる概念を導入しました。この概念は情報処理能力の指標で、エムスペースの発達は子どもの情報処理能力の発達を意味し、これにより認知発達を説明しようとします。

情報処理能力が年齢とともに発達することは多くの研究者が一致するところですが、年齢とともに情報処理の容量が増加していくとする研究者もいれば、処理容量自体は子どもでも大人でも大きな違いはなく、情報処理効率の変化を指摘する研究者もいます。[97・98] ケース博士は、情報処理の効率が発達的に変化していくと主張しました。その変化の要因は、脳の成熟、認知方略の発達、自動化などによります。自動化とは、新しい問題を与えられたときに、当初は自分の処理容量のすべてを使って解決していたものが、何度も同じ問題を解くことによって処理容量の一部を使用するだけでよくなる様子のことを指します。身近な例で言えば、免許取り立てのドライバーは運転することに処理容量をとられてしまい、運転中に会話することもままなりませんが、熟達したドライバーは、会話や音楽を楽しみながら運転できるということです。ケース博士の理論の肝は、情報処理能力の発達が、ある段階から別の段階への認知発達に寄与するという点です。つまり、子どもが十分な情報処理能力を持つことで、与えられた問題に対してより複雑な形で表象することができるようになり、新しい思考様式ができるようになると言うのです。

情報処理能力は実験によって測定できます。ケース博士は、情報処理能力を、処理効率と記憶空間に分け、それぞれを独立に測定しています[98]。前者はある特定の処理が実行される速度によって、後者は短期記憶に保持できる項目の数によって測定されました。具体的には、処理効率の課題では、子どもは星や木などの七つの単語のうちいずれかを聴覚的に提示され、その単語をできる限り早く再生することを求められました。たとえば星という単語が聞こえたら、その単語をできる限り早く口頭で答えるのです。単語を提示されてから反応するまでの潜時が測定されました。また、記憶空間の課題では、単語を様々に組み合わせて、子どもが単語をいくつ覚えることができるかを検討しました。たとえば、「星・木」などの単語のセットを覚えるように求められます。この課題を3歳から6歳に与えたところ、3歳児の処理速度は平均で800msだったのに対して6歳児は460msであり、記憶能力も3歳児は平均で三つの単語を正しく覚えられましたが、6歳児は四つから五つの単語を記憶できるという結果が得られました。

新ピアジェ派とピアジェ課題

新ピアジェ派の視点から、伝統的なピアジェ研究について考えてみましょう。[99] ここでは数の保存の課題を例にします。第2章で述べたように、2列のおはじきを並べて、一方のおはじきの間隔を変更すると、子どもは間隔の広いおはじきの列の方が数が多いと答えます。この課題で、ピアジェは可逆性の操作の失敗がエラーの原因だと考えていました。一方、新ピアジェ派の視点からすると、これは情報処理のエラーになります。彼らは、数の保存課題を解決するには、以下のようなシェムが必要だとしています。

シェム：課題の教示（2列のおはじきは同じ数かな?）を表象し刺激の精査を促すシェム
シェム：もともとは2列のおはじきの数は同じだったことを表象するシェム
シェム：加えたり引いたりしなければ、おはじきの数に変化がないというルールを表象するシェム

課題解決には、以上の三つのシェムがあれば十分です。しかしながら、子どもは、以下のようなシェムも持っていると言います。

シェム：長くみえる物体の列は、より多くの数を含むというルールを表象するシェム

ピアジェの課題では、子どもにとって四つ目のシェムが惹起されやすいような設計になっていると言います。この課題を正しく解くためには、最初の三つのシェムを同時に処理するための情報処理能力と、四つ目のシェムが惹起されても影響を受けないようにそれら三つのシェムを関連づける認知スタイルが必要なのです。この考えを支持する証拠として、情報処理能力は年齢とともに発達するという結果や、三つのシェムを関連づける認知スタイルを持たない子どもは課題の成績が悪いという結果が示されています。

このように、新ピアジェ派は、情報処理能力という視点からピアジェの研究を説明します。ピアジェ理論は発達の個人差や課題による成績のばらつきを説明できませんでした。しかしながら、情報処理理論では、課題の持つ特徴と子どもの情報処理能力を分析することによって、ピアジェ理論では説明できないことを説明できるようになりました。

問題解決方略の発達

次に、シーグラー博士の理論について説明しましょう。これまではコンピュータのハードウェア（情報処理能力）に目を向けていたのに対して、シーグラー博士はソフトウェア（認知方略）がどう更新されていくかを分析しています。シーグラー博士がピアジェと違ったのは、どういう段階があるのかを記述するだけではなく、どのようにその変化が生じるかを検討し、子どもを調査する前にあらかじめ子どもが使用するであろう方略を想定した点です[100]。多くの研究者は、子どもを調査した後に事後的に方略を分類します。ですが、事後的な分類は恣意的なものが多いため、シーグラー博士はこのような方法をとったと思われます。

彼の研究例として、足し算研究を挙げましょう[101]。この研究では、3、4、5歳児を対象に「1＋2はいくつか」のような問題を与えました。その結果、3歳児の正解率は2割程度だったのに対して、4、5歳児は7割程度正解することができました。

シーグラー博士らが分析したのは、正解に辿り着くプロセスです。この研究では、四つの方略が見出されました。一つ目は、指と声を使う方略です。二つ目は、指だけを使う方略です。三つ目は、声だけを出す方略です。四つ目は、表面的な行動を示さずに数える方略です。この研究で明らかになったのは、これら四つの方略のうちいずれか一つだけを使う4、5歳児は全体の2割程度だったということです。問題によって異なった方略を使う子どもの方が多かったのです。どうやら、ある発達段階にいる子どもが、特定の方略だけを使うということではなさそうです。

シーグラー博士によると、ピアジェ課題のように子どもにとってなじみのない課題や、逆に非常になじみがある課題の場合には、子どもは特定の方略を使うが、それ以外では複数の方略を用いて課題を解決するのです。様々な方略を試して、どの方略がいいかを見極めるのでしょう。このように、子どもが複数の方略を使用しながら、次第にある方略を使うように移行していくという考え方を、重複波理論といいます。

彼の研究のもう一つの特徴は、どのように変化が生じるかを記述するために、微視的方法を用いた点です。発達心理学では、一般的に横断的方法か縦断的方法を用います。横断的方法では、異なる年齢の子どもに対して同じ課題を与え、その課題の成績を比較します。縦断的方法では、同一の子どもに対して異なった年齢で課題を与え、その成績の変化を検討します。微視的方法は、縦断的方法に近いですが、短期

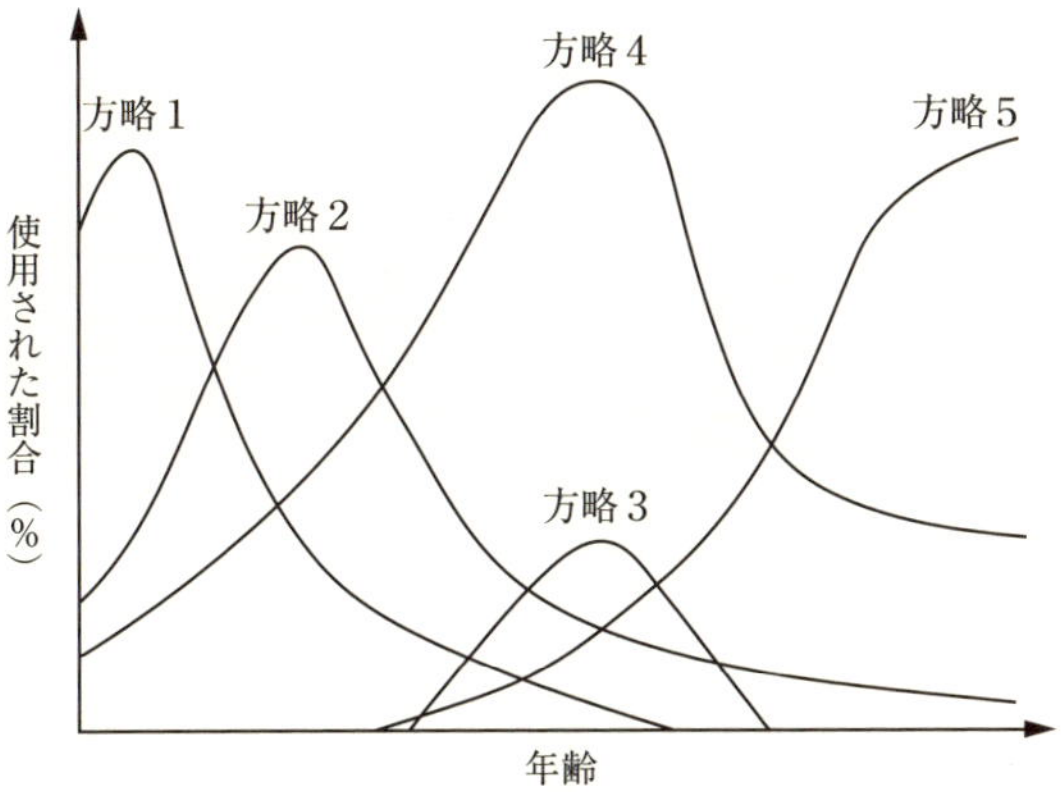

重複波理論（Siegler, 1996[100]）

間で繰り返し調査をすることで、より細かく子どもの発達を追跡します[102]。

シーグラー博士らは、4～5歳児に、「3＋4」のような足し算を与え、11週間にわたって子どもの方略の変化について検討しました。彼が注目したのは、大きい方に小さい方を加えていく方略です（4から数えて、5、6、7と数える方法。標的方略）。どのような方略から標的方略が生まれたのでしょうか。直感的には、3から数えて、4、5、6、7と数える方略と標的方略の両方を使えるようになって、それからより効率の良い後者が選択される気がします。しかしながら、この研究では、1から7まで数える方法の後に、標的方略が選択されるという結果が得られました。もっとも、標的方略が使用できるようになったからといって、この方略だけを使うわけではありません。重複波理論に見られるように、効率の悪い方略も、標的方略も両方使います。1から数える方略は、効率は悪くても、適用範囲が広いため、子どもはとりあえずの手段として用いるのでしょう。新しい方略を用いて首尾よく問題解決がなされれば、新しい方略の選択のされやすさが増していきます。

以上のように、子どもは複数の方略を同時に維持し、状況や環境によって異なる方略を用いるようです。複数の方略を持つことは決して無意味なことではありません。柔軟に問題を解決できるのです。

現在の乳幼児研究は、物理的認識や社会的認識のように、領域固有の概念や知識を扱うことが少なくありません。一方で、新ピアジェ派で扱う情報処理能力は、どのような課題にも必要な、領域一般の能力なのです。

幼児期のワーキングメモリと実行機能

新ピアジェ派における情報処理能力とワーキングメモリの概念は同じではありませんが、非常に類似しています[103]。そのため、ワーキングメモリや実行機能の発達研究についてみていきましょう。まず、バドリー博士のワーキングメモリモデルを基に、子どものワーキングメモリの発達について考えてみましょう。

バドリー博士のモデルでは、視空間性ワーキングメモリと言語性ワーキングメモリが独立していると想定されています。近年の研究により、4歳頃には視空間性ワーキングメモリと言語性ワーキングメモリがそれぞれ機能している可能性が示されています。ある研究では、探索課題を用いて視空間性ワーキングメモリの発達を検討しました[104]。この課題では、コンピュータ画面上に複数の箱が登場し、それぞれの箱には報酬が一つ入っています。子どもが画面の箱に触ると、報酬を得ることができます。一度報酬を得た箱にはもう何も入っていないので、子どもは、自分がどの箱を触ったかを覚えていなければなりません。こ

ＤＣＣＳ課題

の課題では、4歳から5歳にかけて成績が向上しました。また、言語性のワーキングメモリも就学前期に著しく発達することが示されています。たとえば、提示された数字を逆再生することを求める数字逆唱課題（「1、4、5、6」と実験者が言う場合、子どもは「6、5、4、1」と反応する）の成績が、3歳から5歳にかけて向上することが示されています[105]。これらの結果は、就学前の時期から、ワーキングメモリが言語性・視空間性を問わず機能していることを示唆しています。

次に、実行機能の発達について見ていきましょう（詳細は、拙著『わたしを律するわたし』参照）。幼児向けの実行機能課題として広く使われているのはＤＣＣＳ課題です[106]。この課題では、色や形などの二つのルールを含むカードを用いて、ルールの切り替え能力を調べます。たとえば、「黄色い車」と「緑の花」などのカードと、色と形の組み合わせが異なる「緑の車」と「黄色い花」などのカードを提示し、それらを分類するように求めます。第一段階では、二つのルールのうち一つ（たとえば、色）で分類させ、第二段階では、一つ目とは異なるルールで分類させます（たとえば、形）。この課題では、4歳児は容易にルールの切り替えができるのですが、3歳児は第二段階でも、最初に用いたルールでカードを分類してしまいます。

このように、近年の研究では、3歳から6歳くらいまでの間に実行機能が著しく発達することが示されています。

乳児期のワーキングメモリと実行機能

以上のようにワーキングメモリや実行機能は幼児期には機能しているようです。それでは、乳児ではどうでしょうか。短期記憶の研究になってしまいますが、乳児が大人と同じくらいの短期記憶を持つ可能性が示されています。課題は、視空間性の短期記憶課題です。二つのモニターを用意し、それぞれの画面に複数の対象が提示されます[107]。対象は500ms提示された後、250msの間消え、再び提示されます。二つのモニターのうち、一つのモニターでは対象に変化がないのに対して、もう一つのモニターでは対象の色が変化します。もし乳児が250ms間対象の特徴を保持できるのであれば、対象の変化に気づくはずです。

この実験を4か月から13か月の乳児を対象に、対象の数を変えながら実施したところ、4か月から6か月の乳児は、対象が一つのときに変化に気づきましたが、10か月児は、対象が三つや四つのときにも変化に気づきました。この結果が重要なのは、同様の実験で、大人も変化に気づくのは三つか四つまでで、それ以上になると変化に気づかないという点です。この研究では大人は含まれていませんが、このような視空間性の記憶課題においては、1歳児も大人もあまり記憶容量が変わらない可能性があります。

実行機能の乳児研究も最近になって始まりました。バイリンガルと実行機能の関係についての研究の一環です。幼児を対象にした研究において、バイリンガル児はDCCS課題において、モノリンガル児よりも成績が良いことが知られています[108]。その理由はまだ不明ですが、バイリンガルの子どもは2つの言語を頻繁に切り替えるので、課題の切り替えが得意なのかもしれません。

同様の傾向が、バイリンガル環境にある乳児でも見られます[109]。この実験では、乳児の視線を計測しています。実験は、第一段階と第二段階から構成されました。第一段階では、ある音声が提示された数秒後に、画面上の二つの四角のうちの一方にアニメが提示されました。これを繰り返すと、乳児は「音声が鳴るとアニメが出現する」ことを学習しました。この時点では、バイリンガル乳児もモノリンガル乳児も成績が変わりません。第二段階では、乳児に別の音声が提示されました。この新しい音声が提示された後は、アニメが第一段階とは異なる方の四角に提示されたのです。第二段階でアニメを見るためには、第一段階とは異なる四角を見つめるように頭を切り替えなければなりません。その結果、第二段階において、バイリンガル乳児の成績は、モノリンガル乳児の成績よりも良かったのです。このように、バイリンガルの乳幼児は、実行機能が必要とされる課題が得意なようです。

長期記憶の発達

次に、長期記憶の発達を見ましょう。長期記憶は宣言的記憶と手続き的記憶に分類され、宣言的記憶はさらにエピソード記憶と意味記憶に分類されます。宣言的記憶は、言葉やイメージで表現できる記憶で、手続き的記憶は、言葉で表現されない物事の手順についての記憶です。乳幼児を対象にした場合には、これらの分類は明確ではありませんが、馴化は手続き的な記憶に近いものとされ（馴れることは、記憶していることです）、遅延模倣は宣言的な記憶の指標とされます。新生児にも学習能力があることを考えると、手続き的な記憶が生後すぐから機能しているのは間違いなさそうですし、遅延模倣課題を用いた研究では、6か月の乳児ですら提示されたイベントを24時間後に再生できることが知られています[110]。

これらの結果は、乳児ですら宣言的記憶を持っていることを示唆します。そうすると、不思議ではありませんか。なぜ、私たちには、3歳以前の記憶がないのでしょうか。実際、最初の記憶は3歳か4歳頃、早くても2歳頃です。この問題はいまだに答えの出ていない興味深い問題なので、この現象に関わる議論を紹介しましょう。

フロイトによって幼児健忘と名付けられたこの現象は、当初は乳幼児期の情動的トラウマを抑圧するために引き起こされると論じられていました。しかし、この考えではネガティブな記憶だけでなくポジティブな記憶も思い出せないという事実を説明できません。近年は脳の発達（特に記憶に関わる海馬や側頭葉、前頭葉）から考察されています。生物学的なベースとして脳の発達は必須要件ですが、それだけでは十分な説明にはなりません。長期記憶の定義からして、その記憶は生涯にわたって保持されているはずです。それを考慮すると、乳児期に貯蔵された情報が取り出しにくいことに起因するという考え方が有力に思えます。この点に関して、二つの研究を紹介します。

幼児健忘を科学する

面白いもので、幼児健忘は、幼児期から見られます。ある研究では、子どもの「最初の記憶」がどのように書き換えられるかを検討しました。4歳から13歳の子どもを対象に、2回の研究を実施しました[11]。まず、1回目に、参加児は自分の最初の記憶を三つ聞かれます。2回目の調査は2年後に行われ、子どもに最初の記憶を1回目と同様に自由に再生させました。再生できない場合は、その子どもが1回目で再生した記憶と他の子どもの記憶を混ぜて提示し、どれが自分の記憶だったかを聞きました。その結果、三つの記憶の時期の平均月齢は1回目の調査で44・4か月、2回目の調査では56・5か月と大きな違いが見られ、2回目の調査では、「最初の記憶」の時期が、だいぶ遅くなっています。また、多くの子どもにおいて、1回目と2回目の記憶再生に重複がなかったと言います。最初の記憶は次々と書き換えられてしまうようです。

この研究の面白いところは、年少の子どもであればあるほど、記憶の一貫性が低いところです。10歳頃には記憶は定着しているようですが、幼児では、「最初の記憶」がころころ変わっています。幼児の記憶は固定化がされにくいために、ある年齢で覚えていたものが別の事象に塗り替えられて、思い出しにくくなってしまうようです。記憶の固定化ができるのが児童期以降であり、それくらいの年齢で再生できる記憶は結局4歳頃になってしまうのです。

次に、幼児健忘を言語発達という側面から検討してみましょう。言語を持たない間に蓄積された記憶を、言語を獲得した後に取り出すことができるか、という問題です。ピアジェは、シンボルである言語の獲得の前と後では情報の符号化（記憶に取り込む過程）が質的に異なり、言語獲得以前の記憶は、獲得後に取り出せないのではないかと述べています。最近の研究もピアジェの考えを支持し、言語を持たないときに記憶した内容は、言語獲得後には言語的に再生されないことを示しています[112]。

この研究では、実験者が2～3歳児と玩具で遊び、その玩具のライトのつけ方などの五つの標的行動を示しました。この時点で、幼児は標的行動をすべてできるようになりました。その半年後と1年後に、幼児は再び実験に参加し、先に遊んだゲームについて思い出し、言語的に報告するように教示されます。その後、記憶時に使用した玩具が用意され、幼児はそれを用いて標的行動を非言語的に再生するように求められました。その結果、非言語的に再生するのは容易だったのですが、言語的に再生することはできませんでした。さらに、研究者らは、幼児が、記憶時に持ち合わせていなかった語彙を用いて、言語的に再生することができるかどうかを調べました。たとえば、「ボール」などの語は言語再生に必要な語彙なのですが、これらの語彙を記憶時に持っていなかった子ども（そしてテスト時に語彙を持っている子ども）が、テスト時に使用するかを調べたのです。その結果、そのような例は一つもなかったということです。つまり、幼児は、記憶時に持ち合わせていなかった語彙を、テスト時に獲得していたとしても、その語彙を使用して記憶を再生することはなかったのです。もちろん、この研究からは、「言語再生しない」のか、「言語再生できない」のかはわからないのですが、非常に興味深い研究と言えます。

幼児健忘については、まだ研究の数が十分ではなく、今後の研究の進展が待たれます。長期記憶の研究は、かなりの時間と労力を要するので研究が進展しづらいのですが、非常に興味深い研究領域と言えるので、この問題に興味を持って取り組んでくれる方が増えればと思います。

コネクショニズム

次に、コネクショニズムについて説明しましょう。情報処理理論はコンピュータから人間の心を類推する試みでした。これらは計算主義や記号主義などと呼ばれ、コンピュータが規則に従って情報を処理するのと同様に、人間の認知活動も規則に従って情報処理するものだと考えます。また、処理方法も、コンピュータが行う直列処理と類似したものを人間が行っていると仮定していました。直列処理とは、すべての情報処理を一つずつ順番に行うことを言います。たとえるならば、歯科医が一人だけしかいない医院で、医師が一人ずつ治療も矯正も施術するようなものです。人工知能論の下で進展した計算主義は、現在でも重要性は認識されているものの、いくつかの問題点が明らかになりました。たとえば、コンピュータを基に人間の心を理解する試みは、生物学的な実体を持たないという点があります。脳についての理解が進むと、脳の情報処理の方法が計算主義で仮定するものとは異なることが明らかになりました。

コネクショニズムは脳の情報処理の方法と類似したアプローチで、中枢神経系の細胞であるニューロンと別のニューロン間のつながりをコンピュータでシミュレーションします。ニューロンの代わりにユニットやノードと呼ばれる機能単位を置き、それらのネットワークを作ることで、私たちの脳で起こっていることを、単純化したモデルで再現しようとします。

認知科学におけるコネクショニズムの進展を受けて、認知発達にもコネクショニズムを適用する動きが見られるようになりました。コネクショニズムは、これまでは説明が難しかった、認知発達の現象を説明できます。たとえば、認知発達では、数学の一次方程式のような単調増加ではなく、段階発達のように急激に変化したり、変化が停滞したり、U字型のように一歩後退したり（以前できていたことができなくなったり）します[113]。コネクショニズムは、このような非線形的な発達を説明することを得意とします。

コネクショニズムは、直列処理と対置される並列処理や分散処理に特徴があります。並列処理とは、各種の情報処理が同時に行われることです。たとえるなら、治療専門の歯科医と矯正専門の歯科医がいる医院で、治療の患者さんと矯正の患者さんが同時に施術を受けることを指します。この並列処理が、脳の処理方法なのです。また、計算主義ではコンピュータ本体が中央集権的に情報を処理しますが、コネクショニズムでは複数の場所で処理が分散されて行われます。これは、一つのノードが一つの情報を処理するというよりは、複数のノードで一つの情報を処理するということです。たとえば、豚という概念を表現するときに、ある単一のノードの活動が豚という概念を表現しているわけではなく、複数のノードの活動パターンによって豚を表現します。まず、コネクショニズムが着想を得た、ニューロンの性質について見ていきましょう。

ニューロンの性質

ニューロンが他の細胞と違うのは、突起を持つ点です。ニューロンにはDNAを含む核を持つ細胞体に加えて、樹状突起と呼ばれる複数の突起と、軸索と呼ばれる長い突起部分があります。樹状突起は他

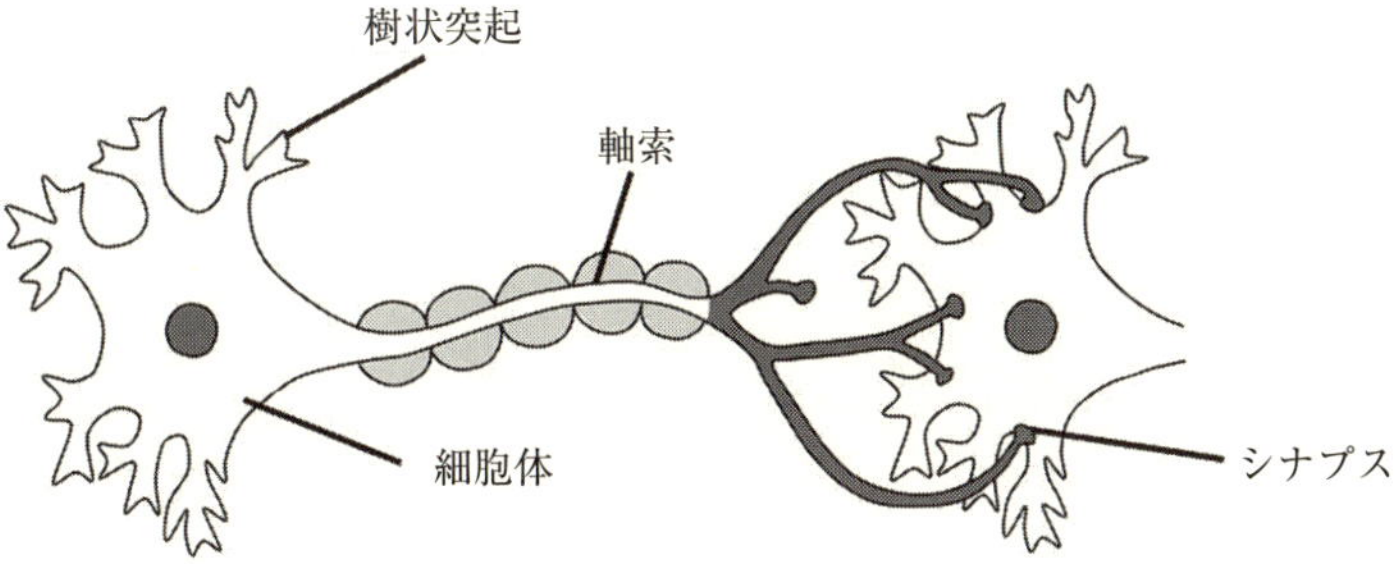

ニューロン

のニューロンと、シナプスと呼ばれる非常に狭い隙間を含めた領域で接合し、軸索は細胞体からの情報を末端の神経終末に伝達します。ニューロンは、電気信号と神経伝達物質で情報を伝達します。まず、他のニューロンから伝わってきた情報が、電気信号（活動電位）として軸索を伝わり、末端（神経終末）に届きます。神経終末まで伝わってきた電気信号は化学物質（神経伝達物質）に変換され、その物質が放出されます。ニューロン間の接合領域であるシナプスを通り、相手側のニューロンに伝えられます。この際に伝えられる伝達物質にも、グルタミン酸のように相手側のニューロンを興奮させるものと、ガンマ-アミノ酪酸のようにニューロンの興奮を抑制するものがあります。あるニューロンは複数のニューロンとシナプスで接合しているので、複数の入力を受けることで、そのニューロンが興奮するのか（活動電位を発するのか）が決まってきます。脳を含めた中枢神経系にあるニューロンは1000億個から2000億個だと推定され、広大なネットワークを形成しています。

ニューロンの性質において重要なのが、ニューロン間の結合の仕方が変化するという点です。この点に関して、ヘブ博士が提唱したヘブ則というものがあります。これは、あるニューロンが活動することによって別のニューロンが活動した場合、その二つのニューロンの結合が強まるという法則のことです。そのメカニズムはシナプスにおける信号の伝達効率に変化が生じるという、シナプス可塑性（刺激を受けて神経系が構造的・機能的に変化すること）です。このようなシナプス可塑性こそが、記憶や学習のメカニズムであるという考え方です。このことは、海馬などの様々な領域のシナプスで実際に起こることが証明されています。このように、ヘブ則はニューロン間の結合変化の生物学的基盤として重要な意味を持ちます。

コネクショニズムの基本原理

以上を基にコネクショニズムについて述べていきます。コネクショニズムでは、ニューロンの代わりに、ノードを用いたネットワークを形成します。結合の強さは重みとして表現され、この重みの変化が学習や記憶ということになります。重みが強いということは、結合が強く、情報が伝わりやすいということです。ニューロン同様に、興奮性のノードと抑制性のノードがあり、複数のノードからの入力の総和がある閾値を超えるとそのノードは出力をします。ニューロンが活動電位を発することと同じ意味になります。この入力の強さが数学的に表現され、たとえば興奮性のノードから1・0の出力があり抑制性のノードからマイナス0・5の出力があった場合、そして、各ノードが出力ノードと同じ重み（1・0）で結合している場合、入力の総和は0・5となります。そして、入力を受けたノードの閾値が0・4であれば、そのノードは出力します。

ノードの数も連結の方法も様々なモデルがありますが、心理学でよく見るのは、入力層、隠れ層、出

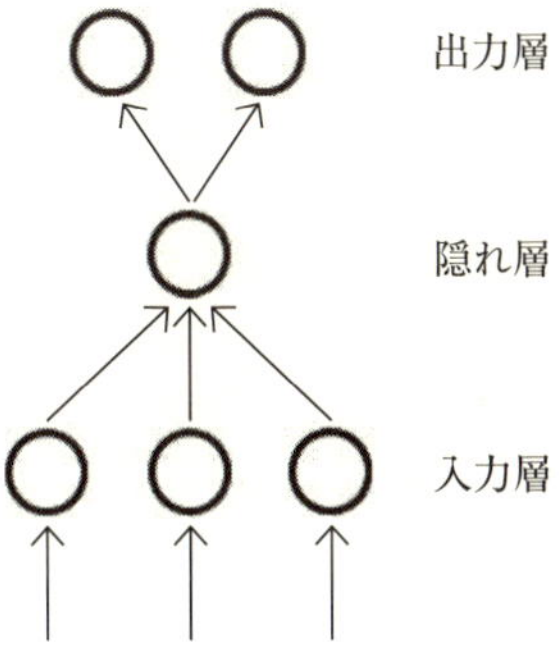

コネクショニズムのモデルの一例

力層の3層構造で、情報の流れも入力層から出力層への一方向の単純なモデルです。隠れ層があることで、複雑な情報処理過程を表現できるようになります。この3層構造は、刺激を与えられ（入力）、内的に処理し（隠れ層での処理）、反応する（出力）という意味で、構造自体は計算主義と類似しています。処理の仕方などが異なるのです。

　コネクショニズムのネットワークの学習方法については、ヘブ則やパーセプトロンと言われるものなど様々なモデルがありますが、本書では誤差逆伝播法について説明します。まず、出力層に注目します。出力層は、入力層や隠れ層から入力があり、閾値を超えた場合に出力することが望まれます。ですが、最初からそううまくいくとは限りません。そこで、望ましい出力（教師信号）と実際の出力の誤差を計算します。この誤差を最小限にするためには、それぞれの入力を調整する必要があります。実際には、出力層に対して入力のあるすべての隠れ層の重みづけを変更し、その上で隠れ層と入力層の重みづけを変更するという2段階の変更過程を経ることになります。ある隠れ層からの興奮性の入力が強すぎることによって出力の誤差が生じているのであれば、出力層とその隠れ層との重みを弱めることで誤差を小さくしようとします。また、隠れ層と入力層の重みづけに関しては、その隠れ層とつながりのある入力層の重みづけを変更することによって、誤差を小さくします。これらの修正によって、入力に応じた正しい出力ができるようにネットワークが学習していくのです。この方法にも問題点は指摘されていますが、コネクショニズムの学習における基本的な考えと言えます。

このような考え方が、認知発達を考える上でどのように役立つのでしょう。コネクショニズムの研究は方法論としてシミュレーションを用います。実際の乳幼児を対象にした研究ではありません。そのため、この手法には意味がないという研究者もいますが、それは全くの誤解です。シミュレーションの目的は、行動実験や観察から得られたデータの背後にあるメカニズムを検討することです。行動実験や観察では、子どものどの能力が発達するか（何が発達するのか）は明らかにできますが、その変化がどのように起きているのか（どのように発達するのか）を明らかにするのは難しいという点があります。コネクショニズムの研究は、それらを一部でも明らかにすることができるのです。コネクショニズムを数式なしで理解するためには、守博士著『やさしいＰＤＰモデルの話』をご覧ください。

情報処理理論とコネクショニズムの違い

ピアジェ以来の発達心理学は認知発達には段階的な変化があると考えていますが、なぜそのような変化が起こるかについては十分な説明ができていません。しかしコネクショニズムでは、説明が可能です。本書では、その例として、二つ挙げておきます。まず、天秤ばかりの問題です。もともとはピアジェらがこ

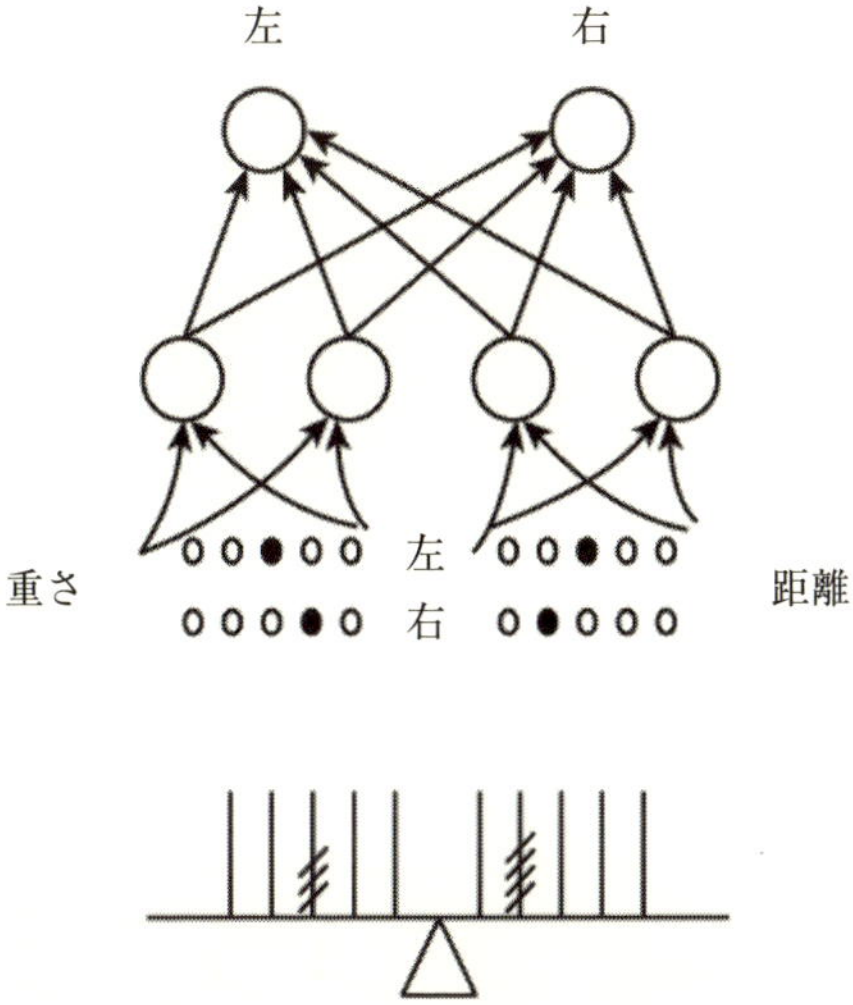

天秤ばかりのコネクショニストモデル（McClelland, 1989 [114]）

の問題を検討し、シーグラー博士が発展させました。この問題では、錘の重さと距離を考慮して天秤ばかりがどちらに振れるかを予測しなければなりません。シーグラー博士はこの問題を方略の発達という視点から検討し、五つの段階があることを見出しました。

最初は子どもがランダムに反応する段階です（第〇段階）。第一段階は、錘の重さだけに着目し、距離を考慮しない段階です。たとえば、左に錘が二つあり右に錘が一つあれば、錘の距離にかかわらず左に傾くと答えます。第二段階は、錘の重さが等しいときにだけ距離を考慮する段階です。第三段階は、重さと距離を考慮しますが、不十分な段階です。第四段階は、両方を数値的に計算して予測する段階です。全体的には、子どもは錘の重さに最初に注目し、次に距離を考慮した反応ができるようになります。

実験では、５歳児は第一段階の反応をし、９歳児は第二段階か第三段階の反応をすること、第四段階の反応は年長の子どもでも難しいという結果が得られました。ただし、情報処理理論のところで強調したように、シーグラー博士は、子どもが複数の方略を使用しながら発達を遂げていくことを示しました。これが、従来の情報処理理論での考え方です。

コネクショニズムではこのような発達的変化がどのように生じるかを検討します[114]。ネットワークは前ページの図のように情報の流れが一方通行の3層構造です。一番下の○と●で表現されている部分が入力層です。入力層のノードには、左右の天秤ばかりの錘が、どの重さで、どの距離で配置されているかが入力されます。入力層のノード群は、それぞれ二つの隠れ層のノードにつながっています。これらの隠れ層のノードは二つの出力ノードにつながっています。出力ノードが、天秤ばかりがどちらに振れるのか、釣り合うのかについての出力を表現します。隠れ層からの入力によって左の出力ノードの活動が閾値より大きく、しかも右の出力ノードよりも活動していれば、左に振れると予測することになります。このモデルに、様々な距離と重さの組み合わせを与えます。誤差伝播学習のところで説明したように、出力ノードが出した出力と教師信号を比較し、出力ノードの出力が間違っていた場合、出力層と隠れ層および隠れ層と入力層の結合の重みづけに変化が生じ、正しく出力できるようにネットワーク全体が学習していきます。

この研究では、まず、ネットワークが重さに着目して学習するような入力を与えました。具体的には、様々な重さの入力を与える一方で、距離の入力はそれほど変えません。実際の天秤ばかりに照らし合わせて言うと、様々な重さの錘を使いつつ、錘の距離はあまり変えていないということです。この手続きは、子どもが重さに着目しやすいというシーグラー博士の結果を基になされています。

このように入力すると、モデルは錘の重さに基づいた出力をするようになります。つまり、重さに関する入力ノードと隠れ層のノード、また、隠れ層のノードと出力ノードの関係は強められ、距離ノードと隠れ層ノードの関係には変化がないということです。子どもが重さに基づいてのみ判断するという第一段階です。訓練を続けると、表面的にはこの状態が続くのですが、モデル内部では変化が生じています。左右の錘の重さが同じ場合に、距離が少しずつ影響を与えるようになるのです。距離ノードと隠れ層のノードの重みが強められ、ネットワークの出力に急激な変化が起きます。第一段階のような出力から、第二段階と同じように、重さが同じときには距離を考慮した出力をするようになります。さらに訓練が進むと、第三段階、第四段階に対応するような出力ができるようになるのです。

モデル内部では、間違った出力を出した場合、ノード間の重みづけが変化するという意味で、連続的な変化が生じています。ところが、表面的に見えるモデルの出力は、まるで質的な変化が起こったように突然変わります。これは、子どもの内部で起こっているのは連続的な変化ですが、表面的な行動が突然変化することを意味します。もちろん実際の子どもを扱っているわけではないのですが、段階発達のような急激な変化の基底には、連続した学習メカニズムがある可能性を示しているのです。

A―ノット―Bエラーとコネクショニズム

もう一つ例を紹介しましょう。第2章でも紹介したA―ノット―Bエラーです。この実験では、箱（位置A）に玩具を隠し、乳児に探索させた後、別の位置の箱（位置B）に玩具を隠し、乳児に探索させます。そうすると、このB試行でも位置Aを探索してしまいます。ムナカタ博士は、A―ノット―Bエラーをコネクショニズムで説明しました[115]。ムナカタ博士らが問題にしているのは、A－ノット－Bエラーに見られる視線と探索行動の乖離です。A－ノット－Bエラーは、探索行動で見られます。ところが、B試行における乳児の行動を詳細に分析してみると、たしかに位置Aを探すのですが、その探索行動の直前に一瞬だけ視線が位置Bに向けられるというのです。第4章でも見た、視線と探索行動の乖離がコネクショニズムから説明されています。以下を読むと、これだけの結果を説明するために、ややこしいことをしているなと思うかもしれません。ですが、A－ノット－Bエラーについては多数の論文が書かれており、ムナカタ博士の研究は、それらの実験結果の多くを説明できるのです。

彼女らの基本的な考えは、潜在記憶と活動記憶の二つの記憶システムがあるという点です。前者は、長期記憶のようなものであり、位置Aで玩具を探す経験が蓄積した結果生じる、「玩具は位置Aに隠されている」という記憶のことです。後者は、ワーキングメモリのようなもので、B試行において、位置Bに玩具があるという記憶のことです。問題は、B試行においても、潜在記憶が邪魔をするという点にあります。B試行において、(以前)位置Aに玩具があったという潜在記憶と、(現在)位置Bに玩具があるという活動記憶が競合し、潜在記憶が勝つために、A－ノット－Bエラーが起きるというものです。ニューロンレベルで言うと、潜在記憶はニューロン間の結合の変化に対応し、活動記憶はニューロンの持続的発火に対応します。いかにそのような競合が生じ、潜在記憶が勝つのかを、コネクショニズムで説明するのです。

彼女らは、入力層、隠れ層、出力層の3層構造のネットワークにおいて、A－ノット－Bエラーを説明します。入力層は3種類あり、位置に関する入力層、玩具を隠す箱に関する入力層、玩具に関する入力層から構成されます。

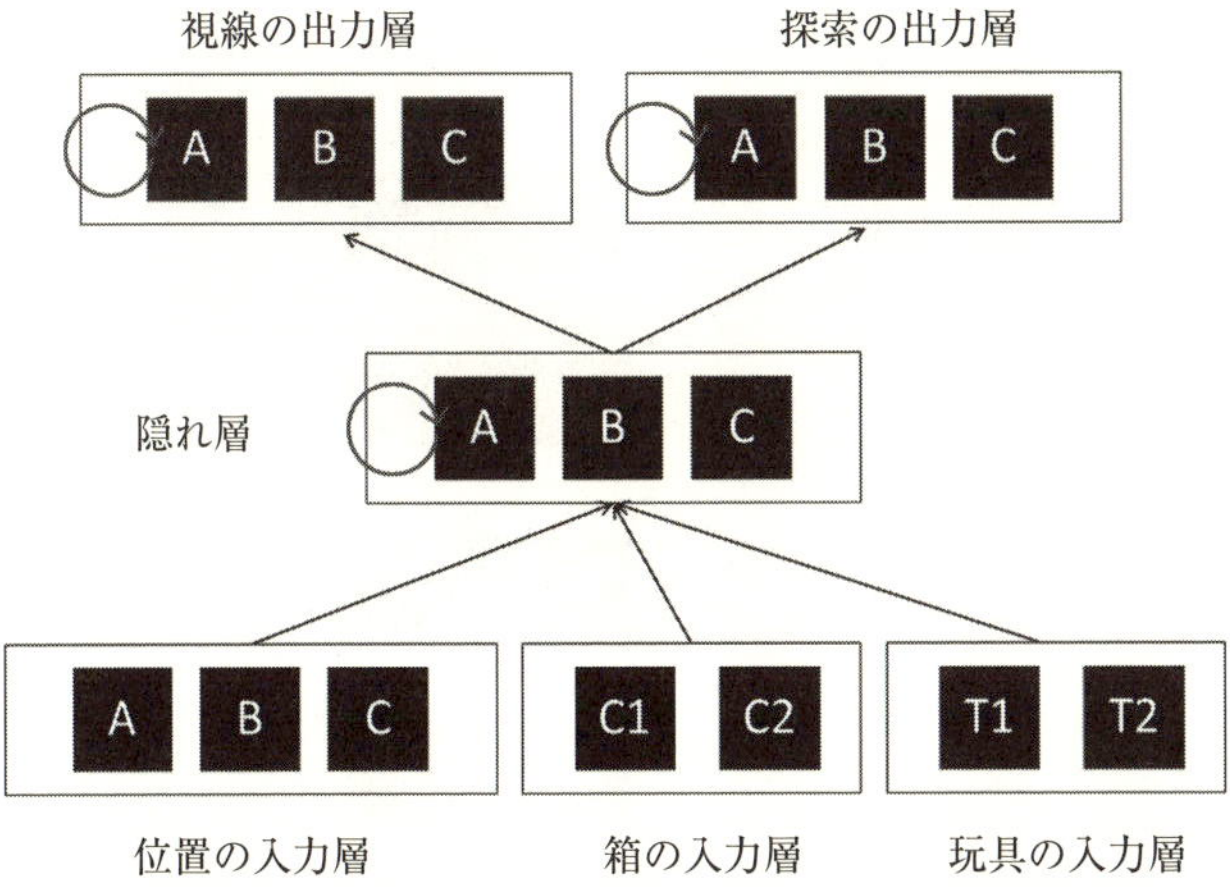

A–ノット–Bエラーのコネクショニストモデル
(Munakata, 1998 [115]、一部改変)

しかし複雑になるため、本書では位置に関する入力層(図の一番左の入力層)を見ていきます。入力層には三つのノードがあり、位置Aと位置Bおよび位置Cに対応します(位置Cについては触れないことにします)。隠れ層は1種類ですが、位置に関する三つのノードを持ち、玩具の位置を心的に保持していることを意味します。出力層は2種類で、視線に関する出力層と探索行動に関する出力層があります。これらの出力層も、三つの位置に関するノードを持ちます。視線の出力層で位置Aが活動することは位置Aを見ること、探索の出力層で位置Aが活動することは、位置Aを探すことです。このように視線と探索行動を別々の出力層として設けることができる点がコネクショニズムの特徴です。

このモデルで重要なのは、隠れ層と出力層のノードには、再帰的な結合があるという点です。再帰的な結合は、図では、自分に戻ってくる矢印で表現されています。これは、あるノードが自分自身に戻っ

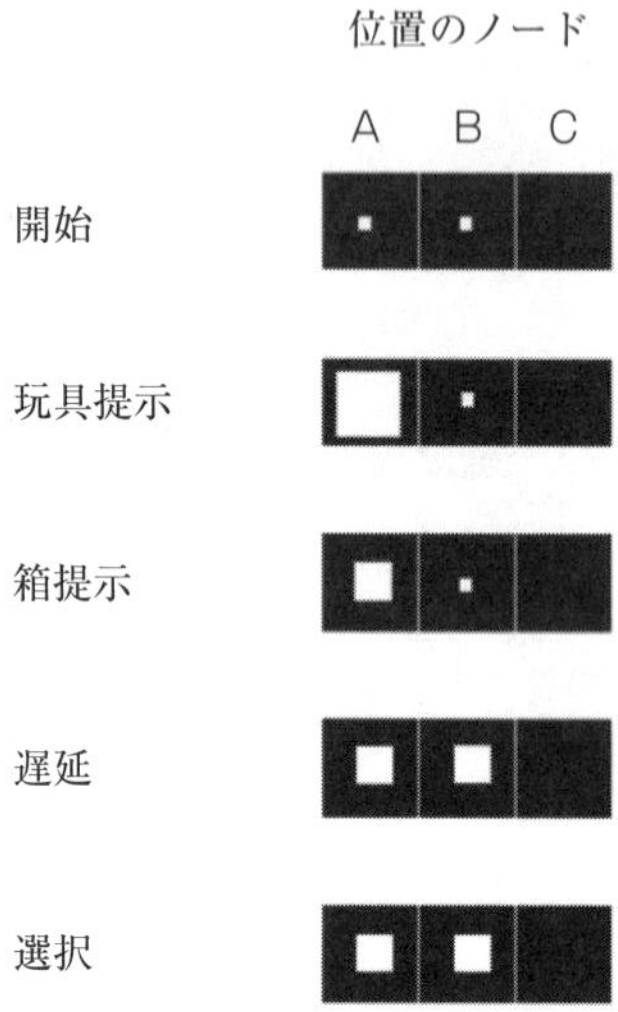

A試行中の入力パターン(Munakata, 1998 [115]、一部改変)
白四角は、入力層のノードの活性度に該当

てくるように結合しており、ある時点でそのノードが活動すると、次の時点でも活動しやすくなるということです。これはワーキングメモリであり、上記の活動記憶に対応します。この再帰的な結合の強さが、活動記憶の強さ、つまり現在の玩具の位置を表象し続けることを意味します。一方で、潜在記憶は、ノード間のつながりの強さに対応します。入力層と隠れ層のノードのつながりの重みづけおよび隠れ層と出力層のつながりの重みづけは、ネットワークが訓練を重ねる中で変化していきます。

このモデルでは、練習試行を含めてA試行が6試行、B試行が1試行与えられました。各試行は開始、玩具提示、箱提示、遅延、選択の5段階から構成され、それぞれの段階において位置Aと位置Bがどの程度視覚的に顕著であるか(目立つか)が、入力パターンとしてモデルに与えられました(位置Aが位置Bより顕著であれば、位置Aのノードが強く活動します)。開始段階で箱を設置した後、玩具提示の段階では、玩具を位置Aに隠すことに対応するので、位置Aに関するノードが強く活動し、位置Bに関するノードは弱く活性化します。箱提示段階では、玩具が隠された直後の状況に対応し、位置Aに関するノードが中程度、位置Bに関するノードは弱く活性化します。この二つの段階では、玩具を隠すことにより、位置Aの顕著性が高まっているのです。遅延段階と選択段階では、位置Aと位置Bのノードが同じくらい、中程度に活動します。玩具は隠されているので、この段階では位置Aと位置Bの顕著性に違いはありません。

このモデルでは入力層の位置Aが活動した場合、隠れ層の位置Aが活動しやすいように構成されています。学習規則はヘブ則に準じているので、この両者が一緒に活動すると、両者間の結合の重みづけが増し、より正確に情報が伝わるようになります。このネットワークの変化が潜在記憶です。隠れ層のノードは再帰的な結合を持っているので、たとえば位置Aのノードが活動すると、その活動が継続します(活動記憶)。また、隠れ層の位置Aノードが活動すると、出力層の位置Aのノードが活動するように構成されています。そして、これが重要なところですが、出力層の視線に関するノードは、開始段階から選択段階まで継続的に活動するようになっています。一方、探索行動に関するノードは、選択段階においてのみ活動するようになっています。これは、実際の乳児実験でも、1試行において探索するのは1回であること、しかし、視線は常に動いていて、位置を見ることができることに対応しています。

このようなネットワークを動かしてみると、次ページの図のようになります。A試行では、開始段階では隠れ層のノードはほとんど活動していませんが、玩具提示の段階になると隠れ層の位置Aのノードが活動し、遅延段階になるとその活動が弱まります。時間とともに位置Aに玩具があるという表象が弱まると

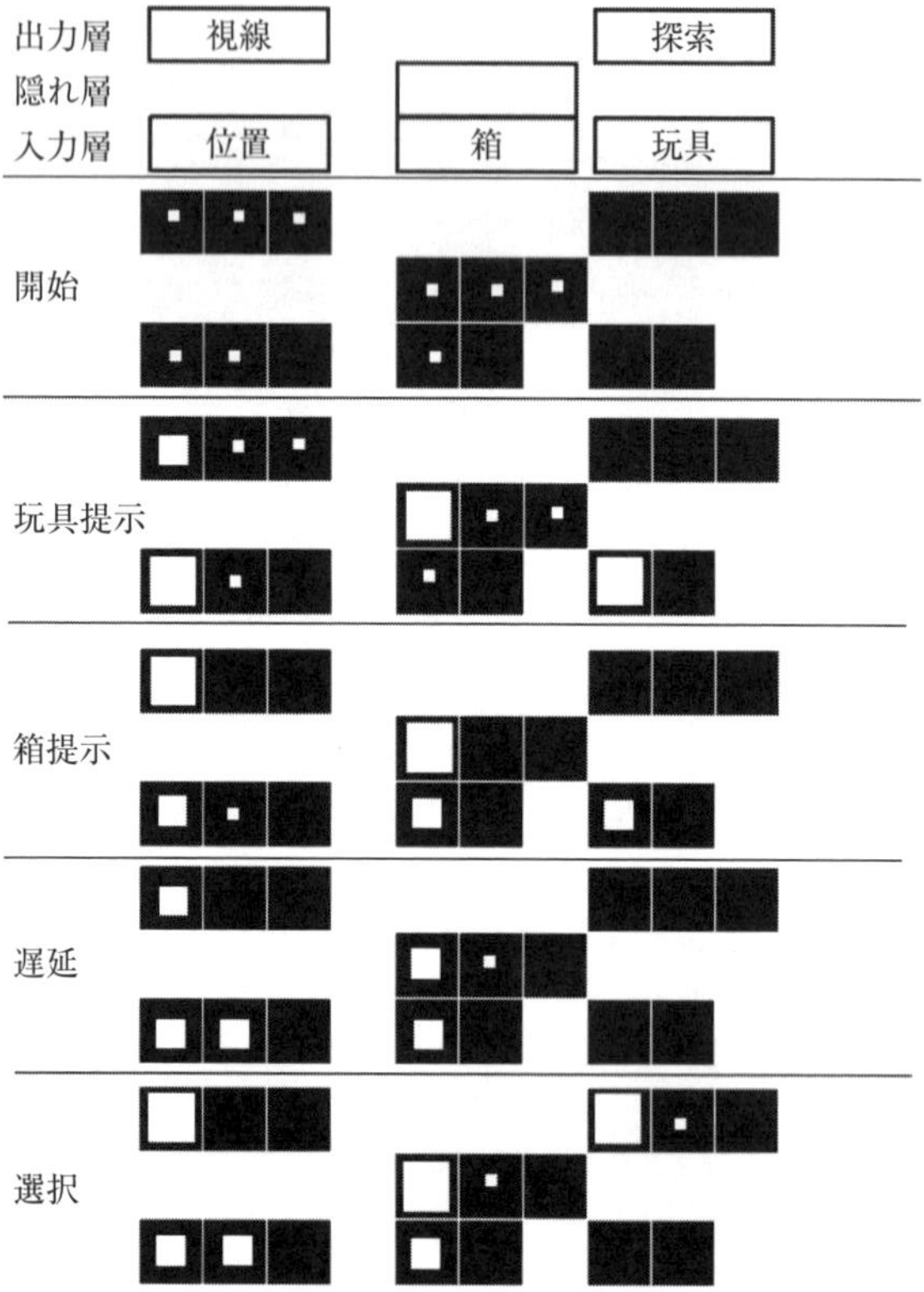

A試行中のネットワークの活動（Munakata, 1998 [115]、一部改変）

いうことです。視線に関する出力層において、位置Aのノードは、開始段階から選択段階まで常に何らかの活動をしています。一方、探索行動に関する出力層では、選択時にのみ位置Aのノードが活動しています。A試行は6試行与えられましたが、ネットワークは位置Aに関する入力が与えられると、出力層における視線も探索も正しく位置Aが活動するようになります。乳児はA試行を正しく遂行できるようになったということです。

ここでB試行を与えるとどうなるかが、この研究の一番大事なところです。B試行においても、A試行と同じように、五つの段階があります。A試行と違い、入力層では位置Bが活動します。また、A試行でネットワークに変化が生じた結果、出力層において位置Aが活動しやすくなっています（潜在記憶）。それ以外は、A試行とほぼ同じです。このB試行を実施した結果、箱提示段階くらいまでは隠れ層の位置Bと視線の出力層の位置Bが強く活動しますが、遅延段階の最後の方になると、隠れ層においても視線の出力層においても位置Aと位置Bの表象はほぼ同じくらいになり、選択時点では視線の出力層も探索行動の出力層も位置Aが活動します。B試行において、位置Aが出力として出されている、A－ノット－Bエラーです。

ここで出した例では、視線も探索行動もA－ノット－Bエラーをしてしまいましたが、シミュレーション研究の優れた点は、条件を数値的に細かく変化させ、様々な実験状況を作り出せることです。ムナカタ博士らは、上記の隠れ層や出力層の再帰的な結合の強さを様々に変化させました。この再帰的な結合は、玩具のある位置を内的に保持し続ける能力（活動記憶）に対応します。この数字を変化させることは、いわばワーキングメモリが発達していくことを意味しており、乳児の月齢を変化させて実験していることになります。その結果、この再帰的な結合が弱い場合は、出力層の視線も探索行動も両方B試行においてA-ノット-Bエラーをするのですが、中程度にすると、探索行動においてのみエラーをすることが明らかになりました。また、この結合を強くすると、視線でも探索行動でもエラーをしないことも明らかになりました。このようにコネクショニズムで、A-ノット-Bエラーにおける視線と行動の乖離が説明できるのです。

コネクショニズムと生得性

コネクショニズムは、刺激の入力によるネットワークの変化を記述するものなので、行動主義と同様に、経験の役割を過剰に重視するものだと批判されます。しかしながら、コネクショニズムの研究者は、一方的な学習説ではなく、遺伝と環境の相互作用を重視すると言います。その意味では、ピアジェのような構成的立場と類似しています。ただ、乳幼児の有能さが明らかになってきた時代において、ピアジェの説明では不十分です。研究者らが目指すのは、乳児の有能さを認めた上で、スペルキ博士らのような生得論に陥らず、遺伝的要因と経験要因の相互作用を記述することです。

問題は、生得的にどのようなメカニズムを持っており、それらを基に乳幼児がどのように発達するかを記述することです。この点に関して、『認知発達と生得性』の中でエルマン博士らは以下のような議論をしています。彼らによると、生得性の議論では、三つの制約を考慮する必要があるといいます。一つ目は、表象レベルの制約であり、知識を生得的に持つように脳内ネットワークが制約されているというものです。

これは、スペルキ博士らの生得論と一致する考えです。神経レベルで考えると、ニューロン間のシナプス結合が生得的に規定されていることであり、コネクショニズムで考えると出生時からノード間の結合の重みづけが既に決まっているということです。二つ目は、アーキテクチャの制約と言えるもので、中程度に遺伝的制約を持つということです。たとえば、脳内のニューロンの反応特性や化学物質の種類、ヘブ則などの学習方法などは、出生時にはある程度決まっています。この立場では、ニューロン間のシナプス結合は生得的に決まっていないが、その後の発達や学習をするための仕組みは生得的に決まっていると考えます。コネクショニズムで言うと、ネットワークの学習方法や反応特性はあらかじめ決まっているということです。三つ目は時間的制約であり、発達のタイミングを重視するものです。ある脳の領域が別の領域よりも先に発達するなどのタイミングのずれがあり、それによって初期に発達する領域と後に発達する領域では異なった機能を持ちうるというものです。

エルマン博士らは、表象レベルの制約は正しくないという結論を下しています。その根拠は、スペルキ博士らの研究で示されたような乳児の行動をコネクショニズムで再現できることです。これにより、生得説を持ち出さなくても、乳幼児の有能な振る舞いは説明できるということが言いたいようです。エルマン博士らは、アーキテクチャの制約や時間的制約は認めており、これらの遺伝的な基盤の上にコネクショニストモデルで見られるような学習がなされていると考えているようです。第1章でも触れたように、遺伝と環境の一方の要因だけで説明することは難しく、両者がいかに相互作用するかを考えていかなければなりません。その相互作用を考える上で、理論的にも、実証的にも、コネクショニズムは有効なアプローチの一つと言えます。

本章のまとめ

本章では、情報処理理論やコネクショニズムの立場から、乳幼児の行動や認知発達について見てきました。それらの立場では、乳幼児をコンピュータのような存在だとして捉えています。次章では、脳という側面から乳幼児を詳しく見ていきます。

第3部

異なる乳幼児

第7章　脳乳幼児

「心」は脳の作用にしかすぎないのだから、人間の「心」を知るためには脳という物質を研究する以外ないのだ、と。
しかし子供たちと長い時間過ごしていると脳と心とはやはり別のものなのではないかという気がしてくるのだった。

（首藤瓜於『脳男』p.92）

第2部では、実験法の確立による、有能な乳幼児観について紹介しました。これらの研究は、現在も乳幼児研究の中心的な役割を果たしています。しかしながら、一方で、これらとは異なる新しい研究も見られるようになりました。第3部では、有能な乳幼児観の先にある乳幼児観について考えていきます。

本章では進展著しい乳幼児の脳研究についてみます。20世紀以前から神経科学の研究は報告されていますが、人間を対象にした研究は、20世紀末に開発された脳機能計測によって、急速に進んでいます。心を生み出しているのは脳であると神経科学者は考えていますし、心理学者もこの考えに賛同するでしょう。

しかしながら、脳がそのまま心であるかというと、心理学者の多くは、上記の『脳男』の一節のように躊躇してしまうのが本音かもしれません。本章では、脳研究の進展が、どのような新しい乳幼児観を提示したのかについて見ていきます。

脳の基礎知識

まずは、新しい乳幼児観を理解するために必要な、最低限の脳に関する知識を述べておきましょう。大人の脳構造について紹介し、次にそのような構造が受精卵からどのようにできあがっていくのかについて見ていきます。

神経系には中枢神経系と末梢神経系があり、中枢神経には脳と脊髄があります。脳はニューロンと、ニューロンの働きをサポートするグリア細胞から構成されます。グリア細胞は、たとえばニューロンに栄養を運んだり、軸索の髄鞘化（後述）を助けたり、神経伝達の役割を担ったりしていると考えられています。脳の重量は、およそ１４００から１５００グラム程度で、重さでは全体重の数パーセント程度ですが、人体で使用するエネルギーの約20％程度を使用します。

脳はその解剖学的形態から、大脳半球、脳幹、小脳に分けることができます。大脳は脳の85％を占め、認知機能や情動などと深く関わります。小脳は10％程度を占め、姿勢の制御や運動機能などに重要な役割を果たしています。残りは脳幹で、生命維持に必須の役割を果たしています。脳幹を詳しく見ると、中脳、橋、延髄および間脳から構成されています。間脳は、視床や視床下部に分割されます。視床は目や耳など

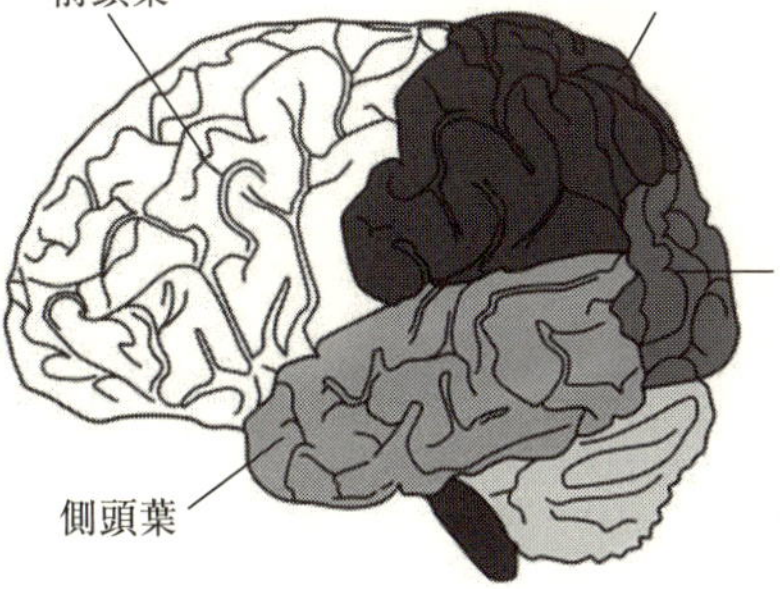

大脳皮質

の感覚器から入ってきた情報を中継し、大脳皮質へ伝える場所であり、視床下部は自律神経やホルモン系を制御する役割を持っています。

この中でも、本書では認知機能との関わりが深い大脳が中心になってきます。大脳は、大脳縦裂によって左右の半球、左脳と右脳の二つに分かれ、脳梁によってつながれています。それぞれの半球は表面にある大脳皮質と深部にある大脳基底核から構成されています。大脳基底核でよく知られているのは運動制御の役割です。大脳皮質はその発生的な区分から原皮質・古皮質・新皮質に分けられます。原皮質は人間と他の動物の共通点も多く記憶などと関わり、扁桃体とともに大脳辺縁系と呼ばれる領域を構成します。海馬は記憶と、扁桃体は恐れや怒りなどの情動と関わります。古皮質は哺乳類ではわずかにしか存在しませんが、嗅脳などの嗅覚と関連する領域に一部見られます。

脳の表層にある新皮質は、一般的に「脳のしわ」と言われるような特徴的な形態を持っています。脳のしわ部分は脳溝と言い、出っ張っていて尾根のようになっている脳回を取り囲むような構造になっています。脳溝や脳回があることによって、脳の表面積を増やしており、複雑な情報処理が可能になっています。脳溝にも様々な大きさのものがあり、脳の中心あたりの非常に大きい脳溝が中心溝です。また、もう一つ大きな脳溝が外側溝（シルヴィウス溝）で、大脳皮質の下部から中心部あたりを走っています。この中心溝と外側溝によって、大脳皮質は大きく四つの領域に分かれます。中心溝より前で、外側溝より上の領域を前頭葉、中心溝より後ろで外側溝より上の領域を頭頂葉、外側溝より下の領域を側頭葉と言います。また、頭頂後頭溝と言われる脳の後ろにある脳溝より後ろの部分を後頭葉と言います。

脳と認知機能には対応関係があります。大まかに言うと、後頭葉は視覚に関する情報処理を、側頭葉は聴覚情報や社会的情報の処理を、頭頂葉は体性感覚に関する情報処理を、前頭葉は実行機能などの情報処理を行っています。このように、それぞれの機能が、それぞれの脳領域に分散していることが知られています。このことを脳の機能局在と言います。そのため、たとえば視覚野を損傷すると、視覚情報の処理に問題を抱えます。

ただし、脳の一つの領域だけがある認知機能を担っているわけではなく、様々な脳領域が関連することである機能が実現されています。またある領域が、複数の機能と関連していることも少なくなく、機能局在の考え方はわかりやすいのですが、あまり単純に考えてしまうと心と脳の関係を誤って捉えてしまうことになります。

脳研究の方法論

次に、脳研究の方法論についてみておきましょう。脳活動を調べる最も直接的な方法は、ニューロンに電極を刺し、その電気活動を計測することです。このような方法は、人間を対象とした研究では医療上の理由がある場合を除いて実施されません。伝統的に人間を対象にした研究で用いられるのは、神経心理学的手法です。これは、脳腫瘍や事故などで脳の一部を損傷した患者さんを対象にした方法です。ある患者さんの脳領域が一部損傷して、その患者さんの認知機能の一部が失われた場合、その脳領域と認知機能とが関連すると推測されます。最も有名な例は、外科医ブローカ博士が報告した言語に関する研究です。前頭葉の一部を損傷した患者さんが失語症状を示したことから、この領域が発話などと関連していると考えられ、現在でもブローカ野として知られています。この手法は、人間の脳と心の機能を探る上で、最も直接的で因果的な関連を調べられます。

子どもを対象にした研究では、脳波（ＥＥＧ）を計測する手法が一般的です。この手法では、ニューロン一つひとつの活動は計測できませんが、ニューロン集団がまとまって発火する際の電気活動を計測します。研究参加者の頭皮上に複数の電極を配置するとその電極間にわずかに電位差が生じるのですが、その電位差を詳しく見ることでリズムを持った波として観察することができます。得られた波の周波数帯域によって、安静時に後頭部を中心に出るα波のように、異なった名前が付けられています。

このような脳波は自発的に出現するのですが、特定の事象に遭遇した際に生じる脳の電気活動もあり、心理学ではしばしばこちらが使われます。この電気活動を事象関連電位（ＥＲＰ）と言います。たとえば大人の研究では、顔を知覚した約１７０ms後に陰性電位が出ます。このように脳内の電気的活動は非常に短い時間で変化するため、脳波の計測はその変化を検出するためには有効な、時間分解能に優れた方法です。乳幼児を対象にした場合は、言語などの代わりに様々な成分を指標とすることができ、乳幼児の心の世界を理解する上で有用なツールであると言えます。一方で、ある認知活動中にどの脳領域が活動したかという空間分解能については精度が良くないという特徴もあります。

現在、人間を対象にした脳研究を引っ張っているのは、機能的磁気共鳴画像法（ｆＭＲＩ）です。この手法では、血液中の酸化ヘモグロビン（酸素化されたヘモグロビン）と還元ヘモグロビン（酸素を放出したヘモグロビン）の比率を使用して脳活動を調べます。安静時においては、血液中の酸化ヘモグロビンと還元ヘモグロビンの比率は一定です。ところが、ある脳の領域が活動すると、血液中の酸素が消費されるためその領域の局所血流量が一時的に減少した後に、それを補うために血流量が増加します。その結果として、酸化ヘモグロビンの量が、還元ヘモグロビンと比べて増加することになります。この変化が、装置の中では電磁波の変化として観察されるので、それを指標として特定の脳領域の活動を捉えるのです。

この方法は高い空間分解能を持ちます。たとえば、実行機能課題中の脳活動を計測すると、前頭前野の一部が活動することが示されています[116]。また、ＭＲＩ装置を用いて、脳の形態や構造を捉えることもできます。このように特定の脳領域の活動を計測できるｆＭＲＩ装置ですが、時間分解能が良くないという欠点があります。また、ＭＲＩ内は密閉された空間なので、乳幼児への適用が難しいという問題点もあります。近年は、様々な工夫をして乳幼児の脳活動を計測した研究も報告されていますが[117]、６歳以下の子どもにｆＭＲＩは推奨できないという主張もあり、まだまだ容易ではないというのが現状です。

最後に、近赤外分光法（ＮＩＲＳ）について説明します。この方法は、大脳皮質表面の活動は計測できても、脳深部の活動は計測できません。また、歴史が浅く研究成果の蓄積が少ないため、解釈が難しいという問題点もあります。しかしながら、体の位置や向きに比較的影響を受けず、乳幼児の脳活動を調べやすいという長所があります。この方法も、ｆＭＲＩと同様、安静時と課題時の酸化へモグロビンと還元へモグロビンの変化量を用います。太陽光にも含まれている近赤外光を頭皮から照射すると、光は頭部の組織中を拡散しながら通過し、その一部が頭皮上の別の位置に届き、検出されます。光は酸化へモグロビンおよび還元へモグロビンによって異なった割合で吸収されるのですが、それぞれのへモグロビンの量が安静時と課題時でどの程度変化しているかが検討されます。ある脳領域を使っているとその領域における酸化へモグロビンおよび還元へモグロビンの量は変化しているため、課題時の方が、へモグロビンの変化が顕著になるというわけです。筆者自身も、この手法を用いています。

胎児期の脳発達

次に、母体内で脳がいかに発生していくかについて見ていきましょう。脳の発生は、受精後約３週間程度で神経管という管状の構造が形成されるところから始まります。この神経管に三つの脳胞と呼ばれる隆起部分ができ、これら脳胞が、前脳、中脳、菱脳に分化していきます。前脳は終脳（大脳）と間脳へさらに分化し、菱脳は橋や小脳などへと分化していきます。

ニューロンは、脳室帯にある神経前駆細胞が分裂することによって生み出されます。誕生したニューロンは、それぞれの最終目的地まで移動します。多くの場合、ニューロンは、そのニューロンよりも後に誕生したニューロンによって押し出されるように目的地まで辿り着きますが、大脳皮質のニューロンは新しいニューロンが自ら能動的に目的地まで移動します。このように新しいニューロンが誕生し移動することで脳の構造は形成されていき、受精後17週頃に脳の基本形が完成します。これ以降ニューロンは基本的に増加することはなく、細胞死によって誕生までに半数程度まで減り続けていきます。ニューロン自体に死ぬことがプログラムされているのです。

誕生し、移動したニューロンは、他のニューロンや身体部位とのネットワークを形成し始めます。髄鞘化のプロセスも胎児期から徐々に始まっています。髄鞘化とは、ニューロンの軸索を、筒状の層である髄鞘と呼ばれるリン脂質でつつむことを指します。詳細は割愛しますが、跳躍伝導というメカニズムで情報伝達の速度が向上するのです。

胎児の心の世界

ここで胎児の心の世界について見ていきましょう。一般にも興味が持たれているのは、胎児に外界の声が聞こえているかという点です。ひと頃、モーツァルトを胎児に聴かせる胎教などが話題になりました。胎児は、羊水の中に浮かんでいます。それはプールの中にいるようなものです。さらに、母親の心音など臓器の音が聞こえてくるわけですから、外部からの音は本当に小さいようです。初期の研究では、胎児で

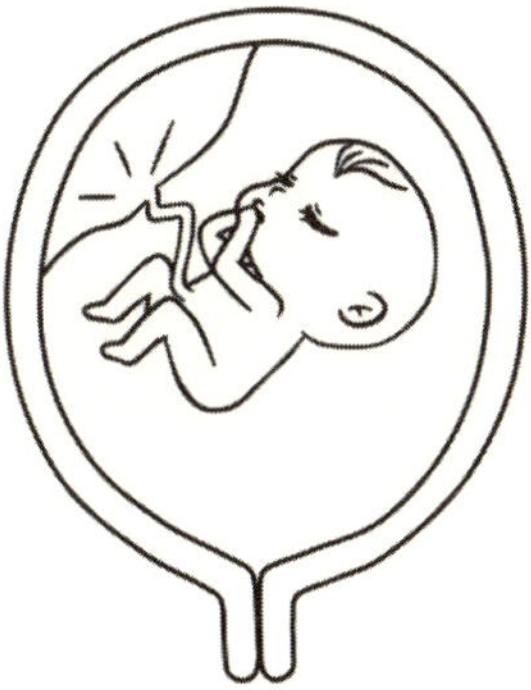

胎内の様子

はなく、新生児の研究から胎児の聴覚を推定していました。たとえば、生まれたばかりの新生児は初めて聞く物語よりも誕生前の数週間に母親が音読した物語の方を好むことが示されています。[118]子宮内にいるときに、母親の一つひとつの音声が胎児に伝わっているわけではないでしょうが、声の低周波音を知覚しているのではないかと考えられます。最近では心拍数などによって直接的に胎児の聴覚が機能していることが示されています。[119]どうやら母親の発話が幾分か胎内には届いているようです。ただ、モーツァルトなどの胎教には科学的根拠はなく、何がどのようにして胎児に影響を与えるのかが不明です。

また、胎児には味覚が備わっているようです。胎児は羊水の中にいますが、羊水の成分は、ほとんどが水で、幾分か栄養分が含まれています。そして、羊水にはわずかながら母親の食習慣が影響することが知られています。ある研究では、キャロットジュースの影響が調べられました。[120]妊娠中の母親が三つのグループに分けられ、A群の母親は、出産前に決められた量のキャロットジュースを飲み、出産後は、水だけを飲みます。B群の母親は、出産前には水を、出産後にキャロットジュースを飲みます。C群の母親は、出産前にも後にも水を飲みます。このような食生活を続け、出産した後に、乳児がキャロットジュース入れのシリアル（私たちにはなじみのない食べ物ですが）を好むかどうかが調べられました。もし出産前の食生活が胎児に影響を与え、胎児の味覚が機能しているのなら、出産後にA群の乳児はC群の乳児よりもキャロットジュースを好むはずです。ちなみに、B群は、出産後の母乳の影響を調べたものです。その結果、A群とB群の乳児は、C群の乳児よりも、キャロットジュースを好みました。胎児の味覚は機能しているようです。だとしたら母親の偏食も困りものかもしれません。周りがうるさく言うと妊婦のストレスが高まるので難しいところですが、胎内環境への一定の配慮は重要です。

また、胎児の痛み知覚も取り上げておきましょう。この研究は、二つの点で重要です。まず、いつ頃から胎児が痛みを感じるのかという点が、中絶の時期を決める際に重要な意味を持つと言います[121]。胎児が痛みを感じているのであれば中絶をするべきではないという議論です。もう一つは、意識の発生と関わる点です。痛みが、主観的なものであるためです。たんすの角に小指をぶつけても、ある人は全く痛くないと報告し、別の人は死ぬほど痛いと報告します。『脳の中の幽霊』で神経科学者ラマチャンドラン博士が紹介している幻肢痛の存在もこのことを裏付けています。幻肢痛とは、交通事故などで四肢を失くした人が、その四肢がないにもかかわらず痛みを訴えることです。実際には四肢がないのですが、患者はかなりの苦痛を訴えると言います。

胎児の痛み知覚は脳機能計測によって検討されています。NIRSを用いた研究では、早産児のかかとを刺激すると、25週程度で産まれた早産児でも、体性感覚野の活動が見られました[122]。行動的研究からは、少し信じがたいですが、在胎27週頃に生まれた早産児は痛み表情をしないのですが、28週で生まれた早産児は痛そうな表情をすることが示されています[123]。このように見てくると、受胎後約6か月から7か月程度で痛み知覚が見られる可能性が示されます。胎児はそのような早期から、痛みを主観的に感じているのです。この時期を意識が発生する時期だと考える研究者もいます。

近年胎児の研究の進展は著しく、直接的に胎児の行動を調べる研究も増えてくるでしょう。たとえば、明和博士らは、4次元超音波画像診断装置を用いることで、胎児がおしゃぶりらしき行動をすることを示しています[124]。このような胎児研究は、前章でも議論した「生得性」という概念について再考を迫ります。

出生後の脳発達

胎児において知覚能力がある程度備わっていることが明らかになってきました。これらから、脳は出生時に基本的構造が形成されていることは明らかです。しかしながら、脳は、特に大脳皮質は、出生後に著しい変化を遂げるため、出生後の脳発達についてみていきます。まずは、脳の大きさについてです。誕生時には400gにも満たない脳は、2歳頃には1000g近くになり、5～6歳頃には成人の90%程度になります。生後4～5年程度で脳が急速に変化していることがわかります。また、脳の大きさのもう一つの指標として、頭囲があります。頭囲は頭の周囲の長さのことで、大人では55cm～60cm程度です。データによって多少ばらつきがありますが、頭囲は出生時には35cm程度で、1歳頃には45cm程度、幼児期後期にはこちらも大人の90%程度になります。一見すると、生後数年間で脳の発達が完了するようにも見えます。しかしながら、実際には、脳の内部では、大人になるまで、そして、大人になってからもですが、絶えず変化が起こっているのです。

脳の構造発達

脳の内部で起こっている変化について見ていきましょう。まずは脳内ネットワークについてです。胎児において聴覚や味覚が機能しているということは、出生時において大まかな脳内の配線はできています。しかしながら、それは基本的なものであり、出生後に脳内のネットワークはその複雑さを急激に増します。ニューロンの樹状突起は、胎児期からその複雑さを増しますが、出生後にも突起の数は増え続け、長さも伸び、顕著な発達的変化を見せます。この樹状突起の変化が、シナプスの変化につながります。前章で述べたように、ニューロン同士はシナプスを介してつながっていますが、このシナプスの密度が出生直後に急激に増えます。つまり、広範なニューロンのネットワークを作っているのです。この分野で歴史的な研究を行ったのは、ハッテンロッカー博士です。彼が調べたのは、不幸にも命を落としてしまった乳児や子ども、大人たちの脳です。彼は、それらの脳を丹念に調べ、シナプスの密度を地道に数えあげました。シナプスの数はおびただしい数になりますので、手間と時間がかかった執念ともいえる研究です。

ハッテンロッカー博士が見出した一つ目の意外な結果は、シナプス密度は出生後すさまじい割合で増大し、一次視覚野という領域においては、生後8か月程度でピークを迎えることです[125]。生後8か月時点でのシナプスの密度は、大人の1・5倍から2倍にのぼるのです。そして、二つ目の意外な結果は、その後シナプスの密度が徐々に減っていくことです。生後8か月まで著しい割合で増えていったシナプスの密度は、その後徐々に減っていき、10歳を超える頃に大人と同じ水準になります。つまり、乳児の視覚野では、最初は様々なニューロンの間につながりを作ります。そして、生後8か月を超えるあたりから、それらのつながりのうち、一部は残り、一部は消えていくのです。たとえば、誰も知り合いのいない大学に入学して、入学当初は様々な人とつながりを作るのですが、入学半年もすれば特定の友人との関係は強くなる一方で、他の人とはつながりが弱くなるという変化に似ています。

このように、多数あったシナプスのうち必要なものだけに刈り込まれていくことを、シナプスの刈り込みと言います。この刈り込みに重要な役割を果たすのが、経験や脳の自発活動だと考えられますが、ここでは経験について述べていきます。簡単に言うと、使われるシナプスは残りますが、使われないシナプスは消えていきます。たとえばニューロンAがニューロンBおよびニューロンCとの間にシナプスを形成しているとします。生後の経験によって、ニューロンAとニューロンBが同時に活動することがあり、ニューロンAとニューロンCは同時に活動することがないとします。このとき、ニューロンAとニューロンBのつながりは強化されますが、ニューロンAとニューロンCのつながりは強化されません。このことを繰り返すと、前者のシナプスは残り、後者のシナプスはなくなります。このようなメカニズムで、生後の経験により、必要な脳内ネットワークは残され、不要なネットワークは刈り込まれ、情報伝達効率の良い脳内ネットワークが形成されていくのです。このように脳内ネットワークは可塑的な側面を持つのです。

一次視覚野のシナプス密度のピークは生後8か月頃ですが、刈り込みの発達のタイミングは脳の領域によって異なります。一次視覚野のように、感覚器（目や耳）から入ってきた情報が早い段階で届けられる脳内領域は刈り込みのタイミングが早く、前頭前野のように、情報が届けられるのが遅く複雑な機能と関連するような領域の刈り込みのタイミングは遅いのです。前頭前野においては、幼児期頃にシナプス密度はピークを迎え、青年期頃まで刈り込みが続きます。

このようなネットワークが作られている一方で、ネットワーク間の情報伝達の効率は年齢とともに増していきます。これは主に、髄鞘化によってなされます。髄鞘化は、胎児期に始まり、脳の部位によっては青年期まで続きます。部位間の違いについては、脳幹などの生命維持に必要な脳領域の髄鞘化は早く、大脳皮質は遅いことが知られています。また、大脳皮質においても領域によって異なり、組織学的な研究から、一次視覚野などの脳領域の髄鞘化は比較的早く、前頭前野の髄鞘化は青年期まで要することが示されています。

組織学的な研究では局所的な脳部位しか調べられないので、近年はＭＲＩ装置を用いて脳を全体的に調べる試みがなされています。先述のようにＭＲＩでは脳の形態を調べることができます。ＭＲＩにも様々な指標がありますが、灰白質と白質について述べていきます。灰白質とは、ニューロンの細胞体が集合している部分で、大脳においては脳の表面の大脳皮質に該当します。白質は主に軸索で、髄鞘化した部分が白く見えるので白質と呼ばれます。

神経科学者ギード博士らは、白質と灰白質の量の発達的変化を、縦断的に検討しています[126]。白質の量については、全体的に2歳頃に急速に発達しその後も年齢とともに増加が見られるのですが、灰白質の量については興味深い結果が得られています。灰白質は、全体的に、まずは増加を続け、その後に減少に転じるという逆Ｕ字型の発達パターンを示します。発達のタイミングは部位によって異なり、一次体性感覚野のような感覚野は増加から減少に転じるのは早く、幼児期から児童期にかけてピークを迎え、その後減少に転じます。前頭前野や側頭葉の後部などの領域においては思春期頃にピークを迎えてその後に減少に転じることが示されました。これは、時期こそ違いますが、シナプスの刈り込みの発達パターンに類似しています。灰白質の量が減少する理由については、シナプスの刈り込みが関連するという説や、ニューロンそのものが減少するという説、白質の増加にその原因を求める説などがあります。MRIは間接的に脳の構造を調べる方法であることから、技術的な問題も多く指摘されています。

以上の組織学的な研究やMRI研究から、脳の発達は増加の一途をたどるのではなく、様々なネットワークを多めに作って、そこから絞り込んでいくというプロセスをたどることが示されました。それらのネットワークにおける情報伝達は、髄鞘化などによって、効率を増していきます。このような過程を経て、脳は構造的に発達していくのです。

脳の機能的発達

脳の構造について見てきましたが、構造の発達がそのまま行動や認知の発達につながるわけではありません。このような構造をした脳がいかに機能するかを理解する必要があります。

構造と機能の関係について、ゴットリーブ博士の理論を取り上げましょう[127]。彼の理論では、遺伝子、脳の構造、脳の機能・経験という三者が、発生過程によっていかに関連するかという点を検討し、大きく二つの関係性を提示しています。一つは、「遺伝子→脳の構造→脳の機能・活動・経験」という一方通行の関連です。つまり、遺伝子が発現して脳の構造を作り、それに応じて脳が機能し、経験が生まれるというものです。この考えでは、脳の発達は遺伝子に書き込まれた情報が発現していく過程であり、経験とは遺伝子が生み出すものにすぎません。もう一つが、「遺伝子↕脳の構造↕脳の機能・活動・経験」という関係です。この考えは三者の相互作用を仮定しており、たとえば、脳の構造によって脳の機能が決まることもあれば、脳の機能によって脳の構造が変化することもあり、両者はお互いに影響を与えながら発達していくことになります。これまでも見てきたように、脳に可塑性があることを考えると、二つ目の考えの方が妥当性は高いと考えられます。

現在の脳の機能的発達研究における最も重要な論点の一つは、脳領域間の関連が全体としてどのように発達していくかです。特に、大人の脳には機能局在がみられますが、これが発達早期からあるのかという問題が検討されています。研究は途についたばかりですが、発達認知神経科学者のジョンソン博士は、脳の機能的発達についての三つの考えを提示しています[128]。

一つ目が、現在でも多くの研究者が漠然と採用している、成熟説です。脳の髄鞘化や灰白質の変化は一次視覚野や一次体性感覚野から始まり、前頭前野などの領域が最後であることを述べてきました。成熟説によると、脳の各領域の構造的発達が、そのまま機能的な発達につながります。つまり、脳の機能局在は発達早期からなされており、遺伝子の発現によってそれぞれの脳領域が、それぞれのタイミングで発達し、機能していくと考えます。各脳領域が独立して発達するものと見なし、脳領域間の関連はあまり考えません。第4章で紹介した領域固有性やモジュール性と整合性が高い考え方であり、ゴットリーブ博士の理論では一つ目の考えに該当します。この考えに従うと、発達早期にある脳領域を損傷した場合に、その領域に関わる機能が永遠に失われることになります。しかしながら、後に見るように、実際には発達早期であれば脳が再組織化され、機能が保たれることもあります。成熟が重要な役割を担っているのは間違いないですが、これだけでの説明は難しそうです。

二つ目は、スキル学習説です。ある問題に熟達化することによって、脳の機能局在がなされるという考えです。成熟説とは異なり、脳の可塑性を前提としています。この説を支持する例として、顔認識に関する研究があります。他者の顔認識は日常的に重要な問題です。この顔認識は、側頭葉の内部にある紡錘状回を中心としたネットワークが処理しています。スキル学習説によると、顔認識は人間の顔に繰り返し接する経験のたまものです。興味深いことに、大人にある人工物に頻繁に接する経験を与え、その認識を熟達化させ、その人工物を提示された際の脳活動をｆＭＲＩで計測すると、紡錘状回が活動することが明らかになりました。経験を経ることで、顔認識と同じ脳領域が活動するようになったのです。スキル学習説は、乳幼児でも大人でも、発達のどのタイミングにおいて学習しても、同じような機能局在になるということを仮定しています。しかしながら、乳幼児と大人の可塑性は同じではなく、この仮説だけでも十分に機能局在の発達過程を説明できません。

三つ目は、やや複雑な相互作用特化説（以下、相互作用説）です。この考えの前提として、ある特定の脳領域は、単独で活動するのではなく、他の脳領域と共にネットワークとして活動するという点があります。相互作用説によると、大脳皮質内のいくつかの脳領域においては、脳領域同士が相互作用し、競合することで、機能がある領域に特化（専門化）していきます。つまり、発達早期は脳は比較的機能が特化しておらず、ある領域はいかなる情報に対しても活動していたのが、発達とともに特化していき、特定の情報に対してのみ活動するようになるのです。そして、そのような特化は、その脳領域が他のどの脳領域とつながりを持っているかによって決定されるというのです。

たとえば、AとBという脳領域が最初は色と運動の二つの視覚情報に対して活動していたとします。ところが、AとBの領域はそれぞれ別の脳領域との異なったネットワークを持っており、年齢とともに、Aが色、Bが運動について活動するようになります。これが特化の過程です。そして、この特化の過程で、脳の局在化が起こると言います。ある脳領域が特定の情報に対して特化するということは、ある脳領域に機能が局在することでもあるのです。この仮説に従うと、脳が特化する前にある領域を損傷しても脳の再編成は起こりますが、脳の特化が終わった後に損傷をすると脳の再編成は起こりません。臨界期や敏感期などを考える上で重要な理論と言えます。

相互作用説は、二人の学生が研究者になるプロセスに似ています。学生がある特定の脳領域で、大学入学が誕生時のことだと思ってください。大学入学時には、二人とも心理学全般に興味があるとします。ですが、二人の友人関係のネットワークは異なります。一人は音楽が好きな友人、もう一人は子どもが好きな友人を持っているとします。二人は、大学の講義を受け、それぞれの友人たちと議論をする中で、入学当初は心理学全般を専門にしていたのが、得意分野が出てきます。そして、大学院進学を考えたときに、聴覚心理学と発達心理学の定員がそれぞれ1名ずつだとしましょう。片方の学生は音楽が好きな友人の影響を受けて聴覚心理学を選択し、もう片方の学生は子どもが好きな友人の影響を受けて発達心理学を選択するかもしれません。このように、大学入学後の友人関係などによって、ある学生の専門性が決まっていきます。相互作用説の発達プロセスもこれと類似したものだと考えられます。

スキル学習説と相互作用説は完全に区別することはできませんが、成熟説とこれら二つの説の区別はできます。証拠は十分ではないので、どの考えが正しいのかはこれからの研究課題ですが、これから述べていくように、一つの理論だけでは説明が難しいかもしれません。

前頭葉機能の発達

脳機能の発達の具体例として、前頭葉機能と社会脳の発達について見てみましょう。前者は、第6章の実行機能の発達に対応し、後者は第5章の社会的認知の発達に対応します。実行機能は、柔軟に課題を切り替えたりすることで、目標志向的な行動を実現する能力のことでした。神経心理学的な研究から、実行機能は前頭葉との関連が強いことが指摘されています。たとえば、ウィスコンシンカード分類課題という課題があります。この課題は第6章のDCCS課題と類似していますが、参加者は、色・形・数などのルールに従ってカードを分類し、状況によってルールを切り替えなければなりません。前頭葉に損傷を持つ患者はこの課題が難しく、ルールを柔軟に切り替えることができません[129]。

成熟説に立てば、実行機能課題を与えた場合に、ある年齢までは前頭葉は活動せず課題が遂行できませんが、前頭葉が活動するようになってから課題の成績が向上することが予測されます。一方、相互作用説に立てば、子どもにおいては前頭葉の一部領域を比較的広範に活動させるものの、年齢とともに活動が局在化することが予測されます。この点に関して、児童期以降を対象にした研究では、相互作用説が支持されています。ゴー・ノーゴー課題を用いた研究を例にしてみましょう。この課題では、ある刺激が出された場合、参加者はボタンを押し、別の刺激が出された場合は、ボタンを押さないように求められます[130]。子どもは9歳と11歳のときにこの課題を与えられ、9歳時と比べて、11歳時においては下前頭領域の活動が強くなっていました。課題の成績とこの領域の活動に関連が見られたことから、この領域が課題の成績の向上に関連していると考えられます。興味深いことに、9歳時に比べて、11歳時において、背外側前頭前野などの前頭葉の他の領域の活動が弱まりました。この結果は、同じ課題でも、年少の子どもの脳活動は比較的特化しておらず、年齢とともに活動が特化していくことを示しています。

また、前頭葉の成熟には長い期間を要するので、成熟説に立てば発達早期からの前頭葉の活動は見られないはずです。しかしながら、近年、発達早期から前頭葉の活動が見られることが示されています。NIRSを用いた研究で、ワーキングメモリ課題中の乳児の前頭葉の活動が調べられました[131]。この研究では、乳児に玩具を与え遊ばせた後に、その玩具を布の下に隠しました。隠した後の遅延時間中の乳児の脳活動を調べたのです。隠された玩具を探索できなかった場合とできた場合の脳活動の違いを検討したところ、正しく探索できた場合において、前頭領域の活動が高いことが示されました。

筆者らも、DCCS課題中の脳活動を、NIRSを用いて計測しました[132]。3歳と5歳を対象にして研究を実施したところ、5歳児は課題に通過できましたが、3歳児の半数が課題に通過できませんでした。また、5歳児は左右の下前頭領域を活動させたのに対して、課題に通過できた3歳児は右の下前頭領域を活動させていました。課題に通過できなかった3歳児では前頭葉の活動が見られませんでした。

この結果は、実行機能課題において、年少の子どもに比べて、年長の子どもは前頭葉の一部領域を強く活動させたことを示しています。NIRSでは脳の一部の活動しか測定できないので、それ以外の脳領域の活動が年齢とともに低下したのか否かは明らかではありません。年少の子どもの前頭葉においても相互作用説と一致するような発達プロセスが見られるかは、今後検討するべき問題でしょう。

社会脳の発達

次に、社会脳の発達を見ていきましょう。社会脳は、情動認識に関わる扁桃体や、顔認識に関わる紡錘状回などに加えて、第5章で紹介したような心の理論や意図理解に関する脳内機構も含んでいます。社会脳の発達の詳細については、千住博士著の『社会脳の発達』をご覧ください。

大人を対象にした研究では、心の理論の脳内機構について多くの報告があります。心の理論課題中の脳活動をfMRIなどで計測すると、前頭前野の内側部や、側頭-頭頂接合部、上側頭溝などの複数の脳内部位が活動することが明らかになっています。また、第5章で紹介したミラーニューロンシステムは、模倣や他者の行為理解などに関わると考えられますが、下前頭回や頭頂葉の一部領域を含みます。近年は他者の行動理解についての脳内ネットワークとして、心の理論に関する脳内ネットワークとミラーニューロンシステムの二つが重要であるという指摘もあります。前者はより意識的で熟考的な他者理解であるのに対して、後者は無意識的で自動的な他者理解と関連するのではないかと考えられています[133]。これ以外にも、バイオロジカルモーションなどの生物学的な動きの知覚時や他者の視線処理の際には、上側頭溝が活動することも知られています。

これらの社会脳に関わる各部位の活動は、発達的にどのように変化していくのでしょうか。第5章では乳児期から幼児期までの社会的認知の発達を紹介しましたが、脳研究はあまり進んでいないため、本章では児童期以降の子どもを対象にしたｆＭＲＩ研究を中心に紹介してきます。顔知覚研究では、子どもと大人の脳活動には違いがあることが示されています。10歳から12歳の子どもと大人の顔知覚時の脳活動を調べた研究によると、大人も子どもも顔知覚時に紡錘状回を活動させますが、子どもは大人よりも、広い範囲の紡錘状回や側頭の領域を活動させます[134]。一方で、子どもよりも大人の方が顔を知覚した際に紡錘状回の広い範囲を活動させるという知見もあります[135]。この研究では、紡錘状回は青年期にならないと十分活動しているとは言えないと主張しており、相互作用説よりは成熟説を支持する知見と言えるかもしれません。

心の理論については、前頭前野内側部において、大人よりも子どもの方が広い領域で活動することが示されています。たとえば、皮肉を理解するためには発話者の意図を理解する必要がありますが、皮肉を理解する際の９歳から14歳の子どもの脳活動をｆＭＲＩで計測すると、大人よりも、前頭前野内側部を含めた、前頭前野の広い領域が活動します[136]。また、神経科学者サクス博士のグループは、６歳から11歳の子どもを対象に、物理的な出来事、人間の外見や人間関係についての話、人間の心的状態についての話を聞かせ、その際の脳活動をｆＭＲＩで計測しました。その結果、６歳から８歳の子どもでは、右の側頭‐頭頂接合部において、人間の外見や人間関係などの話と、人間の心的状態についての話に対して同程度の活動が見られました。一方、９歳から11歳の子どもでは、その脳領域は、人間の心的状態にのみ特異的に活動することが示されています[137]。

このように、心の理論と関わる脳領域は、児童期から成人期にかけて、前頭前野の内側部や側頭‐頭頂接合部などにおいて活動が特化していきます。ただし、これらの研究では、扁桃体などの他の領域については大人の脳活動が強いことも示されており、発達とともに脳内の異なったネットワークを使うようにな

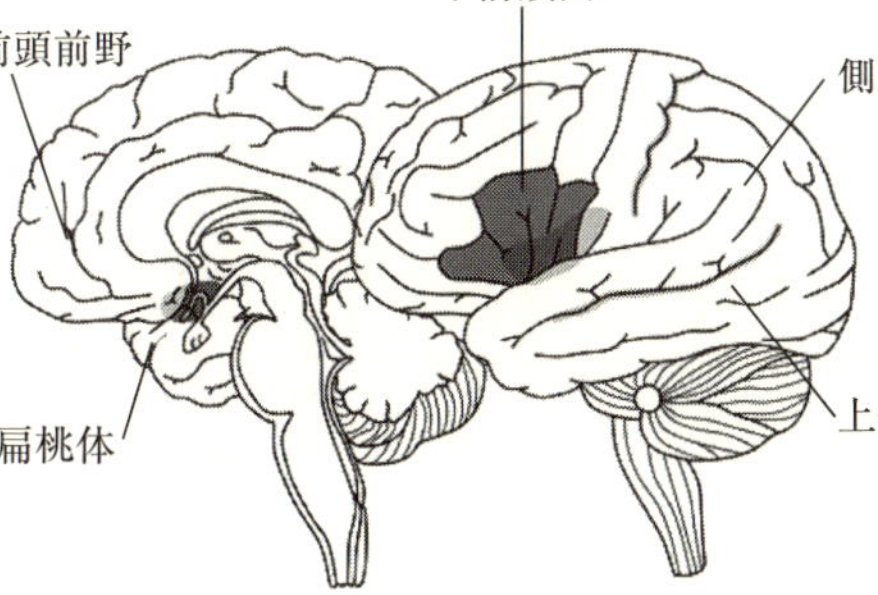

社会脳に関わる領域（Blakemore, 2008 [138]、一部修正）

るという言い方の方が正確かもしれません。

幼児を対象にした研究は少ないですが、ＥＲＰを用いた研究が報告されています[139]。4～6歳児が、コンピュータ版の誤信念課題を与えられました。画面上に箱が二つあり、主人公がそれぞれの箱に、動物を入れます。その後、主人公がその場を離れた際に、箱が両方開き、片方の箱から動物があらわれ、別の箱に入ります。主人公は動物が別の箱に入ったことを知りません。この映像を見た後に、主人公がどこに動物がいると思っているかが問われました。そして、その際の脳波を調べ、課題の成績がいい子どもと悪い子どもの波形を比較しました。その結果、左の前頭葉において、課題の成績がいい子どもは、悪い子どもよりも、大人に近い脳波成分が見られました。

バイオロジカルモーション知覚に関する研究では、年齢とともに上側頭溝の活動が特化していくことが知られています。ある研究では、7歳から11歳の子どもに、人間のバイオロジカルモーションと、ロボットのバイオロジカルモーションを見せ、その際の脳活動をｆＭＲＩで計測しました[140]。その結果、年少の子どもと比べて、年長の子どもの上側頭溝の活動は、人間の動きに対して特に強く活動することが示されました。上側頭溝は、年齢とともに、人間の動きに対して選択的に反応するようになるのです。ＮＩＲＳを用いた研究から、乳児期から上側頭溝が人間の動きに対して反応することも示されています[141]。

脳活動の計測手法や実験素材が異なるので一概には語れませんが、これらの研究から、乳幼児期から心の理論やバイオロジカルモーションに関わる脳領域は活動していることが示唆されます。そして、児童期を通じて脳活動が局在化していくという知見は、相互作用説を支持しているようにも見えます。しかしながら、必ずしも相互作用説と一致しない知見も報告されています。そもそも、成熟説や相互作用説は、脳機能の発達に関する包括的な理論ですが、すべての脳機能の発達が、単一の理論で説明できるとも限りません。乳幼児期から児童期にかけての知見はまだ少ないので、今後は地道に研究を積み重ねて、脳機能の発達について理解する必要があります。

異なる乳幼児

ここまで、脳の構造や機能の発達的変化を紹介してきました。脳計測という手段はたしかに新しいのですが、ここまで述べてきた内容ですと、心理学的に研究した発達過程の脳内機構を調べているにすぎません。それ自体が重要であり、興味深い問題ではありますが、筆者は心理学者です。脳そのものを知るのではなく、脳研究に関する新しい方法論や理論を通じて、乳幼児の心の世界についての新しい像を描きたいと考えています。そのヒントは、シナプスの刈り込みや、脳機能発達に関する相互作用説にあります。これらの理論や証拠によれば、脳には出生後様々なネットワークを作り、その後必要なものだけを残すというプロセスがあります。これは、乳幼児が、ある刺激や課題に対して大人とは異なる脳領域を活動させて情報を処理していることを意味します。ということは、乳幼児の心の世界は、私たち大人が想像しえないような、大人とは異なった世界である可能性があります。

近年この点に関して興味深い知見が得られています。それらによると、乳幼児はある側面において、大人よりも優れた能力を持っているのです。第4章で有能な乳幼児の話をしましたが、そこでの有能さとは、大人が持っているのと同等かそれに近い能力を乳幼児が持っていることを指しました。つまり、乳幼児の中に、「小さな大人」としての能力を探していたのです。しかしながら、脳研究に着想を得た新しい研究によると、乳幼児は大人が持たないような能力や認識を持っている可能性があります。このような乳幼児観を、筆者は、大人とは異なった心の世界を持つ、「異なる乳幼児」観と呼びたいと思います。どのように異なるかを見ていきましょう。

知覚の刈り込み——言語

まずは知覚の刈り込みについて見ていきましょう。特に、言語音知覚の発達についてです。一般的に知られていることですが、日本人の大人は英語の〝L〟と〝R〟の弁別が得意ではありません。これは、日本語がLとRを区別して発音しないためです。このこと自体はそれほど不思議なことではありませんが、興味深いのは、日本人の乳児はLとRの区別ができるという点です。どうやら、乳児は生まれてから半年ほどはどのような言語であれ、発話音を音声カテゴリーによって弁別することができ、生後1年くらいで養育環境で耳にする言葉以外の弁別ができなくなるようなのです[142]。

乳児はどこで生まれてくるかを自分で選ぶことができません。日本人がアメリカで生まれ育つことがありますし、エジプトに移住することだってあります。そのため、乳児は生まれてきたときはどのような音声も弁別できるような聴覚を持っており、生後の経験によって自分にとって必要な言語、日本で育つのであれば日本語に聴覚が適応していくのだと考えられます。これは、脳の刈り込み過程を反映しているのでしょう。まずは広範なネットワークを作り、どの言語にも対応できるようにしておきながら、特定の言語に適合するよう刈り込んでいくのです。

これらの研究でよく用いられるのが、ヘッドターンパラダイムです。スピーカーから連続で音が発せられるのですが、ときどき発せられる音が変化します。その際に乳児は頭を特定の方向に回転させるとご褒美がもらえるというものです。この方法によって、最初の音と途中で出る音を区別していることが推察できます。

実験の結果、6か月程度の乳児は母語以外の発話音も弁別することができるのですが、6か月から12か月の間に弁別できなくなることが示されました[143]。これだけを聞くと、母語以外の言語に対する感受性が低くなっているだけのようにも思えますが、この期間に母語に対する感受性が高まることも報告されています[144]。つまり、母語に含まれる音の弁別は得意になる一方で、母語以外の音の弁別は苦手になるのです。

近年は、ＥＲＰを用いた実験もなされています[145]。これらの研究で面白いのは、ＥＲＰを指標にした場合、11か月児でも母語以外の言語に含まれる音を弁別している点です。つまり、行動実験の場合は、10か月程度の乳児は母語以外の言語の2音を区別できないのですが、ERPを用いた研究では、11か月児が母語以外の音を弁別しているのです。つまり、行動実験では検出できないことも、脳波を用いれば検出できることがあるようです。

知覚の刈り込み——顔

知覚の刈り込み過程は、顔認識にも見られます。この現象も、直感的に理解しやすいかもしれません。ある国際学会のパーティに参加したとします。そこで、アメリカ人が紹介され、談笑したとします。次の日、別の場所でその人とすれちがったのですが、その人が昨日談笑した人であるかは確証が持てません。一方、国内学会の懇親会で、日本人が紹介されたとします。すると、次の日に喫煙ルームでその人に会った際には、その人と容易に認識ができます。このように、私たちの顔認識は、自分がなじみのあるカテゴリーには強いですが、なじみのないカテゴリーには弱いことが知られています。この現象自体は古くから知られていたのですが、最近の研究が示したのは、これも刈り込みの結果だということです。

最初に示されたのは、他種効果です。サイエンス誌に掲載されたパスカリス博士らの論文は、発達研究者には衝撃的な内容でした[146]。この研究では、サル条件とヒト条件があります。サル条件では、6、9か月の乳児が、1枚のサルの顔写真を提示されました。その写真に馴化した後に画面が変わり、その写真と、新しいサルの顔写真の2枚が提示されました。古い写真と新しい写真が対で提示されるわけですから、サルの顔の弁別ができているとしたら、乳児は新しい写真をより長く見るはずです。ヒト条件では、サルの

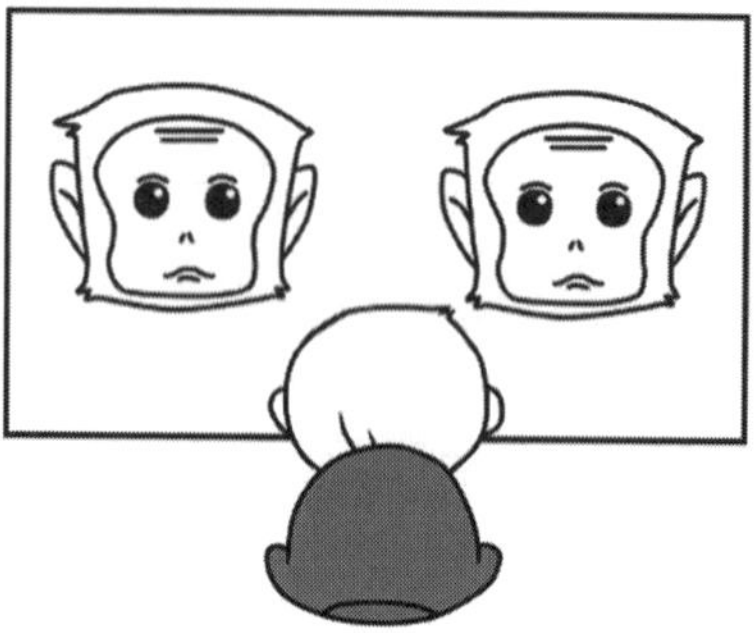

乳児のサルの顔弁別（2つの絵の違いに気付くでしょうか？）

代わりに、人間の顔写真を用いました。その結果、6か月児は、ヒト・サルいずれにおいても、新しい顔を長く見ました。サルの顔もしっかりと弁別していたのです。一方、9か月の乳児は、ヒト条件では新しい写真を長く見たのですが、サル条件では古い顔も新しい顔も同程度見つめました。この結果は、6か月児はサルの顔を弁別できるのですが、9か月頃までにその弁別能力を失うことを示しています。また、大人を対象に同じ実験を行った場合、サルの顔を弁別することはできません。どうやら幼い乳児は人間以外の動物の顔を区別することができるのですが、音声知覚同様に、1歳頃までに人間の顔だけを区別するようになっていくようです。

　この刈り込み過程では、音声知覚の場合と同様に、経験が重要な役割を果たしています。パスカリス博士らは、6か月から9か月の間に、サルの顔を見せ続ければ、サルの顔を弁別する能力が維持されるかを検討しました[147]。研究に参加してくれるご家庭にサルの顔写真が掲載されている本を渡し、毎日その本を乳児に見せたのです。このグループと、そのような経験をしていない統制グループを対象に、9か月時点におけるサルの顔の弁別能力を調べました。その結果、サルの顔を見る経験をした乳児は9か月の時点でもサルの顔を弁別できたのですが、統制グループは弁別できませんでした。この結果は、毎日サルの顔を見る経験の重要性を示しています。興味深いことに、別の研究で毎日乳児にサルの顔写真を見せる際に、ただサルの顔写真を見せるだけではこのような効果は弱く、一つひとつのサルの顔写真に名前をつけて区別を明確にして見せると、このような効果が強いことも示されています。

これは動物の顔でしたが、他人種の方の顔でも同様の効果が見られます。リー博士らは、3、6、9か月の白人乳児に、アフリカ・中東・中国・白人の成人の顔を提示し、サルの場合と同様の手法を用いて顔を弁別できるかを検討しました[148]。その結果、3か月児はどの人種でも新しい顔と古い顔を弁別でき、6か月児は中国と白人の顔において弁別でき、9か月児は、白人の顔のみの弁別ができました。やはり、9か月頃までの間に刈り込みの過程があるようです。他人種効果で想定されている発達過程は、まず、自分が属する人種への接触による自分の人種に対する選好があります。そして、自分の人種に対する選好の結果として、顔全体に対して注意が向きやすくなり、他の人種の顔でも弁別可能になります。その後、様々な顔弁別ができる状態から、自分の属する人種の顔を見る経験を積み重ねることによって、自分の属する人種に対して特化していくと想定されています。このように、顔知覚にも刈り込みの過程があるのです。このような研究は、詳細な議論をするためには知見を積み重ねる必要がありますが、非常に興味深い研究だと言えます。

共感覚

次に、脳内の刈り込み過程と密接に関連する例として、共感覚を見ていきましょう。第4章で紹介したように、乳児は様々な知覚能力を有していますが、知覚の感覚間協応にはいくつかの考え方があります。一つは、ピアジェのように、個々の感覚が発達とともに協応していくというものです。二つは、新生児は生まれながらに感覚間協応を備えており、その能力の精度が向上するというものです。三つは、知覚の発達とは、生後間もなく超感覚的（複数の感覚が協応して働く）な状態から、個々の知覚（視覚や聴覚）に分化していく過程であるというものです。共感覚に関する研究は、三つ目の可能性と関連するように思えます。

共感覚とは、ある刺激に対して通常の感覚だけでなく異なる種類の感覚をも生じさせる現象のことです。共感覚者の方は、数字を見たら色を感じたり、音を聞いたら色を感じたりします。以前は非常に限られた人だけが持つ特殊な能力だと考えられていましたが、現在は数パーセント程度の人が共感覚を持っていると見積もられています。詩人の宮沢賢治も共感覚者だったという逸話が残っていますし、筆者の知り合いでも、音楽に携わっている方の中には共感覚者の方が多い印象があります。共感覚者が「数字を見たら色を感じる」と述べたところで、周りの人間には理解できないので、共感覚者は肩身の狭い思いをするようです。しかし、最近の脳研究の進展、特に、脳活動を画像化できるｆＭＲＩなどのおかげで、共感覚は客観的に検討可能になりました。

共感覚にも様々な種類があるのですが、ある研究では、言語音を聞くと色を感じる共感覚者の方の脳活動を計測しました[149]。言語音を聞くと、それに関連する脳領域が賦活するのは当然ですが、もし共感覚者の方が言うように色を感じているのだとしたら、色知覚と関連する脳領域も賦活するはずです。この研究の結果、共感覚者においては、言語音を聞いたときに、色知覚と関連する視覚領域が活動することが明らかになりました。重要なのは、統制群として参加した共感覚を持たない大人においては、そのような脳活動が見出されなかった点です。このように、脳画像の結果を証拠として提示することで、私たちは共感覚者の心の世界を理解することができます。

共感覚において発達研究が大事なのは、なぜ共感覚が起きるのかという問題に踏み込めるためです。いくつか仮説が提唱されていますが、二つだけ述べておきます[150]。有力なのは脳の刈り込みに関係する仮説です。これまで述べてきたように、発達早期には、脳内のニューロン同士は広範なネットワークを形成するのですが、生後の経験により、そのネットワークの必要な部分は残り、そうではない部分は刈り込まれます。共感覚者では、この刈り込みがうまくいかないため、通常であれば刈り込まれるはずの感覚間のネットワーク（視覚と聴覚のつながりなど）が残ってしまい、共感覚が生じるのではないかという考えです。もう一つは、脳の他の領域との関連を強調する説です。この仮説では、上記の刈り込み仮説と同様に、感覚間のネットワークが刈り込まれず、残っていることが前提となっています。ただし、ネットワークが残っていても、非共感覚者の場合は、前頭葉などの領域からそのネットワーク間の情報のやりとりを遮断する、抑制信号が出されているため、共感覚のような現象が起こりません。一方、共感覚者の場合は、その信号が出されていないため、感覚間の情報のやりとりがなされて、共感覚を経験することになると考えます。

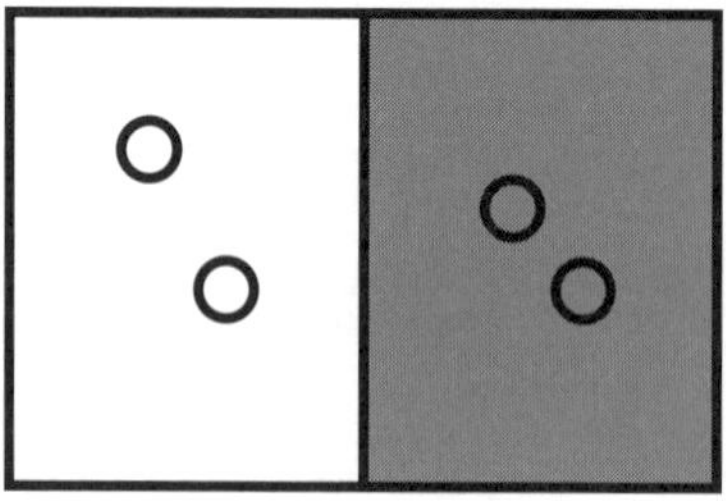

共感覚の実験

いずれの説明においても、乳幼児期には、成人期よりも、共感覚が見られる可能性が高いことを示しています。この点を実証的に示す研究が最近報告されました[151]。

この研究では、形と色について共感覚の発達を検討しました。研究対象は2、3、8か月児と成人で、方法は選好注視法です。画面上の左半分は赤色、右半分は緑にします。その画面上に、たとえば丸い図形を配置します。形と色の共感覚ということで、丸い図形が赤色と連合したり、三角の図形が緑色と連合したりするかどうかを調べます。仮説は二つあります。一つは、形と色が連合する方を乳児が好んで見るだろうというものです。たとえば、丸い図形が赤色と連合した場合、赤い背景に赤い丸となるのですが、そちらを見るというものです。もう一つは、逆に、形と色が連合しない方を好むだろうというものです。たとえば、丸い図形と赤が連合した場合、緑の背景に赤い丸い図形があることとなり、際立つためそちらを好んで見るというものです。筆者は二つ目の仮説がありえそうだと思いますが、今回の研究は指標の取り方が特殊で、いずれの仮説が正しいかは検証できません。今回の研究では、乳児がどちらの画面も同じように見つめるのか、それとも、どちらかの画面を好んで見つめるかを調べました。もちろん、特定の色だけを好んで見ているだけの可能性はあるので、統制群の乳児には図形がない赤と緑の背景の画面だけを見せています。その結果、統制群においては、どちらかの画面に偏って見つめることはなかったのですが、実験群においては、2か月児は画面が赤ー緑ペアのときに、3か月児は画面が黄ー青ペアのときに、どちらか一方の画面を見つめる傾向にありました。この研究で最も大事なことは、8か月児および成人は、どのような刺激を提示しても、左右の画面を同じように見つめた点です。どちらか一方を好んで見つめるということはありませんでした。

生後2か月の乳児には赤色や緑色と図形の形に関連する共感覚が存在し、また、3か月で黄色や青色と図形の形に関連する共感覚が存在し、その後8か月頃までに消失するという結果が得られたことになります。乳児は、大人とは全く異なる、色と形に満ちた、ありありとした世界を見ているのかもしれません。これもまた、「異なる乳幼児」の証拠の一つであると言えそうです。

臨界期と敏感期

次に、脳機能の発達を考える上で重要な臨界期と敏感期の問題について紹介しましょう。この問題は早期教育などの間違った根拠として挙げられるので取り扱いが難しいところですが、客観的に触れていきたいと思います。臨界期とは、「個体の一生の中である経験の効果が他の時期に見られないほど大きく、永続的で、非可逆的である（後に改変・修復できない）時期」（ミネルヴァ書房『発達心理学辞典』）のことです。個体発生のある時期における経験が、他の時期における経験と比べものにならないくらい重要であることです。古典的には、ローレンツ博士が示した刷り込み現象などが例として挙げられます。

臨界期の例の一つに、ノーベル生理学・医学賞を受賞したヒューベル博士とウェーセル博士のネコの視覚を対象にした研究があります。彼らは生まれたばかりのネコの片眼を遮蔽する実験を行いました。ネコは片眼のまぶたを縫い合わされて、もう一方の目にしか光情報が入ってきません。生後数週間の時点で遮蔽し、遮蔽期間の長さの影響を調べています[152]。まぶたを開いた後、そのネコのそれぞれの目に光情報を与えたときの視覚野のニューロンの活動を調べました。その結果、閉じられた目に光情報を与えたときは、調べられたニューロンの多くは発火しなかったのに対して、閉じられていなかった目に情報を与えたときは同じニューロンが発火しました。これらのニューロンは両眼の網膜との連結を持っていたニューロンだったのですが、閉じられた目からの情報が届かなくなっていたのです。片方の目からは情報が届き、もう片方の目からは情報が届かなかった場合、前者と視覚野を結ぶネットワークの連結は強まりますが、後者と視覚野のネットワークの連結は弱まってしまうのです。

興味深いのが、この効果が強かったのが、生後3〜4週から15週くらいまでの間にネコの目を遮蔽したときであり、それ以降遮蔽をした場合には効果が得られなかった点です。生後数か月間の経験が、視覚の発達に不可逆的な影響を与えることを示唆しています。この結果は、先天的に白内障を患っている方々の視覚機能を考える上で非常に重要な研究です。先天的に白内障を患っている方々は視覚経験に問題を抱えますが、手術によって白濁した水晶体を取り除いてもあまり視力が回復しないことがあります。これは、手術するまでの期間、障害を抱えていない方の目を使うことによって、その目と脳の視覚領域の連結が強くなった結果、手術をして障害を克服した方の目と脳の連結がうまくいかないことによります。

上記の例を臨界期の例として紹介しましたが、実際には厳密な意味での臨界期は、ほとんどありません。

上記の例の場合、生後数週間から3か月くらいまでが臨界期ということになります。ところが、その期間の間に両眼とも遮蔽し、その後両眼に光刺激を与えた場合には、両眼ともに視覚に問題を抱えません。つまり、臨界期が言うような生後数か月間という期間だけが重要なわけではなく、眼が機能し始める時期に、片眼だけ用いているという点が重要なのです。もちろん、一般的な生物においては、結局そのような時期は生後数か月間になってしまうのですが、様々な工夫をすることによって、その時期は操作することができるのです。

どうやら、臨界期という言い方は強すぎるようです。最近は、特に人間の行動などを対象にする場合、敏感期と言うことが多くなっています。敏感期は、臨界期ほど厳密なものではなく、ある時期が他の時期よりも経験の影響が大きい時期であり、ただ、その時期の影響は永続的で非可逆的であるとまでは言えないというものです。以降に述べる例も、臨界期というよりは敏感期ということになります。

知覚の刈り込みのところで、顔知覚の例を紹介しました。これは、生後1年頃までに、経験の影響で起きることから、顔知覚の発達の敏感期と言えます。ですが、やはり臨界期とは言えないのです。杉田博士は、ニホンザルを対象としてこの点を検討しています[153]。

この研究では、サルの乳児は誕生後6か月、12か月、24か月のいずれかの期間（顔遮断期間）、あらゆる顔を見る機会がありませんでした。一方、顔以外の、色や形などを見る機会は与えられました。顔遮断期間後、サルたちは、1か月間ヒトの顔もしくはサルの顔のうち、一方だけ見る機会が与えられました。1か月経過後に、ヒト・サルの両方の顔に接する機会が与えられ、ヒトやサルの顔が弁別できるかが検討されました。その結果、いずれのサルも、顔遮断期間後の1か月間で接した種の顔のみ弁別ができました。

たとえば、6か月の顔遮断期間後に1か月間サルの顔のみ見ていたサルは、その後ヒトの顔に接する機会が与えられてもヒトの顔は弁別ができなかったのです。そして興味深いのが、最初の遮断期間の長さは何ら影響がなかったという点です。つまり、生後6か月間顔を見ないでも、24か月間顔を見ないでも、顔の弁別力は変わりませんでした。遮断期間後の最初の1か月間が重要だったのです。

この研究では、サルは遮断期間でも、顔以外の色や形などを見る機会はあったので、知覚の刈り込みにおける敏感期は、視覚経験が始まってからの期間ではなく、顔に接してからの期間であることが推測されます。色や形の情報を処理する脳領域と、顔を処理する脳領域が異なるために、このようなことが起きるのでしょう。

言語発達の敏感期

次に、言語発達の敏感期の例を取り上げてみましょう。オオカミに育てられたとされるカマラとアマラなどの事例報告から、言語発達には臨界期があると主張する人がいます。研究者はそのような解釈に慎重ですが、物事を批判的に見ることができない人たちがその説を流布しているようです。彼らは、オオカミに育てられた子どもたちは言語を発達させられなかったので、生後数年間の経験が重要だと主張します。このような主張は、鈴木博士の著書『オオカミ少女はいなかった』などで明確に反駁されているので、そちらをご覧いただきたいと思います。生後数年間の言語入力が言語発達において重要なのは間違いありませんが、オオカミに何年間も人間が育てられることはありませんし、このような逸話を根拠に早期教育を勧めるのは感心できません。

言語発達の敏感期についての根拠のある研究は、脳損傷の研究です。多くの人において、言語を処理する脳領域（言語野）は左半球にありますが、早期の左半球の損傷は言語機能の発達に影響を与えるのでしょうか。初期の研究では、2歳までに脳損傷を受けた場合、左半球の損傷も右半球の損傷も影響は変わらないが、10歳までの間に損傷を受けた場合は、左半球の方が言語発達の問題につながりやすいと考えられていました。しかしながら、後続の研究によって、生後早い時期から左半球の優位性が示され、早期であっても左半球に損傷を負った方が、右半球よりも、音韻課題や文法課題に問題を抱えやすいことが示されました[154]。一方で、ベイツ博士らは、脳損傷を抱えた子どもたちの言語発達を縦断的に検討し、どの脳領域であれ脳を損傷すると言語発達に問題を抱えること、そして、右半球に損傷を抱えた乳児の方が、左半球に損傷を抱えた乳児よりも、単語の理解に困難を示すことを示しています[155]。このように、結果は一貫していません。

また、近年、左半球の言語野に損傷を抱えた子どもたちがいかに脳を再組織化し、言語処理を行っているかについてfMRIで調べた研究があります。言語損傷の研究では、一般的に左半球の言語野が早期に損傷した場合には脳内の再組織化が起こり、右半球のブローカ野に該当する領域が言語機能を担うという考えがありますが、その仮説を検証しました。提示された名詞に対して適切な動詞を答える課題では、左半球のブローカ野周辺に損傷を抱えた子ども5名のうち4名は、ブローカ野周辺の言語処理とは関係のない脳領域を活動させており、残りの1名は右半球のブローカ野に該当する領域を活動させました[156]。むしろ、左半球のブローカ野ではない領域に損傷を抱える子どもでは、右半球のブローカ野に該当する領域を活動させる傾向にありました。これらの結果は、右半球のブローカ野に該当する領域が言語機能を担うという仮説とは一致しません。一方で、同様の課題を与えた場合に、左半球に損傷を抱えた子どもは、右半球のブローカ野に該当する領域を活動させることを示した研究もあります[157]。

これらの結果を見ても、言語関連の脳領域損傷後の、単純な脳の再編成のパターンはないように思えます。実際のところ、どの領域を発達の同時期に損傷し、どのような療育を受けるかによって、結果は異なってくるのでしょう。現時点では、敏感期があるとまでは言いきれませんが、発達早期の言語野の損傷であれば、脳内に再組織化が起こり異なった脳領域で処理することもある、くらいは言えるでしょうか。

以上のように、人間の行動に関する限り、臨界期はふさわしくなく、敏感期といった方が適切です。発達の特定の時期が、他の時期よりも重要であり、それはある経験をする最初の時期だということは間違いないですが、あくまで視覚や言語などに限られており、早期教育論者が推進するような知能のような高次の認知機能については、科学的な検証はあまりなされていないのが現状です。

絶対音感

最後に、敏感期から見た「異なる乳幼児」を紹介しましょう。絶対音感です。ここでは、ある音を聞いただけで、他の音とは独立して、その音にラベリングできる能力を絶対音感とします。他の音との関係から音をラベリングする相対音感と対比されます。この定義に従うと、絶対音感は音のカテゴリー弁別と、それに適切なラベリングをするという連合学習の二つの要素からなっています[158]。絶対音感を持つ人は、これらの能力が優れているということになるでしょう。

絶対音感には臨界期や敏感期があるとされています。ある総説論文では、絶対音感を保持する成人の87・5％が、5～6歳頃に音楽を始めており、9歳を超えて音楽を始めた人はいないとされています[159]。大人に絶対音感のトレーニングを施した場合の成功例はないようで、5～6歳児に同じトレーニングを施して比較したところ、子どもの方がトレーニングの成果が出たという研究もあります[160]。興味深いことに、3～4歳児だとトレーニングの成果があまり出ず、早すぎても遅すぎても絶対音感は身につかないようです。ただし、音楽の初期経験は、絶対音感を持つのに必要ですが、十分条件ではないようです。音楽経験の質にもよりますし、楽器の状態にも影響されます。調律が乱れた楽器を使うと、絶対音感は育まれません。

このように、幼児期に音楽のトレーニングを受けると、絶対音感を持つ可能性が高まります。このことから、幼児期以前は、誰もが絶対音に感受性を持っているという可能性があります[161]。ある研究では、8か月の乳児が、絶対音に感受性があるのか、相対音に感受性があるのかが調べられました。実験手続きは馴化・脱馴化法が用いられたのですが、用いた刺激が少々複雑なので簡略化して紹介します。音声刺激は、複数の音から構成されており、その刺激には、絶対音の性質と相対音の性質があると考えてください。そして、乳児は、ある音声刺激に馴化した後に、絶対音の性質だけ変更した刺激と、相対音の性質だけ変更した刺激を、テスト刺激として与えられました。もし乳児が絶対音に感受性があるのなら、絶対音の性質が変化した刺激に脱馴化するはずです。また、相対音に感受性があるのなら、相対音の性質が変化した刺激に脱馴化するはずです。

この実験の結果、乳児は絶対音の変化には脱馴化しましたが、相対音の変化には脱馴化しませんでした。

乳児は絶対音感者であるようです。同じ実験を大人に実施したところ、絶対音の変化には反応せず、相対音の変化に気づきました。大人と乳児のコントラストがきわめて興味深いところです。いつまでが絶対音優位で、いつ頃から相対音優位に変わってくるかについての詳細な検討はなされていませんが、絶対音から相対音への発達的変化には言語を聞く経験の影響が指摘されています。言語音は基本的に相対音であるため、聴覚の変化に影響を与える可能性があるのです。

本章のまとめ

本章では、基礎的な脳の知識から、脳機能の発達に関する理論まで紹介してきました。また、脳という視点から乳幼児を捉えた際に、大人が持っていない知覚能力を持っている可能性が示唆されました。本書ではこの様子を「異なる乳幼児」と呼びました。しかしながら、大人と乳幼児の心の世界や能力が仮に異なっているとしても、ここまでだと、結局のところ乳幼児の脳が未熟であるにすぎず、異なった能力を持つことの意義はあまりないようにも思えます。次章でこの点について考えてみたいと思います。

第8章　仮想する乳幼児

やはり、ヒカルの存在は僕にしか見えないらしい。いつだって僕のそばにはヒカルが付き添うように立っているというのに、彼の存在は、僕以外の人間にはまるっきり見えないようだ。

（辻仁成『ピアニシモ』pp.14-15）

前章では脳研究の進展に基づき、「異なる乳幼児」観を提唱しました。本章も、「異なる乳幼児」観についての紹介という意味では、前章と同じです。違いは、乳幼児の心の世界が大人の心の世界と異なることを肯定的に捉える点です。前章では、乳幼児の脳が未発達であり、その未発達な脳が未発達な心の世界を生み出しているという印象をどうしてもぬぐえません。これは、大人を中心とした人間観があるためであり、大人との比較でしか乳幼児を捉えていないためです。本章では、この点に関して進化や適応という視点から理論的な補強を行います。また、前章が乳児の知覚能力を扱っていたのに対して、本章で扱うのは、乳幼児の空想や想像能力です。そして、本章では筆者の乳幼児観を述べます。

進化心理学

進化心理学という新しい領域があります。進化心理学では、私たちの認知機構は、ヒト科の祖先が直面してきた適応上の問題を解決するために進化してきたという立場で、また、進化の中で自然淘汰や性淘汰などの過程を通じて形成されたという立場で記述します。進化心理学の前提として、ある行動の価値は、それにより生き残って子孫を産むことができるか否かという点で判断されます。批判もありますが、進化心理学は一つの説明の枠組みとして、現代の心理学において重要な位置を占めています。

進化心理学の考えを、カートライト博士著の『進化心理学入門』にも掲載されている「なぜリンゴは甘いのか」を例に説明してみましょう。動物行動学者ティンバーゲン以来、ある行動を説明するためには至近的要因と究極的要因に分けて説明する必要があると考えられています。至近的要因とは、ある行動の直接的なメカニズムのことで、リンゴを口に含むと、リンゴのショ糖が舌の味蕾を刺激し、その情報が末梢神経を伝わり、脳の味覚に関わる領域に届くことで甘いという感覚を得ることです。至近的要因には発達や学習といった獲得のメカニズムも含まれます。究極的要因には機能的要因と系統発生的要因がありますが、この点から上記の問題を説明すると、リンゴにはミネラルなどの栄養分が含まれており、リンゴを甘く感じることは生存という意味では重要だということになります。つまり、リンゴを甘く感じるという形質は、生存という意味においてプラスに働いたと捉えます。

進化心理学では、研究対象は大人でした。進化心理学が、自らの子孫を残すことに対して、どのような行動が有益だったかを探る学問であることを考えると、生殖できる大人を対象にするのは当然のことと言えます。現代の視点からすると、乳幼児が大人になる可能性は高いため、大人だけ扱えばいいようにも思えます。しかしながら、進化心理学では、私たちの認知機構は、狩猟採集をしていた1万年前から変わっていないということを前提にしており、その時代では乳幼児死亡率が高く、全員が生殖できる年齢に至ることができなかったことを忘れてはいけません。狩猟採集民の生殖年齢以前の死亡率が4割程度だという報告もあります。つまり、生殖ができる時期に至るまでに、どのような発達が生存という意味では重要であったのか、それぞれの発達の時点において、何らかの適応があったのではないかという視点は重要なのです。

子どもは小さな大人ではない

そのような中で、ビョークランド博士らは、様々な淘汰圧は個体発生のどの時点にもかかりうるものであり、乳児や幼児が備えるいくつかの特質は、成人期のためではなく、その時点に適応するように進化の中で選択されてきたのだとして、進化発達心理学を提唱しました[162]。この考えでは、乳幼児が示す行動の中には、乳幼児期においてのみ意味を持つものがあります。むろん、大人になってから意味を持ってくるものも多数ありますが、以前はこの側面だけが強調されてきました。筆者も、乳幼児のある面白い現象を報告したとして、「それが大人のどのような行動に結びつくのか」という質問を受けることが多くありました。これは、大人を中心にすえて、幼い子どもがどのように大人になるか、という視点からの捉え方でしかありません。

進化発達心理学が示唆する重要な点は、乳幼児の行動の中には、乳幼児期にしか意味がないものがあるということであり、乳幼児が大人とは異なった心の世界を持っているということ（「異なる乳幼児」）に理論的な素地を与えていることです。もちろん、乳幼児だけではなく、児童期には児童期の、青年期には青年期の、特有の行動があることになります。

ゴプニック博士は、その著『哲学する赤ちゃん』の中で、大人と子どもは形態の違う生物であると指摘しています。「子どもはいわば、ヒトという種の研究開発部門に配属されたアイデアマン。大人は製造販売担当」（p.20）と述べ、子どもの持つ変革能力と想像力は、人間が多様な環境に適応し、また、自分の環境を変えることに重要な役割を果たしていると指摘しています。たしかに、大人はデジタル機器などの新しいデバイスが登場した際にうまく対応できず、旧来のコミュニケーション方法に依存しますが、子どもはすんなりと対応し、新しいコミュニケーション方法を開発することすらできます。

ビョークランド博士らは乳幼児期の適応として、メタ認知能力の低さや遊びを例として挙げています。たとえば、子どものメタ認知能力の低さは、自分の能力を過信することにより、広範な活動を試みることにつながります[163]。大人はメタ認知能力があるがゆえに、無謀な挑戦や試みを避けがちです。その結果、新しい発見をする機会が減ってしまいます。また、コネクショニズムの研究から、乳児においてワーキングメモリの容量が少ないことは、言語発達を促進するという報告もあります[164]。ワーキングメモリの容量が少ないことは、一度に処理できる情報量が少ないことを意味します。そのため、発達初期では複雑な構造を持った文を処理ができず、単純な構造を持った文から処理します。しかしながら、単純な文を先に処理することは、結局は言語獲得を容易にするのです。発達初期からワーキングメモリの容量が大きい場合、複雑な文を処理できることになりますが、いきなり複雑な文を処理しようとしても、その構造（文法）を把握できません。まず単純な文の構造を把握して、そのあとに複雑な文を把握することによって、言語発達は容易になるのです。

遊びについても意義を見出しています。子ども期に見られる遊びは、後の発達にどのような意義があるかという点で検討されがちです。生物学や進化発達心理学では、遊びを、子ども期での機能（即時利益）と後の発達への機能（遅延利益）とに分け、それぞれの機能を議論しています。即時利益の一つの例としては、遊びは達成感や自己効力感をもたらし、新しく別の活動を試みることにつながると考えます。知識や運動能力が大人より劣る子どもにとって、遊びは達成感を得て、自尊心を満たすための有力な手段なのでしょう。遅延利益の例は、ふり遊びをすることが後の実行機能や問題解決能力の発達に影響するというものです。

過去には、発達初期からメタ認知能力の高い子どもやワーキングメモリの容量が大きい子どもがいたのかもしれません。ですが、それらの子どもは、探索行動や言語獲得が不得手であるために、生存にとって不利益を被り、生き延びることができなかったのではないか――進化発達心理学に従うと、そのような考え方もできます。

進化発達心理学は、遺伝と環境の相互作用についての考えや、領域一般と領域固有の統合などの、様々な新しい視点を提唱しています。詳細は、ビョークランド博士著『進化発達心理学――ヒトの本性の起源』をご覧ください。

空想の友達

これまでの話から、乳幼児が大人と異なった心の世界を持つという考えは、理論的な支持を得たことになります。乳幼児特有の行動にも様々ありますが、本書では、空想の友達を中心に紹介していきます。

子どもが、誰もいないところに話しかけているのを見たことがあるでしょうか。何もないところに笑いかけているのを見たことがあるでしょうか。周りの大人から見れば、非常に奇妙で気味が悪い現象ですが、当の子どもはそこにはお友達が座っていると言います。このような話は、洋の東西を問わず繰り返し報告されています。わが国においては、『となりのトトロ』において典型的に見られますし、アメリカにおいては『フルハウス』のミッシェルも、『フレンズ』のジョーイも空想の友達を持っています。座敷わらしなどの妖怪も、このようなものの一種かもしれません。どうやら、子どもにしか見えないもの、子どもにしか感じられないものがあるようなのです。

大人にとっては、このような現象は、言語能力が未成熟な子どもの「誤った」報告によるものであり、科学的に関心が払われることはありませんでした。古い育児書には、子どもがそのようなことばかり言うと、現実の世界に帰ってこられなくなるから、親は注意しなさいと書いている始末です。ただ、親が気味悪がるのは仕方ないかもしれません。大人には、子どもが報告する存在を知覚することも、共有することもできないからです。現実と想像の違いの一つは、他者と対象を共有できるかどうかなので（共同注意です）、知覚レベルで共有できない対象の存在を認めるというのは難しいでしょう。

空想の友達

しかし、前章で紹介した共感覚のような例もあります。非共感覚者にとって共有できない共感覚者の心の世界があることが、最近明らかになりつつあります。また、最近は背後霊や臨死体験のような特定の人にだけ生じる現象も、脳という視点から説明されつつあります[165]。このことを考慮すると、共有できないからといって、誤りであるとは限りません。異なった脳を持っていれば、異なった「現実」を知覚する可能性があるのです。大人同士でもそうなのですから、まして大人と子どもでは違って当然かもしれません。

子どもが報告する空想の友達は、基本的に一貫しています。空想の友達には名前があり、性格があり、視覚的な像や声があります。はたして、彼らには私たちが想像しえない存在が認知されているのでしょうか。「はじめに」でも触れたように、このような幼年時代に見られる特有の現象を、科学的に解明することが、筆者の研究の目的です。

初期の研究者であるスベンドセン博士によると、空想の友達とは、目に見えない存在であり、名前があり、子どもにとってある種のリアリティがあるという特徴を持ちます。リアリティについては後で詳しく述べます。このような空想の友達は、ピアジェもその著書の中で報告しており、わが国でも波多野完治博士が１９３５年に空想の友達に触れています。

伝統的には、目に見えない存在のことを空想の友達だとしていましたが、最近はぬいぐるみなどのように、人格を付与された物体も空想の友達だと見なす傾向にあります。ただし、ぬいぐるみを抱えているだけでは、空想の友達とは見なされません。たとえば、スヌーピーが登場する『ピーナッツ』に出てくるライナスは、いつも毛布を持って歩いていますが、これが「友達」と言えないのと同様に、ぬいぐるみを単純に抱えているだけでは空想の友達とは言えないのです。対話をし、人格を付与するということをもって、その対象は空想の友達とみなされます。

目に見えない友達とぬいぐるみの友達を同列に扱っていいとは考えにくいところもあります。実際、目に見えないタイプは子ども自身と同じ年齢くらいの友達として扱われることが多く、ぬいぐるみタイプは年少の子どもや赤ちゃんとして扱われることが多いことが知られています。その一方で、両者に必要な想像力は同じであるという指摘もあり、同列に扱われることが多いのもたしかです[166]。

わが国において空想の友達の話をすると、特に目に見えないタイプの話をすると、それだけで驚かれることがあります。北米の研究では、保護者に質問したり、子どもに質問したりする方法を用いて、3歳から7歳くらいの子どもの半数程度が空想の友達を持つことを示しています。西洋諸国においては、目に見えないタイプが多いですが、日本の場合、ほとんどがぬいぐるみタイプです[167]。中国でも同様の結果が得られています[168]。このような違いについて、筆者は、目に見えない友達という概念の有無や宗教の問題、保護者の関わり方の問題などが影響していると考えていますが、詳細についてはまだ不明です。

空想の友達にまつわる誤解

空想の友達の話をすると、何らかの精神疾患の兆候ではないのか、という疑問が寄せられます。インターネットの子育て掲示板においては、このような子どもの言動は発達障害の兆候だと断じる「保育関係者」すらいます。しかしながら、これらの多くは誤解に基づいています。現在得られている研究データからすると、空想の友達自体は普通の子どもに見られる普通の現象です。

よくある誤解が、空想の友達は解離性障害や統合失調症の兆候ではないかというものです。解離性同一障害は、一人の中に複数の人格が存在するような病態を示します。また、統合失調症の方が経験する症状の一つに幻聴があります。実際には誰も話しかけてきているわけではないのに、声が聞こえるというものです。

空想の友達を持つことはこれらの精神疾患と関連しているのでしょうか。この点については、答えは否と言えそうです。定型発達の子どもと解離性障害を持った子どもの空想の友達を比較した研究によると、前者は、空想の友達が実在しているとは思っていないのに対して、後者は空想の友達が実在していると信じているということです。この研究領域の第一人者であるテイラー博士らの研究からも、児童期における空想の友達の有無は、青年期における精神疾患とは関連がないことが示されています[169]。

また、空想の友達を持つ子どもは、極度に内向的な子どもだと考えられていました。しかしながら、近年の研究によると、空想の友達を持つ子どもと持たない子どもには恥ずかしがりの度合いに違いがないこと、空想の友達を持つ子どもの方がむしろ社交的であり現実の友達も多いことなどが示されており、これらの指摘もあてはまらないことがわかります[166]。

空想の友達を報告する子どもの割合は、児童期に入ると減少しますが、空想の友達を持っている大学生も少なからずいます[170]。筆者は、研究ではその一部しか取り出せていないが、ほとんどの幼児が、何らかの形で空想の友達のような経験をしていると考えています。以下では空想の友達を持つ・持たないという分類をしますが、これらはそういう傾向が強い・強くないという、程度の問題として捉えてください。

筆者は空想の友達は、幼児期においてのみ見られる適応行動だと考えています。それは、『となりのトトロ』の以下の歌詞に象徴されているように思います。

子供のときにだけ　あなたに訪れる　不思議な出会い

ふり遊び

空想の友達はふり遊びの一種だと考えられています。誰もいないのに、そこに友達がいるふりをして遊んでいるという考えです。そのため、ふり遊びについて簡単に見ておきます。

ふり遊びの研究を主導するリラード博士は、ふり遊びは興味深い現象であるにもかかわらず、言語などの他の象徴的機能を持つ行為に比べて注目を集めていないと嘆いています[171]。ふり遊びには、言語などと比べてわかりやすい機能がないからかもしれません。ですが、ふり遊びをしている子どもは本当に楽しそうです。

ふり遊びは、基本的に人間に特有な行為だと見られています。チンパンジーやその他の動物にもふり遊びが見られるという報告はありますが、身体遊びなどは人間以外の動物には明確に見られるのに対して、ふり遊びはそれほど明確には見られないという点は明記しておくべきでしょう。

ふり遊びはピアジェ以前からも研究されていましたが、ピアジェが象徴的機能の発達との関連を指摘することで関心を呼びました。ピアジェによると、ふり遊びにも象徴的機能があります。ふり遊びは、あるものを、別の何かに見立てるという性質があるためです。ピアジェは、ふり遊びは、同化の極端な形だと考えました。自分が既に持っているシェムを、脱文脈的に、目の前の対象にあてはめるのです。たとえば、自分が電話をかけるというシェムを目の前にあるバナナにあてはめ、バナナを用いて電話をかけるふりをするということです。

一方、ヴィゴツキーにとっては、遊びは、現実場面から子どもを解放する機能を持ちます。発達早期の子どもは、目の前に何かものがあると、それに飛びつきます。ところが、遊び、特にふり遊びでは、目の前に対象が存在しないことも多くあります。そのため、視覚ではなく思考によって行動することを学ぶことにつながります。ヴィゴツキーはふり遊びが抽象的思考を発達させると考えていました。

ふり遊びは、近年、心の理論との関連で関心を呼んでいます。レズリー博士は、ふりと心の理論の関係を、メタ表象から説明しました[172]。レズリー博士のメタ表象は、第5章のパーナー博士のメタ表象とは意味合いが少し異なりますが、表象を表象するという意味では共通しています。ふり遊びをしている際に、子どもは実際の物体（バナナ）とそれが指示するもの（電話）の区別をしており、それを混同することはありません。この場合、バナナの表象を、現実から分断された電話という形で表象しており、その意味においてメタ表象なのです。そして、この現実とふりとを分断するメカニズムが、心の理論、特に、誤信念理解にも認められると言います。誤信念課題のある場面（現実）に関する表象を、（現実から分断された）登場人物の信念という形で表象しているのです。

もっともらしいこの仮説も、近年は批判にさらされています。ハリス博士によると、メタ表象の考えが正しいとすれば、いかなるふり遊びも心の理論の発達と関連することになります。しかしながら、ごっこ遊びのような社会的な役割交代を含んだふり遊びは心の理論の発達と関連しますが、社会的な側面を含まないふり遊びは心の理論と関連しないことが示されています[173]。ハリス博士は、ふり遊びの中で様々な人物になりきることで、様々な心の在り方に気づくことができ、そのため心の理論の発達に関連するのだと主張しています。心の理論とふり遊びの関係は、バロン・コーエン博士が、自閉症児にはふり遊びが少ないことを報告したことも手伝って、注目を集めました。

ハリス博士は、ふり遊びの過程についても分析し、四つの要件が必要だと示唆しています。一つは、ふりの明示化です。これは、子どもがふり遊びの始まりを明示することを指します。たとえば、「今からAちゃんはお医者さんね」のように、ふり遊びに入るための設定・状況づくりのことです。二つ目は、因果的な力です。たとえば、「クマさんがお風呂に入った」という設定の後は、幼児はクマさんがびしょびしょであると見なします。お風呂に入るとびしょびしょになるという現実世界の因果的つながりは、ふりの世界でも保たれるわけです。この二つ目と関連して、三つ目は客観的な事実の停止があります。上記の例だと、現実世界ではクマはびしょびしょではなく、乾いた状態であるわけですが、幼児は濡れていると見なします。四つ目が、因果的なつながりが連鎖する点です。前の出来事が次の出来事を生じさせ、その出来事がまた次の出来事を生じさせるというように、因果的つながりが連鎖して、ふりが一つの出来事だけではなく、長い遊びになるのです。

筆者は個人的には一つ目の明示化が非常に重要だと思っています。最初の明示化によって、そして受け手がその明示化を受け入れることによって、ふり遊びの設定が決まるからです。これはあたかも、映画の最初の5分間のようです。映画の最初の5分間は状況を設定し、観客を異世界にいざなう入口の役割を果たします。筆者は、この最初の5分をぼんやりと過ごしてしまい、映画の筋を読み取れないことがしばしばあります。

ふり遊びの発達過程

ふり遊びが出現するのは、言語の発達も著しい1歳後半から2歳頃です。麻生博士によると、ふり遊びは、4段階を経て発達していきます[170]。まず、コミュニケーション行為としてのふりがあらわれます。この段階では、ある行動は、本来の目的のためではなく、別のコミュニケーション機能を果たすためになされます。たとえば、乳幼児の嘘泣きは、「泣く」という行為が持つ本来的な機能（生理的な欲求）とは異なる目的（かまってほしい）のためになされます。この段階では象徴的機能を持つふりとまでは言えませんが、現実とは異なる機能を持つことで、ふりの始まりと見なすことができます。

第二段階では、動作的な表象としてのふり行為が始まります。これは、行為を通じてある対象を表象することです。たとえば、みかんの写真に対して手を伸ばすという行為は、本物のみかんに対してなされる行為を写真のみかんに適用することで、その対象が何であるかを確認していることになります。この段階では、乳幼児が、写真のみかんを、現実のみかんのように象徴的に扱っているというわけではなく、あくまで現実のみかんがあるかのように「振る舞っている」にすぎません。第一段階との違いは、指示対象（現実のみかん）が、十分ではないものの、出現しているという点です。第三段階は記号行為としてのふりという段階ですが、この段階で、乳幼児は、現前しない指示対象と関連した表象を生み出します。たとえば、実際には存在しないタバコを吸う仕草によって、タバコを吸うという行為を表象するようになります。麻生博士によるとこの段階は厳密な意味では象徴的機能を持たないことになりますが、ある種の象徴的機能を認めていいかもしれません。第四段階は、象徴的行為としてのふりという段階で、この段階でふり行為ができるようになります。第三段階と第四段階の違いは、指示対象Aがあるとして、対象AがA自身であると同時に、対象Bを指し示すものとして二重化するかどうかという点です。たとえば、乳幼児が掃除のおばさんのふりをするとき、乳幼児は、自分である（対象A）ことを意識しつつ、自分が掃除のおばさんである（対象B）ことを表象します。

ふり遊びはこのように発達していきますが、その発達的意義は様々に議論されてきました。遅延利益としては、ふり遊びには認知発達に重要な影響を及ぼすという考えが一般的です。この点について、リラード博士によって厳しい視点から先行研究の精査がなされました。その結果、現状では、ふり遊びが後の実行機能や心の理論の発達に及ぼす影響は、否定されないまでも、それほど強いものではないということが示されています[174]。私たちが思っているほど、ふり遊びには遅延利益はないのかもしれません。
また、進化発達心理学が示唆するように、即時利益についての研究もあります。たとえば、子どもは、ふり遊びの中で、知識や概念を獲得することができます[175]。このように、少しずつではありますが、ふり遊びが子どもにとってどのような意義があるのかが解明されつつあります。

魔術的思考

空想の友達はふり遊びだと述べましたが、とはいえ、子どもは空想の友達にある種のリアリティを感じていることも事実です。そうだとすると、子どもが空想の友達が実在していると考えている可能性も捨てきれません。これは、上述の精神疾患との関連においても重要です。この点に関して重要なトピックとして、魔術的思考について見ておきましょう。本書では、魔術的思考を、物理的法則に反するような日常の経験を体系的に説明する理論体系のことと定義します。

魔術的思考の研究も、発端はやはりピアジェです。ピアジェによれば、子どもは主観と客観の区別がつかないため、たとえば自分が心で願ったことが、現実の世界に反映されると考えます。そして、子どもは基本的に魔術的思考をしますが、論理的思考が発達することによって魔術的思考が駆逐されていきます。

ですが、この考えだと、生まれつき魔術的思考なのか、発達の中で魔術的思考が生まれてくるかがわかりません。近年は、魔術的思考は、他の因果思考が発達する中で形成されることが示唆されています[176]。第4章や第5章で紹介したように、乳児においても物理や生物、社会的な領域についての因果的な思考ができます。その結果、幼児期までにありうる事象とありえない事象の区別ができるようになります。そして、ありえない事象に遭遇したときに、幼児は魔術的な思考をするという考え方です。ピアジェと異なり、魔術的思考も発達の中で形成されると考えます。また、サンタクロースのように、文化が魔術的思考を強要する側面があるとも主張しています。

この理論が興味深いのは、第4章で見たウェルマン博士の素朴理論と関連する点です。彼らによると、幼児の因果推論は、生物、物理、心理の領域に分かれていますが、それぞれの領域間に境界が存在します。心理の領域と物理の領域の境界が魔術であるということになります。スペルキ博士らは乳児でも領域固有の知識を持つと主張しますが、これらを見ると、子どもではそれほど領域がしっかりと区別されていない可能性があります。

児童期以降に魔術的思考は減るという考えが一般的です。しかしながら、大人ですら、そして科学者のはしくれである筆者自身ですら、東野圭吾氏の『探偵ガリレオ』シリーズの湯川准教授のようには（筆者も准教授ですが）、常に科学的思考ができるわけではありません。飛行機に乗るときなどのように、情動的に負荷がかかる状況では、魔術的思考と言ってもいいような状態に陥ることがあります。

近年の発達モデルは、魔術的思考が科学的思考に置き換わるのではなく、魔術的思考の相対的な出現度が下がるだけで両者は共存しうることを示唆しています。サボツキー博士は、思考のタイプを現象論的知覚（魔術的思考に対応）と合理的理解に分け、両者が発達的にどのように関連するかを検討しています[77]。彼は、言語的な指標と非言語的な指標の区別を重視しています。ピアジェのように前者だけ調べれば、たしかに現象論的知覚から合理的理解へと思考は置き換わるように見えますが、非言語指標にも着目すれば、大人でも現象論的知覚をすることがあるのです。たとえば、ある実験では、箱の中にものを入れた後に、魔法を唱えるとそれが壊れるというシーンを見せられました。それを見せられた後は、そんな魔法があるわけないとわかりつつも、大人も子どもも、大事なものをその箱に入れるのを嫌がったのです。気持ちはわかりますね。

魔術的思考の研究はこのようになされてきましたが、本章で重要なのは、子どもが現実と空想の区別がつくのかという点です。この点について、ある研究では3歳児は想像が現実に反映されると考える可能性を示唆しています[178]。この研究では、3、4歳児に、女の子が部屋の中でバッグを見つけ、その中に花があることを想像しているという話を聞かせます。その後、幼児は、女の子が花を探すことができるかどうかを問われました。その結果、約半数の3歳児が、女の子は花を見つけることができると答えました。4歳児にはそのような傾向はありませんでした。さらに、3歳児自身に箱の中に何かがあることを想像させると、3歳前半の子どもは、その想像が現実に反映されると考えていることも示されました。筆者は、この結果は3歳児が現実と想像を混同していることの証拠になると思うのですが、ハリス博士は別の見解を持っています。彼によると、子どもは現実と想像を混同しているわけではなく、何かを想像すると、想像したものがそこにある可能性が想像する以前よりも少し高くなるために、想像が現実に反映されるかのような行動をとるということです。

空想の友達に見られるリアリティ

さて、先に空想の友達にはリアリティがあるという話をしました。麻生博士によれば、リアリティにも大きく二つあると言います。一つは実在性であり、もう一つは現前性です。実在性とは、空想の友達に関して言えば、空想の友達が確かに実在するという確信のことです。たとえば、キリスト教徒の方々は、神が実在することを確信しているでしょう。リアリティのもう一つの側面である現前性は、感覚的なリアリティ度のことを指します。つまり、視覚や聴覚といった感覚イメージを持つかということです。キリスト教徒を再び例にとると、神の実在性は持っていても、現前性はないかもしれません。空想の友達に関して言えば、一連の研究から、子どもは空想の友達に現前性は感じているが、実在性は感じていない可能性が示唆されています。

テイラー博士は、空想の友達がいる幼児といない幼児を対象に、先述した現実と想像の区別と類似した実験を行いました。たとえば、幼児は、一人の男の子がクッキーを実際に食べており、別の男の子がクッキーを食べるふりをしているという話を聞き、どちらの男の子が実際にクッキーを見たり触ったりできるかを尋ねられました。その結果、空想の友達がいる幼児もいない幼児も、現実と空想を区別する能力に違いはありませんでした[179]。また、幼児は、空想の友達はいる「ふり」をしているにすぎず、実在しないと答えます。これらを見ると、幼児は空想の友達が実在しているとは考えていないようです。

一方で、現前性は感じているかもしれません。たとえば、麻生博士らの大学生を対象にした研究では、大学生でも、空想の友達の強い視覚イメージを持つことが報告されていますし[180]、筆者らの研究でも、空想の友達を持つ大学院生は、空想の友達を持たない大学院生よりも、視覚イメージを生成する能力が高いことが示されました。大人を対象にした脳機能イメージング研究から、対象を視知覚している場合も、対象を視覚的に想像している場合も、類似した脳領域が活動することが知られています[181]。大人の場合、対象を想像している際に対象を知覚しているときと同様にその脳領域を活動させることができる人は、現前性が得られるのかもしれません。

もっとも、幼児を対象にした研究では、結果が一貫していません。テイラー博士のグループは、幼児を対象にこの点を実証的に検討しました。幼児を、目に見えない友達を持つグループ、ぬいぐるみの友達を持つグループ、空想の友達を持たないグループの三つに分けて、視覚イメージおよび聴覚イメージを測定する課題を与えました。たとえば、視覚イメージ課題では、幼児に2種類の動物を想像させ（猫と象）、その動物の大きさを比較させたり、小さい方の動物を大きい方の動物と同じ大きさまで変化させたりするように求めます。テイラー博士はこの実験を繰り返し行っていますが、目に見えない友達を持つ幼児と、空想の友達を持たない幼児の間には、視覚イメージおよび聴覚イメージの能力に差がないことが示されています[182]。

一方で、空想の友達を持つ幼児が、現前性を感じていることを示唆する研究もあります[183]。この研究では、まず、実験者が幼児に怪物を想像させます。その後、実験室内にある小さなテントに、想像させた怪物らしきシルエットが浮かびます。ここで怪物を見せるわけです。そしてシルエットが消えた後に、実験者が、そのテントの中に忘れ物をしたから、とってくるように幼児にお願いします。実験後、幼児は自由遊びをするのですが、その際に、幼児がテントに近づくかどうかを記録しました。実験の結果、空想の友達がいる幼児の方が、怪物の映像が提示されたときに怪物に言及しやすく、その怪物の方をちらちら見る傾向にありました。また、自由遊び場面において、空想の友達がいる群の方が、いない群よりも、テントを見る傾向が強かったのです。実験後にインタビューを行い、空想の友達がいる群の方が、テントの中に怪物がいると思う傾向が強かったことも報告されています。これらの研究は、幼児自身の空想の友達を扱っているわけではありませんが、幼児が空想した対象に現前性を感じていること、空想の友達がいる幼児ほどその傾向が強いことを示唆しています。

空想上の他者検出

以上をまとめると、子どもは空想の友達が実在しているとは思っていないようですが、現前性を感じている可能性が示されます。このような研究結果は、子どもが空想の友達の様子を鮮明に、ありありと描写するという報告と一致します。ただし、空想の友達を持つ子どもと持たない子どもの間にはイメージを生成する能力に差がないことから、子どもの持つ現前性が、イメージを生成することによってのみ得られるわけではなさそうです。ということは、追加要因が必要ということになります。この点について、筆者は、感覚的なイメージに対して、「他者らしさ」や「ヒトらしさ」を感じるための認知能力が重要だと考えています。この点を考える前に、空想の友達を持つ子どもと持たない子どもの認知機能の違いについて見ていきましょう。

これまでの研究から、空想の友達を持つ子どもと持たない子どもではＩＱや記憶、気質的な側面に違いはありません。また、先述のとおり、現実と空想の区別にも違いがありません。興味深いのは、第５章で見たような他者認識能力に違いが見られる点です。テイラー博士は、空想の友達の有無を含めたファンタジー傾向の強さと誤信念課題の成績の関連を調べ、ファンタジー傾向の高い幼児は、誤信念課題の成績が良いことを示しました。[184] また、空想の友達を持つ幼児は、他者の視点を考慮する能力に長けていること、より複雑な構造を持った発話ができること、知識状態の理解に優れていること、などが示されています。

このような研究から筆者は、子どもには、現実の他者だけではなく、空想の他者に対しても、他者らしさやヒトらしさを感じる認知機構があるのではないかという仮説をたてました。この点について、脳機能研究と、宗教の認知科学から説明を加えます。

まず、脳機能研究ですが、前章で、社会脳の話をしました。これらの脳内ネットワークは、現実の他者だけではなく、想像の他者にも反応します。たとえば、大人を対象にした研究で、バイオロジカルモーションを知覚した場合と、想像した場合で、同じ上側頭溝が活動します。[185] また、自発的に動く物体を知覚した場合と、想像した場合に、上側頭溝や内側前頭前野などの、社会脳領域が活動していることが知られています。[186] 重要なのは、対象を知覚している場合と、対象を想像している場合で同じ脳領域が活動しますが、その活動の強さは異なるという点です。つまり、対象を想像している場合、対象を知覚している場合ほど、それらの脳の領域は活動しません。筆者が考えているのは、現時点では仮説にすぎませんが、子どもは、空想の友達を持つ子どもも持たない子どもも、視覚イメージや聴覚イメージの生成能力には違いがないものの、そのイメージに対する社会脳の働きが異なるのではないかということです。つまり、視覚や聴覚イメージに対して、上側頭溝や内側前頭前野が過剰に反応することが、一つの重要な要因ではないかということなのです。

宗教の認知科学

社会脳領域が過剰反応することなどがあるのかと思われるかもしれませんが、この点で宗教の認知科学の話が重要になってきます。この領域では、神のような超自然的存在に科学的に説明を加えようとします。特徴としては、神の存在や概念を特別なものと考えるわけではなく、私たちが既に持っている概念や認知機構から説明しようという点にあります。つまり、神の概念は、結局のところ、私たちが持つ人間や生物の概念の延長上にあるにすぎないということです。

たとえば、ある研究では、大学生に対して超自然的な存在について記述させたところ、ある瞬間には特定の場所にしか存在できないなどの生物と同様の特徴を持つという回答が得られました[187]。このように、神の概念は、私たちの持つ人間や生物の概念とさほど変わらないのです。同様のことは、幽霊や妖怪、宇宙人についてもあてはまるでしょう。私たちの知識や認識が、神や幽霊などの概念を制約しているとも言えます。

もちろん、人間とは異なる特徴を持つ点は宗教には重要です。イエス・キリストが復活したという教義など、人間とは異なる特徴を持つことはあります。ですが、これら人間とは異なる特徴はあくまで一部にすぎず、最小限度だと考えられます。認知科学者のボイヤー博士によると、たとえば幽霊は、物理法則や生物の法則などに反する性質を持つが（壁を通り抜けるなど）、それ以外の面ではほとんど一般の人間や生物と変わらないということです。たしかに、幽霊だって恨んだり怒ったり、考えたりするわけですから、人間の概念の延長にすぎないということになります。

さらにボイヤー博士は、基本的には一般の人間や生物と同じであるが、いくつか直感に反する性質を持つ存在がいることが、宗教の伝播に重要だと考えています[188]。一般の生物や人間と同じような神であれば記憶に残りませんし、人間や生物と違う性質を持ちすぎてもそのような神は記憶することができません。あくまで少数の性質だけ異なることが、人々の記憶に残るために重要な要件だと主張し、事実この主張は実証的な支持を得ています。

そして、宗教の認知科学の中で、空想の友達と関係するのが、過剰反応する行為者検出器という概念です。この概念によると、人間は、実際には存在しない、人間のような生物らしき存在（行為者）を、環境の中に見つけてしまう傾向があります。たとえば、暗い夜道を歩いていて、布切れが動いただけで、私たちはそこに誰かがいると感じるかもしれません。背後で音が鳴ると、誰かが後ろにいて、追ってきていると思うかもしれません。私たちは、実際には存在しない行為者に対して感受性を持つのです。

このような感受性は、生存という意味では非常に重要です。たとえば、ある人間集団が別の集団と対立していて、抗争していたとします。敵が森に潜んでいて、ゲリラ戦を仕掛けてくるかもしれません。このような状況において、敵がいると思って実際に敵がいる、もしくは、敵がいないと思って実際には敵がいないような場合だと問題はありません。問題は、これらの予測が外れたときです。「敵がいると思って実際には敵がいない」外れ方と、「敵がいないと思って実際には敵がいる」外れ方を比較した場合に、どちらが生命の危機に関わるかは明白です。前者の外れ方をしても心配して損したと思うだけですが、後者の外れ方をすると死んでしまうかもしれません。このことはシミュレーション研究でも確認されています。このため、私たちは進化の過程で、行為者に対して過剰に感受性が高い認知機構を持つようになったのではないかと考えられています。バレット博士は、行為者検出器が過剰に反応することが、神などの超自然的な存在の礎になっていると示唆しています。人間が実際には存在しない存在を検出してしまい、それに「神」という名前を与えたという考えです。

一方、ボイヤー博士は、行為者検出器だけでは、神の存在に気づくことは説明できても、それが維持されることは十分に説明できないとして、人間の持つ社会的相互作用に関する認知機構の重要性を指摘しています。ボイヤー博士がその著『神はなぜいるのか?』で紹介している例を見てみましょう。

ある夫婦がベビーシッターを雇用するための面接を行っている際に、夫婦は面接の相手がベビーシッターとして適切かどうかを判断します。その際に相手が喫煙者であるという情報に何らかの形で気づいたら、その人を採用しないかもしれません。この際、夫婦にとって、相手が喫煙者であることは、重要な情報となります。このようにある状況における社会的相互作用において重要な情報を、ボイヤー博士は戦略的情報と呼んでいます。他者との相互作用をするうえで、相手が今何を考えていて、どうしたいのかを私たちが知りたい場合、それが戦略的な情報になります。同様に、他者が、私たちが何を考えているかを知りたい場合、私たちの考えは戦略的情報になります。ボイヤー博士によれば、人間は他者だけではなく、神や霊とも、この戦略的情報を用いて相互作用します。たとえば、私たちは自分や家族が病気であるとき、神に祈ります。この際、私たちは、神が、家族が病気であるという戦略的情報を知っており、回復させてくれるだろうと仮定しています。そして、そのためには、神が何かを欲しており、それを手に入れたら満足するだろうと考え、お祈りやお供えをします。このように、人間同士の相互作用と同じものが、人間と神や超自然的な行為者との相互作用にも見られるのです。ただ、神や超自然的な行為者が通常の人間と異なるのは、それらの存在が、多くの戦略的な情報を持っている（と私たちが仮定する）という点です。ある宗教では神は全知全能ですし、私たちも何か悪いことをした場合、神様やご先祖様がその悪い行いを見ていると仮定します。『サザエさん』でもよくご先祖様が出てきますよね。神が戦略的な情報を多く持っている（と仮定してしまう）ことで、私たちにとって神はより重要な相互作用の相手になるのです。少々複雑になってしまいましたが、ここで重要なのは、私たちが通常他者と行うような相互作用に関する認知機構が、神などの超自然的な存在と相互作用する際にも用いられるという点です。

ちなみに、神と関連して、大人でも実在しない対象に対して現前性を感じる場合があります。その顕著な例が、サードマン現象です。サードマン現象とは、生命の危機に瀕した場合に、ある存在を感じ、その存在が自分を助けてくれるように感じる現象のことを指します。よく見られるのが登山をしていて遭難した際に、誰もいないはずなのに誰かの存在を感じ、その誰かが道を教えてくれて、そのおかげで生還することができたという話です。極端な形になると、ジェイキンズ博士の著書『神々の沈黙』で見られるように、古代人は現代人のような意識を持っておらず、彼らは神々のお告げや幻覚によって支配され、行動をしていたという主張もあります。いずれにしても、大人でも、状況によっては、神や空想の友達のような存在に出会うことがあるようです。これらの経験が、宗教の礎になっているのかもしれません。

以上をまとめると、過剰な行為者検出器は超自然的な存在の概念の礎になり、検出された超自然的な行為者およびその概念は、他者と通常に行われる相互作用に関する認知機構によって維持されます。ボイヤー博士は空想の友達と神とを区別しますが、筆者は多くの類似性があるように感じています。空想の友達は、過剰な行為者検出器によってその存在が検出され、他者と相互作用するための認知機構によって維持されるという考えです。そして、その神経機構としては、社会脳のネットワークであり、これらのネットワークが、実際の他者だけではなく、空想の他者に対しても活動するのではないかというものです。このようなメカニズムによって、空想の友達のリアリティは生み出されているのではないかと考えています。

この点を、現在、科学技術振興機構のさきがけ事業において検討しています。特に、大きく三つの視点から研究を実施しています。一つは、空想の友達を持つ子どもは、持たない子どもよりも、行為者検出を含めた他者認識に優れているかどうかについての検討です。二つは、子どもが空想の友達に対して、現実の友達に向けられる行動や相互作用をするかどうかについての検討です。三つは、このような空想の友達を持つことが子どもにとっていかなる意味があるのかという点についての検討です。以下に概要を紹介します。

空想の友達を可視化する

一つ目については、関連する先行研究があります。上述のテイラー博士らが示した、空想の友達を持つ子どもは、持たない子どもよりも誤信念課題の成績が良いというのもその一つです。より「過剰な」検出傾向と関連するのは、ロールシャッハテストを用いたものがあります。このテストは臨床の現場などで用いられるものですが、幼児に対してこのテストを実施した研究があります[189]。その結果、空想の友達を持つ幼児は、持たない幼児よりも、ランダムな画像に人間の動きを検出する数が有意に高いことが示されました。用いられた画像の中には、人間の動きは含まれていません。しかし空想の友達を持つ子どもは、ランダムな画像の中に、人間の動きを見たのです。また、音声を用いた研究でも同様の結果が報告されています[190]。この研究では、ランダムな音声を子どもに聞かせて、その中に単語がどの程度あるかを判断させました。この研究においても、空想の友達を持つ子どもは、持たない子どもよりも、ランダム音声の中に意味のある単語を読み取ったのです。

筆者らの研究では、幾何学図形二つ（大きい三角と小さい三角）が動く様子を幼児に示し、それらの図形に生物学的特徴（例、自発的に動くか）や心理学的特徴（例、喜ぶか）を帰属させるかを検討しました。一つの条件では、二つの図形がまるで人間のように相互作用をしている条件（相互作用条件）で、もう一つの条件では二つの図形はランダムに動いていました（ランダム条件）。大人を対象にした研究では、前者には生物らしさや人間らしさを感じ、社会脳領域が活動するのですが、後者ではそのような傾向はありません。この結果、空想の友達を持つ幼児も持たない幼児も、相互作用条件では反応に差が見られなかったのですが、ランダム条件においては差が見られました。空想の友達を持つ幼児は、持たない幼児よりも、ランダムに動く図形に対して、生物学的な特徴を帰属させやすかったのです。これら三つの研究結果を考慮すると、空想の友達を持つ幼児は、持たない幼児よりも、人間や人間以外の生物を含めた行為者らしさを、ランダムな刺激の中に読み取る可能性が高いことを示唆しています。

次に、二つ目の、幼児が空想の友達に対して、現実の友達に対するような相互作用をするかという点です。これについては、幼児が空想の友達に対してどのような行動をするかを検討する必要があります。しかしながら、空想の友達を実証的に検討するのは容易ではありません。幼児は空想の友達と遊んでいるところをなかなか調査中に見せてくれないのです。そこで、筆者と篠原博士は、実験的に空想の友達を扱うための手法を考案しました。ここでは、幼児の空想の友達ではなく、第三者の持つ空想の友達に対して、幼児がどのように反応するかを検討しています。幼児が現実の他者への相互作用のメカニズムを使って空想の他者と相互作用をするなら、それは幼児自身の空想の友達に限らないはずです。この研究では、実験者が目に見えない友達を持っていることを幼児に告げます。冒頭の辻仁成氏の小説に由来して、「ヒカル」という名前の友達です。この目に見えないヒカルに対して、幼児が、生物学的特徴や心理学的特徴を帰属させるかどうかを質問しました[167]。

その結果、空想の友達を持つ幼児は、ヒカルは生物らしい特徴を持ち、人間らしい心を持つと答えました。一方、空想の友達を持たない幼児は、そのような反応はしませんでした。しかしながら、これは実験者の質問に対する回答にすぎず、相互作用とは言えません。そこで、実験者が幼児と遊んでいる際に、ヒカルがトイレのために部屋から出ていくという状況を設定しました。その後、実験者と幼児は二人で遊び、実験者は特にヒカルについては言及しませんでした。その際に、幼児が自発的にヒカルについて言及するかどうかを検討しました。その結果、ある男の子は、「ヒカル君、遅いなあ、うんちかな」と述べ、実験者と話している最中に急に部屋のドアの方を見て、「ヒカル君帰ってきた！」と述べました。このように、ヒカルに対して言及し、特にヒカルの行動を描写しました。特筆すべきは、このような傾向は、空想の友達を持つ幼児にのみ見られたのです。

現在、言語指標に頼らない研究を進めています。一つは、アイトラッキング技術です。これは、選好注視法や馴化脱馴化法の延長上にある方法で、画面上に提示した映像のどの部分を、どのタイミングで見たかを調べることができます。この方法を用いて、現実の人間の行動と、ヒカルの「行動」とで、幼児が類似した視線傾向を示すかどうかを調べています。具体的には、現実の人間がボールを運んでいるときの視線パターンと、ヒカルがボールを運んでいるとき（ボールのみが動いているとき）の視線パターンを比較し、現実の他者と同様の視線パターンが示されるか否かを調べています。こちらはまだ予備的な段階ですが、類似した視線パターンが示されています。

もう一つは、NIRSを用いた脳機能計測です。実際の他者がボールを運んでいるときとヒカルがボールを運んでいるのを観察しているときの運動野や運動前野の活動を計測し、両者で類似した脳活動が見られるかを検討しています。これらの領域はミラーニューロンシステムの一部なので、他者の行為を観察しているときに活動します。こちらも予備的なデータですが、現実の人間の行為知覚時も、ヒカルの行為知覚時も、同領域の活動が見られることが示されています。これらの研究はいずれも幼児自身の空想の友達を扱っていない間接的な研究ですが、これらを蓄積していけば、幼児が空想の友達に現前性を感じていることを示せるのではないかと思っています。本書で強調したいのは、これらの研究では脳情報や視線のパターンの持つ意味を解読する新しい手法を用いている点です。新しい方法論を使用することが、「異なる乳幼児」観に根拠を与えることになるかもしれません。

最後が、出口とも言える、空想の友達を持つことの意義や機能です。ここで、冒頭の進化発達心理学の理論が関連してきます。進化発達心理学によれば、乳児や幼児が備えるいくつかの特質は、成人期のためではなく、発達の時点に適応するように進化の中で選択されています。とすれば、空想の友達にも、何らかの適応的な意義があるはずです。現在定説になっているのは、情動的補償仮説です。この仮説は、幼児が寂しいときに空想の友達を作ることで、寂しさを紛らわすというものです。そのことの直接的な証拠は、第一子や一人っ子が空想の友達を持つ可能性が高いことです。一人になる時間が多い場合は寂しいため、より空想や想像をすることが多く、それによって自分の情動を安定させようとすると考えられます。サードマン現象も、これに近い構造があるように思えます。つまり、生命の危機に瀕するという情動的に負荷がかかったときに、大人であってもサードマンを作り出して、情緒的安定性を保つということです。

テイラー博士は、空想の友達を持つ幼児の他者認識能力が高いことを根拠に、空想の友達を持ち、相互作用することによって、他者認識を訓練している可能性を示しています。現時点では、空想の友達を持つことが他者認識能力を鍛えるのか、他者認識能力が高い幼児が空想の友達を持ちやすいのかは明らかではありません。これまでの宗教の認知科学の議論では、現実の他者との相互作用に関わる認知機構が、神などの超自然的な存在との相互作用に利用されることが指摘されています。この議論を踏まえると、高い社会的認知能力を持つ子どもが空想の友達を生成しやすい可能性もあります。

筆者が坂田博士と共同で進めている研究では、より直接的に空想の友達を持つことが認知機能の訓練になる可能性を示しています。この研究ではぬいぐるみタイプの空想の友達との相互作用を通じて、実行機能課題の成績が向上するかを調べました。実行機能の支援は現在の発達心理学で最も重要な論点になっているためです。まず、3歳児にDCCS課題（第6章参照）を与え、この課題に失敗した幼児を選びました。そして、その幼児たちに、課題のルールをぬいぐるみに教えるように教示しました。そして再びDC

CS課題を与え、課題の成績が向上するかを検討しました。この研究では、幼児がぬいぐるみに対して課題のルールを教えることで、幼児自身の課題の理解が深まると考えました。教授を通じた学習です。重要なのは、ぬいぐるみタイプの空想の友達は、幼児にとって赤ちゃんのような存在で、幼児は喜んでぬいぐるみに対して教えることです。その結果、ぬいぐるみに対して教えた幼児は、DCCS課題の成績を向上させたのです。

この知見は、一人っ子が空想の友達を持つことが多いという点において重要です。きょうだいがいる場合、お互いに教えたり教えられたりすることで、課題の構造を内省し、熟考し、認知機能を向上させることもあるでしょう。しかしながら、一人っ子の場合はそうもいきません。その場合に、子どもは仮想の他者を作り上げて、それに対して相互作用をすることで、自らの認知機能を向上させることができるのかもしれません。

以上をまとめると、空想の友達についての筆者の考えは、次のようになります。行為者への感受性が高く、他者検出器が過剰に反応する子どもは、一人になる時間があった場合に（時には寂しい場合に）、空想の他者を作ることによって、情緒的に補償したり、自らを楽しませたりして、一人という社会環境に適応します。これは、空想の他者に対して、リアリティ（現前性）を感じることによってなせる業です。そして、この空想の友達を作ることによって、その環境に適応するだけではなく、自らの認知機能を発達させることができるのです。現時点では、実行機能の発達しか証明されていませんが、子どもはぬいぐるみに話しかけることによって、自らの中で内省し、認知機能を向上させるのでしょう。また、目に見えない友達の場合はまだ十分に検討されていませんが、おそらくは友達関係に関わる能力を発達させているのではないかと推察されます。あくまで暫定的な考えなので、今後の研究の進展によって、仮説をさらに洗練化させていきたいと考えています。

スケールエラー

本章では、もう一つだけ乳児が大人とは異なる世界を見ており、仮想的な認識をしていると考えられる現象について紹介します。それがスケールエラーです。現象としては、日常にありふれているかもしれません。部屋の中に、玩具の小さな自動車があり、子どもがその部屋の中で、自由に遊んでいるとします。すると、彼らは足を上げ、とても真剣にその窓から自動車に乗ろうとするのです。実際には車は玩具であり、その窓に足を入れることが不可能であることは明白です。このように、スケールエラーとは、自分の身体が明らかに適さない対象に、とりわけ、自分の身体に対して著しく小さな対象に（玩具の車、くつ、椅子など）、自分の身体をあてはめようとする行動を指します。

重要なのが、これまで見てきたようなふり遊びとは異なり、子どもはものすごく真剣であるということです。デローチェ博士によると、2歳児は、しばしばこのようなエラーをします[191]。この研究では、まず、部屋に、乳児が実際に乗れるサイズの車や、座れるサイズの椅子が用意されます。つまり、自分の身体を実際にあてはめることができる対象なのです。ほかにもいくつかの玩具が用意され、参加児は自由に遊ぶことが許されました。その後、参加児は部屋から連れ出されました。その間に、部屋にある車や椅子は、ミニチュアの車や椅子に変えられました。その後、参加児が部屋に戻ってきた際に、どのような行動をす

スケールエラー

るかが観察されるわけです。

その結果、15か月から24か月児はスケールエラーを産出したと言います。ミニチュアの車や椅子に対して、自分の身体を真剣にあてはめたのです。乳幼児が、実際に乗れるサイズの車とミニチュアの車の大きさを区別できないわけではありません。彼らは、ミニチュアの車に乗ろうとするときには、そのサイズに合わせた行動をとりますし、両方の車を対提示して「車を運転して」と実験者が教示すると、実際に乗れる車を選択すると言います。幼児は、大小の概念があるにもかかわらず、このような行動をするのです。

デローチェ博士は、アフォーダンスの視点からこの行動を説明しています。ミニチュアの車を見ると、実際に乗れる車の表象が活性化します。その表象には、実際に乗れる車と相互作用する運動プログラムが含まれており、その行動プランが惹起されます。惹起された行動プランが遂行される際に、ミニチュアのサイズに合わせた行動が生成されると言うのです。この説明は、上記の宗教の認知科学における、神や空想の友達に対する相互作用における説明と似ていなくもありません。空想の友達が仮想的他者に対する相互作用であったのに対して、スケールエラーは仮想的な物体に対する相互作用であるようにも見えるのです。

このような研究で問題となりそうなのは、参加児がミニチュアの車に乗る「ふり」をしているのではないか、という点です。この研究では、そのような「ふり」とスケールエラーは区別しうるとしています。ただし、このような区別は実験者の判断に基づいており、本当に幼児がそのように区別しているかはなかなか難しいところです。

このスケールエラーという現象を、発達心理学者は皆面白いと思い、その存在を知っています。大学院生の石橋氏と筆者も、この現象を日本でも確認しています。しかしながら、理論的にはこの現象がなぜ起こるかということは議論されていますが、実証的な研究は全く進んでいません。そのため、石橋氏と筆者は、この現象の解明に取り組んでいるところです。まだ研究は始まったばかりなのですが、近い将来に必ず結果を報告したいと思います。

この現象は、乳児が、目の前にある対象というよりは、その対象を含む表象や概念といった、実体のないものに働きかけている可能性を示しています。乳幼児は真剣に対象に関わっており、それはふり遊びとは区別されます。一方、空想の友達はふり遊びに含まれることから、その点においてスケールエラーと空想の友達を共通に語るのは乱暴かもしれません。それでいて、筆者としては、空想の友達においては、乳幼児は目の前の他者ではなく仮想的な他者に働きかけており、それらの行動が他者という概念やカテゴリーを表現しているという点において、スケールエラーと共通性があるように感じています。

このように乳幼児が仮想する存在であり、それらに対してある種のリアリティを感じ、働きかけることについては明らかになりつつあります。これまでの認知発達理論では、これらの現象は、大人に至る道のりの中における「エラー」もしくは「未熟さ」という記述で終わっていました。一方、進化発達心理学の立場では、子どもは小さな大人ではなく、それぞれの発達時期に適応した存在と言えます。空想の友達は幼児期の、スケールエラーは乳児期の、一種の適応的な行動である可能性があります。これらの行動は、それぞれの時期において重要な行動なのかもしれないのです。

仮想的な乳幼児と認知発達

本章において筆者の乳幼児観を提示しました。ただ、乳幼児観を提示するだけでは、認知発達を考える上では十分ではありません。本章で見られた乳幼児の行動が、認知発達理論の中でどのように位置づけられるかが重要です。ここで一つの試論を提示してみます。この考えは、下條博士とのディスカッションの中で着想を得ました。

基本的には、前章で見てきた、知覚の刈り込みと同じ発想です。たとえば、他人種効果では、まず乳児は生得的に近い形で顔への選好があり、それに基づいた顔全般の学習をし、顔全体に注意が向くようになり、あらゆる人種の顔の識別ができるようになるものの、経験などの効果により、特定の人種の顔の識別に特化していきます。これはあくまで知覚レベルの話ですが、これを一般化すると、生得的に近いバイアスがあり、それに基づき学習が進み、比較的広い範囲に対して能力が発揮され、その後の経験によってその範囲が絞られていくという逆U型の発達経路があります。

この考えを、概念レベルに援用してみましょう。第4章と第5章で見てきたように、概念レベルでは複数の領域があり、それぞれの領域固有の知識があります。ここではウェルマン博士の物理領域、心理領域、生物領域に基づいて話を進めます。現在の発達理論では、物理領域と心理領域の発達は比較的早く、生物的認識はそれらに少し遅れて発達することが知られています。筆者は、各領域において特有の、逆U型の発達経路があるのではないかと考えています。

第4章から第5章で示されているように、(生得的であるかどうかは別として) 乳児は発達の非常に早い時期から持っているバイアス (中核的な知識) に基づいて、物理、心理、生物のそれぞれの領域について学習していきます。中核的な知識といっても原初的なものに違いなく、それぞれの領域における領域固有の学習をしていきます。これらは、ある程度は領域固有なので、発達の早さは異なります。物理や心理が早く、生物が最後です。ここで重要なのが、乳幼児のワーキングメモリや実行機能が制約されているということです。第6章で見たように、乳幼児期におけるワーキングメモリなどの情報処理能力はきわめて低く、実行機能もあまり発達していません。ですが、このような能力の低さが言語獲得を促進することは本章でも述べました。同様に、情報処理能力が低い乳幼児はそれぞれの領域内の非常に複雑な事象について、個別に学習・保持する余裕はなく、比較的包括的に知識を保有する必要があるのではないかと考えます。つまり、乳幼児は、非常に漠然としたある意味抽象的な知識を獲得しているのです。物理領域の例がスケールエラーで、大きな車や小さな車についての知識をそれぞれ保持するわけではなく、「車」として包括的な知識として保持し、その「車」に対する行動が産出されるわけです。学習過程では、大きな車についいて学ぶだけで「車」という知識が構築されるのでしょう。

同様に、空想の他者の場合も、情報処理能力が低い乳児は、現実の他者について学習していく中で、「他者」という概念を形成します。その知識に基づいた行動は現実の他者だけではなく、空想の他者に対しても向けられるのです。

ここで、生物領域について捕足しておきます。現在のところ、筆者は生物領域における「仮想的な乳幼児」を見つけられていませんが、第4章で触れた生気論的因果は、候補として挙げられるかもしれません。なぜなら、このような因果推論は大人ではあまり見られず、生気論は実態を持たない仮想的なものですが、幼児の中では一貫した理論として機能しているためです。

それぞれの領域内における「仮想的な乳幼児」期の後、ワーキングメモリや実行機能の増大、概念や科学的な知識の獲得によって、包括的な「車」から、「大きな車」と「小さな車」へ、包括的な「他者」から、「現実の他者」と「空想の他者」へと発達が進展していくのではないかと考えます。当然、生物学的な基盤としては、脳の構造的・機能的発達があります。脳機能の相互作用説でも見られるように、発達初期にはある脳領域は比較的広範な情報に対して感受性を持つのに対して、発達とともに感受性が特化していくというプロセスに対応していると思われます。

筆者は、スケールエラーや空想の他者だけではなく、それぞれの領域において、様々なレベルの知識が、同様の逆U字型の発達を遂げる可能性があるのではないかと思います。筆者が示したのは一例にすぎず、このような行動は子どもを子細に観察すれば、多数見受けられると考えられます。大きな意味では、共感覚や知覚の刈り込みなどの知覚レベルの認識も含まれてきます。

シーグラー博士が提唱した、重複波理論のように、ある行動がある年齢において支配的であり、別の方略が別の年齢で支配的でありつつ、それらの方略が多層的に変化していくのではないかとも思えます。各発達時期で支配的な行動が見られるものの、空想の友達がたとえば大人でサードマン現象として見られるように、時として他の発達時期で顔を出すことがあるのです。つまり、加齢によってこれらの行動は消えるわけではなく、出てくる確率が相対的に低減するだけなのです。

そして、何より強調したいのが、進化発達心理学から示されるように、それぞれの時期に見られる行動は、適応的であるということです。空想の他者は、社会的な孤独を情緒的側面および知的な側面について補償するという役割があります。生気論的因果論は、生物に対して包括的に対処することができます。これらの行動はエラーではなく、進化に仕組まれた重要な行動である可能性があるのです。まだまだ証拠も議論も不十分なため、今後は更なる検討を加えていきたいと考えています。

本章のまとめ

本章では、進化発達心理学の観点から、前章で紹介した「異なる乳幼児」観に理論的な背景を与えました。乳幼児は、乳幼児なりに、その発達段階に適応しているのです。本書ではその中でも比較的極端な例である空想の友達について見てきました。乳幼児は、目に見えない誰かを作り、その対象に現前性を感じている可能性があるのです。これらの仮説や研究はまだ途に就いたばかりであり、今後研究を進めていく必要があります。

第9章　進化する乳幼児

「謎とは知らないこと。不思議とは誤った認識」
「何」
「この世には不思議なことなど何もないのです」

（京極夏彦『陰摩羅鬼の瑕』p.1066）

本書では、乳幼児観の歴史的変遷を紹介してきました。第1章では、乳幼児には知識も観念もないという、「無能な乳幼児」観を示しました。この乳幼児観には根拠が乏しく、先人が乳幼児を十分に観察すらしていなかったことが示唆されます。第2章では、乳幼児研究が本格的に始まった頃の乳幼児観を紹介しました。行動観察という方法論の進展によって、「活動的な乳幼児」観が見られるようになりました。第3章は、「かわいい乳幼児」観について触れました。第4章は、それまで無能だと思われていた乳幼児の能力を発見した、「有能な乳幼児」観について概観しました。これらは、乳幼児を対象とした実験手法の進展に基づいています。第5章は心の理論研究を中心にした「社交的な乳幼児」観でした。第6章では、情報処理理論に影響を受けて形成された「コンピュータ乳幼児」観を見てきました。第4章から第6章までが、現在の主流の乳幼児研究です。これらはいずれも科学的な乳幼児観と言えましょう。

第7章では神経科学研究の進展と関連する「脳乳幼児」観について、第8章は筆者自身の乳幼児観である「仮想する乳幼児」観を述べてきました。これらの二つの章は、乳幼児の心の世界は、大人と比べて未熟なのではなく、質的に異なるという視点から書かれています。その意味で、「異なる乳幼児」観としてまとめることができます。

本書では、認知発達に関する主要な理論には触れました。ですが、フロイトのように、十分に触れられていないものもあります。フロイトについて言えば、彼の理論が認識や知能についてのものではないこと、実際の乳幼児を対象にしたものではないことにより、触れませんでした。ただ、フロイトの考えは様々に批判されていますが、偉大な研究者であったことに間違いはありません。

第1章から第7章までで、過去と現在の研究をつなぐことはできたのではないかと思います。問題は、これらを学んだ上で何が上積みできるか、というところにあります。未来の乳幼児観を生み出さなければなりません。ここ数十年支配的であった第4章から第6章のような乳幼児観に加えて、新しく脳研究などが進展しつつある現在こそ、新しい乳幼児研究が生まれる良い機会であるようにも思えます。つまり、乳幼児観が進化する機会なのです。

「異なる乳幼児」観は、筆者自身の乳幼児観であり、これが筆者なりの上積みです。このような乳幼児観がこの先定着するかどうかはわかりません。ですが、乳幼児が大人の理解し難い行動をすることは間違いなく、それを不思議だと言っているだけでは、冒頭のように、京極夏彦氏の小説に登場する京極堂に怒られてしまいます。それらの行動に根拠に基づいた説明を与えるのが、筆者の仕事だと考えています。

未熟な筆者が言える立場ではありませんが、乳幼児研究を行っている方も、関心を持っている方も、新しい乳幼児観を生み出すような研究を進めていただけたらと思います。筆者が示した以外にも様々な乳幼児観がありうるでしょう。どの乳幼児観が定着するのかは時間が経過してみないとわかりませんが、新しい試みをする良い時期にあるように思います。

乳幼児自体が進化するわけではなく、それを観察している私たち研究者が進化しているだけなのですが、進化する乳幼児ということで本書を締めさせていただきます。「はじめに」で記入していただいた皆さんの乳幼児観が少しでも変わっていれば、筆者としては幸いです。

おわりに

大学院生の頃から、乳幼児研究を分野外の方や研究者以外の方が理解できるようにと、ブログなどで研究紹介をしています。わが国を代表する発達心理学者であられる京都大学の子安教授にそれらの記事をご覧いただき、本にしてみてはというお声をいただいたのが、本書を書くきっかけとなりました。このような機会を与えていただいた子安教授に心より御礼申し上げます。

本書は、当初、最新の成果を集めたトピック集としてまとめようと考えていましたが、最新の成果はすぐに最新ではなくなってしまいますし、早さではブログなどに軍配があがります。どうまとめようかと悩んでいたときに、筆者が大学院生の頃、認知発達の研究の流れをつかむ読み物的な本はないかと先輩に尋ねた際に、ないと言われたことを思い出しました。本書は、過去から現在の乳幼児研究を「乳幼児観」という基本原理のもとで貫き、初学者の方にも読んでいただける読み物になることを目指しました。その目的が一部でも達成できれば筆者としては幸いです。

筆者が心理学を学んで10年が経過しました。年齢も30代半ばになり、ヴィゴツキーが亡くなった年齢に近づいています。本書は、筆者個人にとっては、これまで学んできたことを整理し、次の10年間の研究を進展させるためのものです。10年後の自分がこの本を読んだときに、つまらない本を書いたものだと言いたいものです。

本書は、多くの方のご協力・ご助言をいただいて書かれました。発達心理学者のみならず、認知心理学者や認知神経科学者、哲学者の先生方にコメントをいただき、時にはディスカッションをする中で筆者の誤解や誤りを指摘していただきました。生澤繁樹先生、永盛善博先生、奥村優子先生、鹿子木康弘先生、前原由喜夫先生、坪見博之先生、松吉大輔先生に心より御礼申し上げます。また、大学院生の石橋美香子氏には、原稿全体に目を通していただき、不明瞭な部分や誤りを指摘していただきました。研究員の水島可奈江氏と高野まりい氏には、本書の図やイラストの作成をしていただき、表現の誤りを指摘していただきました。新曜社の塩浦暲社長には、筆者の筆が遅くなかなか進まないのを辛抱強く待っていただき、内容についても適切なコメントをいただきました。ここに御礼申し上げます。

最後に、乳幼児観を一部共有する仲間であり、一部共有しない宿敵でもある、妻に心よりの感謝を述べたいと思います。本書に含まれる内容は、直接的・間接的に妻と議論をしながら着想を得たものです。今後も妻と建設的な議論をしながら、新しい乳幼児観を創りあげていきたいと思います。

上越の　雪ふりしきる

森口佑介

著者紹介

森口佑介（もりぐち ゆうすけ）

京都大学文学研究科准教授。科学技術振興機構さきがけ研究員を兼任。福岡県出身。京都大学文学部，同大学院文学研究科修了（京都大学博士（文学））。専門は、発達心理学。人文学に着想を得た問題を科学的に検討している。

主著は、『わたしを律するわたし：子どもの抑制機能の発達』（単著、京都大学学術出版会）、「*Prefrontal Cortex: Developmental Differences, Executive and Cognitive Functions and Role in Neurological Disorders*」（分担執筆、Nova Science Pub Inc.）ほか。

新曜社

おさなごころを科学する

進化する乳幼児観

初版第1刷発行　2014年3月10日

初版第7刷発行　2023年12月10日

著　者　森口佑介

発行者　塩浦　暲

発行所　株式会社　新曜社

101-0051　東京都千代田区神田神保町3－9

電話（03）3264－4973（代）・FAX（03）3239－2958

e-mail : info@shin-yo-sha.co.jp

URL : https://www.shin-yo-sha.co.jp

組　版　西田久美（Katzen House）

印　刷　新日本印刷

製　本　積信堂

ISBN978-4-7885-1374-7　C1011

人名索引

事項索引

▶ さ 行

▶ た 行

▶ な 行

▶ は 行

文　献

[1] Harris, P. L. (1973). Perseverative errors in search by young infants. *Child Development, 44(1)*, 28-33.

[2] Smith, L. B., Thelen, E., Titzer, R., & McLin, D. (1999). Knowing in the context of acting: The task dynamics of the A-not-B error. *Psychological Review, 106(2)*, 235.

[3] Moriguchi, Y., Matsunaka, R., Itakura, S., & Hiraki, K. (2012). Observed human actions, and not mechanical actions, induce searching errors in infants. *Child Development Research* (Article ID 465458).

[4] Diamond, A., & Goldman-Rakic, P. S. (1989). Comparison of human infants and rhesus monkeys on Piaget's AB task: Evidence for dependence on dorsolateral prefrontal cortex. *Experimental Brain Research, 74(1)*, 24-40.

[5] Topál, J., Gergely, G., Erdöhegyi, Á., Csibra, G., & Miklósi, Á. (2009). Differential sensitivity to human communication in dogs, wolves, and human infants. *Science, 325*, 1269-1272.

[6] Hill-Soderlund, A. L., Mills-Koonce, W. R., Propper, C., Calkins, S. D., Granger, D. A., Moore, G. A., ... & Cox, M. J. (2008). Parasympathetic and sympathetic responses to the strange situation in infants and mothers from avoidant and securely attached dyads. *Developmental Psychobiology, 50(4)*, 361-376.

[7] Glocker, M. L., Langleben, D. D., Ruparel, K., Loughead, J. W., Gur, R. C., & Sachser, N. (2009). Baby schema in infant faces induces cuteness perception and motivation for caretaking in adults. *Ethology, 115(3)*, 257-263.

[8] Brosch, T., & Sander, D., & Scherer, K. R. (2007). That baby caught my eye: Attention capture by infant faces. *Emotion, 7(3)*, 685-689.

[9] Langlois, J. H., Ritter, J. M., Casey, R. J., & Sawin, D. B. (1995). Infant attractiveness predicts maternal behaviors and attitudes. *Developmental Psychology, 31(3)*, 464.

[10] Glocker, M. L., Langleben, D. D., Ruparel, K., Loughead, J. W., Valdez, J. N., Griffin, M. D., ... & Gur, R. C. (2009). Baby schema modulates the brain reward system in nulliparous women. *Proceedings of the National Academy of Sciences, 106(22)*, 9115-9119.

[11] Sprengelmeyer, R., Perrett, D. I., Fagan, E. C., Cornwell, R. E., Lobmaier, J. S., Sprengelmeyer, A., ... & Young, A. W. (2009). The cutest little baby face a hormonal link to sensitivity to cuteness in infant faces. *Psychological Science, 20(2)*, 149-154.

[12] Luo, L. Z., Li, H., & Lee, K. (2011). Are children's faces really more appealing than those of adults? Testing the baby schema hypothesis beyond infancy. *Journal of Experimental Child Psychology, 110(1)*, 115-124.

[13] Brand, R. J., Baldwin, D. A., & Ashburn, L. A. (2002). Evidence for 'motionese': Modifications in mothers' infant-directed action. *Developmental Science, 5(1)*, 72-83.

[14] Brand, R. J., & Shallcross, W. L. (2008). Infants prefer motionese to adult - directed action. *Developmental Science, 11(6)*, 853-861.

[15] 篠原郁子 (2013). 心を紡ぐ心：親による乳児の心の想像と心を理解する子どもの発達. ナカニシヤ出版.

[16] Eibl-Eibesfeldt, I. (1989). *Human ethology*. New York: De Gruyter.

[17] Blanton, M. G. (1917). The behavior of the human infant during the first thirty days of life. *Psychological Review, 24(6)*, 456-483.

[18] Bower, T. G. R., Broughton, J. M., & Moore, M. K. (1970). Demonstration of intention in the reaching behavior of neonate humans. *Nature, 228*, 679-681.

[19] Meltzoff, A. N. & Borton, R. W. (1979). Intermodal matching by human neonates. *Nature, 282*, 403-404.

[20] Meltzoff, A. N. & Moore, M. K. (1977). Imitation of facial and manual gestures by newborn infants. *Science, 198*, 75-78.

[21] Anisfeld, M. (1996). Only tongue protrusion modeling is matched by neonates. *Developmental Review, 16(2)*, 149-161.

[22] Baillargeon, R. (1987). Object permanence in 3-and 4-month-old infants. *Developmental Psychology, 23(5)*, 655.

[23] Needham, A., & Baillargeon, R. (1993). Intuitions about support in 4.5-month-old infants. *Cognition, 47(2)*, 121-148.

[24] Baillargeon, R., Needham, A., & DeVos, J. (1992). The development of young infants' intuitions about support. *Early Development and Parenting, 1(2)*, 69-78.

[25] Xu, F., & Carey, S. (1996). Infants' metaphysics: The case of numerical identity. *Cognitive Psychology, 30(2)*, 111-153.

[26] Starkey, P., & Cooper, R. (1980). Perception of numbers by human infants. *Science, 210(28)*, 1033-1034.

[27] Clearfield, M. W., & Mix, K. S. (1999). Number versus contour length in infants'

discrimination of small visual sets. *Psychological Science, 10(5)*, 408-411.

[28] Xu, F., & Spelke, E. S. (2000). Large number discrimination in 6-month-old infants. *Cognition, 74(1)*, B1-B11.

[29] Xu, F., & Arriaga, R. I. (2007). Number discrimination in 10-month-old infants. *British Journal of Developmental Psychology, 25(1)*, 103-108.

[30] Wynn, K. (1992). Addition and subtraction by human infants. *Nature, 358*, 749-750.

[31] Spelke, E. S., & Kinzler, K. D. (2007). Core knowledge. *Developmental Science, 10(1)*, 89-96.

[32] Hermer, L., & Spelke, E. (1996). Modularity and development: The case of spatial reorientation. *Cognition, 61(3)*, 195-232.

[33] Kelly, D. J., Quinn, P. C., Slater, A. M., Lee, K., Gibson, A., Smith, M., ... & Pascalis, O. (2005). Three-month-olds, but not newborns, prefer own-race faces. *Developmental Science, 8(6)*, F31-F36.

[34] Kinzler, K. D., Dupoux, E., & Spelke, E. S. (2007). The native language of social cognition. *Proceedings of the National Academy of Sciences, 104(30)*, 12577-12580.

[35] Shutts, K., Condry, K. F., Santos, L. R., & Spelke, E. S. (2009). Core knowledge and its limits: The domain of food. *Cognition, 112(1)*, 120-140.

[36] Baillargeon, R. (1995). A model of physical reasoning in infancy. In C. Rovee-Collier & L. Lipsitt (Eds.), *Advances in Infancy Research* (Vol.9), pp.305-371. Norwood, NJ: Ablex.

[37] Wellman, H. M. & Gelman, S. A. (1998). Knowledge acquisition in foundational domains. In D. Kuhn &R. Siegler (Eds.) *Handbook of child psychology* (Vol.2), *Cognition, Perception, and Language*, pp.523-573. New York: Wiley.

[38] Xu, F., & Garcia, V. (2008). Intuitive statistics by 8-month-old infants. *Proceedings of the National Academy of Sciences, 105(13)*, 5012-5015.

[39] Gopnik, A. (2012). Scientific thinking in young children: Theoretical advances, empirical research, and policy implications. *Science, 337*, 1623-1627.

[40] Hood, B., Carey, S., & Prasada, S. (2000). Predicting the outcomes of physical events: Two-year-olds fail to reveal knowledge of solidity and support. *Child Development, 71(6)*, 1540-1554.

[41] Karmiloff-Smith, A. (1992). *Beyond modularity: A Developmental Perspective on Cognitive Science*. Cambridge, MA: MIT Press.

[42] Ruffman, T., Garnham, W., Import, A., & Connolly, D. (2001). Does eye gaze indicate implicit knowledge of false belief? Charting transitions in knowledge. *Journal of*

Experimental Child Psychology, 80(3), 201-224.

[43] Manfra, L., & Winsler, A. (2006). Preschool children's awareness of private speech. *International Journal of Behavioral Development, 30(6)*, 537-549.

[44] Premack, D., & Woodruff, G. (1978). Does the chimpanzee have a theory of mind? *Behavioral and Brain Sciences, 1(4)*, 515-526.

[45] Wimmer, H., & Perner, J. (1983). Beliefs about beliefs: Representation and constraining function of wrong beliefs in young children's understanding of deception. *Cognition, 13(1)*, 103-128.

[46] Wellman, H. M., Cross, D., & Watson, J. (2001). Meta-analysis of theory-of-mind development: The truth about false belief. *Child Development, 72(3)*, 655-684.

[47] Call, J., & Tomasello, M. (1999). A nonverbal false belief task: The performance of children and great apes. *Child Development, 70(2)*, 381-395.

[48] Perner, J., Leekam, S. R., & Wimmer, H. (1987). Three-year-olds' difficulty with false belief: The case for a conceptual deficit. *British Journal of Developmental Psychology, 5(2)*, 125-137.

[49] Wellman, H. M. (1990). *The child's theory of mind.* Cambridge, MA: MIT Press.

[50] Harris, P. L. (1992). From simulation to folk psychology: The case for development. *Mind & Language, 7(1-2)*, 120-144.

[51] Perner, J. (1991). *Understanding the representational mind.* Cambridge, MA: The MIT Press.

[52] Naito, M., & Koyama, K. (2006). The development of false-belief understanding in Japanese children: Delay and difference. *International Journal of Behavioral Development, 30(4)*, 290-304.

[53] Gardner, D., Harris, P. L., Ohmoto, M., & Hamazaki, T. (1988). Japanese children's understanding of the distinction between real and apparent emotion. *International Journal of Behavioral Development, 11(2)*, 203-218.

[54] Moriguchi, Y., Okumura, Y., Kanakogi, Y., & Itakura, S. (2010). Japanese children's difficulty with false belief understanding: Is it real or apparent. *Psychologia, 53(1)*, 36-43.

[55] Ferrari, P. F., Vanderwert, R. E., Paukner, A., Bower, S., Suomi, S. J., & Fox, N. A. (2012). Distinct EEG amplitude suppression to facial gestures as evidence for a mirror mechanism in newborn monkeys. *Journal of Cognitive Neuroscience, 24(5)*, 1165-1172.

[56] Johnson, M. H., Dziurawiec, S., Ellis, H., & Morton, J. (1991). Newborns' preferential tracking of face-like stimuli and its subsequent decline. *Cognition, 40(1)*, 1-19.

[57] Simion, F., Regolin, L., & Bulf, H. (2008). A predisposition for biological motion in

the newborn baby. *Proceedings of the National Academy of Sciences, 105(2)*, 809-813.

[58] Farroni, T., Csibra, G., Simion, F., & Johnson, M. H. (2002). Eye contact detection in humans from birth. *Proceedings of the National Academy of Sciences, 99(14)*, 9602-9605.

[59] Watson, J. S. (1985). Contingency perception in early social development. In T. Field & N. Fox (Eds), *Social perception in infants*, pp.157-176. Norwood, NJ: Ablex.

[60] Toda, S., & Fogel, A. (1993). Infant response to the still-face situation at 3 and 6 months. *Developmental Psychology, 29(3)*, 532.

[61] D'Andrade, R. (1987). A folk model of the mind. In D. Holland, N. Quinn (Eds.), *Cultural Models in Language and Thought*, pp.112-148. Cambridge: Cambridge University Press.

[62] Woodward, A. L. (1998). Infants selectively encode the goal object of an actor's reach. *Cognition, 69(1)*, 1-34.

[63] Sommerville, J. A., Woodward, A. L., & Needham, A. (2005). Action experience alters 3-month-old infants' perception of others' actions. *Cognition, 96(1)*, B1-B11.

[64] Kanakogi, Y., & Itakura, S. (2011). Developmental correspondence between action prediction and motor ability in early infancy. *Nature Communications, 2*, 341.

[65] Tomasello, M., Carpenter, M., & Liszkowski, U. (2007). A new look at infant pointing. *Child development, 78(3)*, 705-722.

[66] Bates, E., Camaioni, L., & Volterra, V. (1975). The acquisition of performatives prior to speech. *Merrill-Palmer Quarterly of Behavior and Development, 21(3)*, 205-226.

[67] Baron-Cohen, S., Cox, A., Baird, G., Swettenham, J. O. H. N., Nightingale, N. A. T. A. S. H. A., Morgan, K. A. T. E., ... & Charman, T. O. N. Y. (1996). Psychological markers in the detection of autism in infancy in a large population. *The British Journal of Psychiatry, 168(2)*, 158-163.

[68] Liszkowski, U., Carpenter, M., Striano, T., & Tomasello, M. (2006). 12-and 18-month-olds point to provide information for others. *Journal of Cognition and Development, 7(2)*, 173-187.

[69] Scaife, M., & Bruner, J. S. (1975). The capacity for joint visual attention in the infant. *Nature, 253*, 265-266.

[70] Butterworth, G., & Jarrett, N. (1991). What minds have in common is space: Spatial mechanisms serving joint visual attention in infancy. *British Journal of Developmental Psychology, 9(1)*, 55-72.

[71] Sorce, J. F., Emde, R. N., Campos, J., & Klinnert, M. D. (1985). Maternal emotional signaling: Its effects on the visual cliff behavior of 1-year-olds. *Developmental Psychology,*

21 (1), 195-200.

[72] Mumme, D. L., & Fernald, A. (2003). The infant as onlooker: Learning from emotional reactions observed in a television scenario. *Child Development, 74(1)*, 221-237.

[73] Meltzoff, A. N. (1995). Understanding the intentions of others: re-enactment of intended acts by 18-month-old children. *Developmental Psychology, 31(5)*, 838-850.

[74] Horner, V., & Whiten, A. (2005). Causal knowledge and imitation/emulation switching in chimpanzees (Pan troglodytes) and children (Homo sapiens). *Animal Cognition, 8(3)*, 164-181.

[75] Csibra, G., & Gergely, G. (2009). Natural pedagogy. *Trends in Cognitive Sciences, 13(4)*, 148-153.

[76] Senju, A., & Csibra, G. (2008). Gaze following in human infants depends on communicative signals. *Current Biology, 18(9)*, 668-671.

[77] Wellman, H. M., & Liu, D. (2004). Scaling of theory-of-mind tasks. *Child Development, 75(2)*, 523-541.

[78] Repacholi, B. M., & Gopnik, A. (1997). Early reasoning about desires: Evidence from 14-and 18-month-olds. *Developmental Psychology, 33(1)*, 12-21.

[79] Amsterdam, B. (1972). Mirror self-image reactions before age two. *Developmental Psychobiology, 5(4)*, 297-305.

[80] Povinelli, D. J., Landau, K. R., & Perilloux, H. K. (1996). Self-recognition in young children using delayed versus live feedback: Evidence of a developmental asynchrony. *Child development, 67(4)*, 1540-1554.

[81] Miyazaki, M., & Hiraki, K. (2006). Delayed intermodal contingency affects young children's recognition of their current self. *Child Development, 77(3)*, 736-750.

[82] Rochat, P., & Hespos, S. J. (1997). Differential rooting response by neonates: Evidence for an early sense of self. *Early Development and Parenting, 6(34)*, 105-112.

[83] Neisser, U. (1991). Two perceptually given aspects of the self and their development. *Developmental Review, 11(3)*, 197-209.

[84] Rochat, P., & Morgan, R. (1995). Spatial determinants in the perception of self-produced leg movements in 3-to 5-month-old infants. *Developmental Psychology, 31(4)*, 626-636.

[85] Clements, W. A., & Perner, J. (1994). Implicit understanding of belief. *Cognitive Development, 9(4)*, 377-395.

[86] Onishi, K. H., & Baillargeon, R. (2005). Do 15-month-old infants understand false beliefs? *Science, 308*, 255-258.

[87] Kovács, Á. M., Téglás, E., & Endress, A. D. (2010). The social sense: Susceptibility to others' beliefs in human infants and adults. *Science, 330*, 1830-1834.

[88] Baillargeon, R., Scott, R. M., & He, Z. (2010). False-belief understanding in infants. *Trends in Cognitive Sciences, 14(3)*, 110-118.

[89] Low, J., & Perner, J. (2012). Implicit and explicit theory of mind: State of the art. *British Journal of Developmental Psychology, 30(1)*, 1-13.

[90] Hamlin, J. K., Wynn, K., & Bloom, P. (2007). Social evaluation by preverbal infants. *Nature, 450*, 557-559.

[91] Scarf, D., Imuta, K., Colombo, M., & Hayne, H. (2012). Social evaluation or simple association? Simple associations may explain moral reasoning in infants. *PloS One, 7(8)*, e42698.

[92] Donaldson, M. (1978). *Children's minds*. New York: Norton.

[93] Bryant, P. E., & Trabasso, T. (1971). Transitive inferences and memory in young children. *Nature, 232*, 456-458.

[94] Atkinson, R. C., & Shiffrin, R. M. (1968). Human memory: A proposed system and its control processes. In K. W. Spence & J. T. Spence (Eds.), *The psychology of learning and motivation: Advances in research and theory* (Vol.2), pp.89-195. New York: Academic Press.

[95] 苧阪満里子 (2002). 脳のメモ帳ワーキングメモリ．新曜社.

[96] Miyake, A., Friedman, N. P., Emerson, M. J., Witzki, A. H. & Howerter A. (2000). The unity and diversity of executive functions and their contributions to complex "Frontal Lobe" tasks: A latent variable analysis. *Cognitive Psychology, 41*, 49-100.

[97] Pascual-Leone, J. (1970). A mathematical model for the transition rule in Piaget's developmental stages. *Acta Psychologica, 32*, 301-345.

[98] Case, R., Kurland, D. M., & Goldberg, J. (1982). Operational efficiency and the growth of short-term memory span. *Journal of experimental child psychology, 33(3)*, 386-404.

[99] Case, R. (1998). The development of conceptual structures. In W. Damon, D. Kuhn & R. S. Siegler (Eds.), *Handbook of child psychology* (Vol.2), pp.745-800. NewYork: Wiley.

[100] Siegler, R. S. (1996). *Emerging minds: The process of change in children's thinking*. New York: Oxford University Press.

[101] Siegler, R. S., & Robinson, M. (1982). The development of numerical understandings. In H. W. Reese & L. P. Lipsitt (Eds.), *Advances in child development and behavior* (Vol.16), pp.241-312. New York: Academic Press.

[102] Siegler, R. S., & Jenkins, E. (1989). *How children discover new strategies*. Hillsdale, NJ:

Erlbaum.

[103] Barrouillet, P., & Gaillard, V. (Eds.). (2010). *Cognitive development and working memory: A dialogue between neo-Piagetian theories and cognitive approaches*. Hove, UK: Psychology Press.

[104] Luciana, M., & Nelson, C. A. (1998). The functional emergence of prefrontally-guided working memory systems in four-to eight-year-old children. *Neuropsychologia, 36(3)*, 273-293.

[105] Carlson, S. M., Moses, L. J., & Breton, C. (2002). How specific is the relation between executive function and theory of mind? Contributions of inhibitory control and working memory. *Infant and Child Development, 11(2)*, 73-92.

[106] Zelazo, P. D., Frye, D., & Rapus, T. (1996). An age-related dissociation between knowing rules and using them. *Cognitive Development, 11(1)*, 37-63.

[107] Ross-sheehy, S., Oakes, L. M., & Luck, S. J. (2003). The development of visual short-term memory capacity in infants. *Child Development, 74(6)*, 1807-1822.

[108] Bialystok, E. (1999). Cognitive complexity and attentional control in the bilingual mind. *Child Development, 70(3)*, 636-644.

[109] Kovács, Á. M., & Mehler, J. (2009). Cognitive gains in 7-month-old bilingual infants. *Proceedings of the National Academy of Sciences, 106(16)*, 6556-6560.

[110] Barr, R., Dowden, A., & Hayne, H. (1996). Developmental changes in deferred imitation by 6-to 24-month-old infants. *Infant behavior and development, 19(2)*, 159-170.

[111] Peterson, C., Warren, K. L., & Short, M. M. (2011). Infantile amnesia across the years: A 2 - year follow-up of children's earliest memories. *Child Development, 82(4)*, 1092-1105.

[112] Simcock, G., & Hayne, H. (2002). Breaking the barrier? Children fail to translate their preverbal memories into language. *Psychological Science, 13(3)*, 225-231.

[113] Munakata, Y., & McClelland, J. L. (2003). Connectionist models of development. *Developmental Science, 6(4)*, 413-429.

[114] McClelland, J. L. (1989). Parallel distributed processing: Implications for cognition and development. In R. G. M. Morris (Ed.), *Parallel distributed processing: Implications for psychology and neurobiology*, pp.8-45. Oxford: Oxford University Press.

[115] Munakata, Y. (1998). Infant perseveration and implications for object permanence theories: A PDP model of the AB task. *Developmental Science, 1(2)*, 161-184.

[116] Konishi, S., Nakajima, K., Uchida, I., Kameyama, M., Nakahara, K., Sekihara, K., & Miyashita, Y. (1998). Transient activation of inferior prefrontal cortex during cognitive set

shifting. *Nature Neuroscience, 1(1)*, 80-84.

[117] Cantlon, J. F., Brannon, E. M., Carter, E. J., & Pelphrey, K. A. (2006). Functional imaging of numerical processing in adults and 4-y-old children. *PLoS Biology, 4(5)*, e125.

[118] DeCasper, A. J., & Spence, M. J. (1986). Prenatal maternal speech influences newborns' perception of speech sounds. *Infant Behavior and Development, 9(2)*, 133-150.

[119] Kisilevsky, B. S., Hains, S. M., Lee, K., Xie, X., Huang, H., Ye, H. H., ... & Wang, Z. (2003). Effects of experience on fetal voice recognition. *Psychological Science, 14(3)*, 220-224.

[120] Mennella, J. A., Jagnow, C. P., & Beauchamp, G. K. (2001). Prenatal and postnatal flavor learning by human infants. *Pediatrics, 107(6)*, e88-e88.

[121] Lee, S. J., Ralston, H. J. P., Drey, E. A., Partridge, J. C., & Rosen, M. A. (2005). Fetal pain. *Journal of the American Medical Association, 294(8)*, 947-954.

[122] Slater, R., Cantarella, A., Gallella, S., Worley, A., Boyd, S., Meek, J., & Fitzgerald, M. (2006). Cortical pain responses in human infants. *Journal of Neuroscience, 26(14)*, 3662-3666.

[123] Craig, K. D., Whitfield, M. F., Grunau, R. V., Linton, J., & Hadjistavropoulos, H. D. (1993). Pain in the preterm neonate: Behavioural and physiological indices. *Pain, 52(3)*, 287-299.

[124] Myowa-Yamakoshi, M., & Takeshita, H. (2006). Do human fetuses anticipate self - oriented actions? A study by four-dimensional (4D) ultrasonography. *Infancy, 10(3)*, 289-301.

[125] Huttenlocher, P. R. (1990). Morphometric study of human cerebral cortex development. *Neuropsychologia, 28(6)*, 517-527.

[126] Gogtay, N., Giedd, J. N., Lusk, L., Hayashi, K. M., Greenstein, D., Vaituzis, A. C., ... & Thompson, P. M. (2004). Dynamic mapping of human cortical development during childhood through early adulthood. *Proceedings of the National Academy of Sciences, 101(21)*, 8174-8179.

[127] Gottlieb, G. (2007). Probabilistic epigenesis. *Developmental Science, 10(1)*, 1-11.

[128] Johnson, M. H. (2011). Interactive specialization: A domain-general framework for human functional brain development? *Developmental Cognitive Neuroscience, 1(1)*, 7-21.

[129] Milner, B. (1963). Effects of different brain lesions on card sorting: The role of the frontal lobes. *Archives of Neurology, 9(1)*, 90.

[130] Durston, S., Davidson, M. C., Tottenham, N., Galvan, A., Spicer, J., Fossella, J. A., & Casey, B. J. (2006). A shift from diffuse to focal cortical activity with development.

Developmental Science, 9(1), 1-8.

[131] Baird, A. A., Kagan, J., Gaudette, T., Walz, K. A., Hershlag, N., & Boas, D. A. (2002). Frontal lobe activation during object permanence: Data from near-infrared spectroscopy. *NeuroImage, 16(4)*, 1120-1126.

[132] Moriguchi, Y., & Hiraki, K. (2009). Neural origin of cognitive shifting in young children. *Proceedings of the National Academy of Sciences, 106(14)*, 6017-6021.

[133] Spunt, R. P. & Lieberman, M. D. (2013). The busy social brain: Evidence for automaticity and control in the neural systems supporting social cognition and action understanding. *Psychological Science, 24(1)*, 80-86.

[134] Passarotti, A. M., Paul, B. M., Bussiere, J. R., Buxton, R. B., Wong, E. C., & Stiles, J. (2003). The development of face and location processing: An fMRI study. *Developmental Science, 6(1)*, 100-117.

[135] Golarai, G., Ghahremani, D. G., Whitfield-Gabrieli, S., Reiss, A., Eberhardt, J. L., Gabrieli, J. D., & Grill-Spector, K. (2007). Differential development of high-level visual cortex correlates with category-specific recognition memory. *Nature Neuroscience, 10(4)*, 512-522.

[136] Wang, A. T., Lee, S. S., Sigman, M., & Dapretto, M. (2006). Neural basis of irony comprehension in children with autism: The role of prosody and context. *Brain, 129(4)*, 932-943.

[137] Saxe, R. R., Whitfield - Gabrieli, S., Scholz, J., & Pelphrey, K. A. (2009). Brain regions for perceiving and reasoning about other people in school-aged children. *Child Development, 80(4)*, 1197-1209.

[138] Blakemore, S. J. (2008). The social brain in adolescence. *Nature Reviews Neuroscience, 9*(4), 267-277.

[139] Liu, D., Sabbagh, M. A., Gehring, W. J., & Wellman, H. M. (2009). Neural correlates of children's theory of mind development. *Child Development, 80(2)*, 318-326.

[140] Carter, E. J., & Pelphrey, K. A. (2006). School-aged children exhibit domain-specific responses to biological motion. *Social Neuroscience, 1(3-4)*, 396-411.

[141] Lloyd-Fox, S., Blasi, A., Volein, A., Everdell, N., Elwell, C. E., & Johnson, M. H. (2009). Social perception in infancy: A near infrared spectroscopy study. *Child Development, 80(4)*, 986-999.

[142] Werker, J. F., Gilbert, J. H., Humphrey, K., & Tees, R. C. (1981). Developmental aspects of cross-language speech perception. *Child Development, 52(1)*, 349-355.

[143] Werker, J. F., & Tees, R. C. (1984). Cross-language speech perception: Evidence for

perceptual reorganization during the first year of life. *Infant Behavior and Development, 7(1)*, 49-63.

[144] Kuhl, P. K., Stevens, E., Hayashi, A., Deguchi, T., Kiritani, S., & Iverson, P. (2006). Infants show a facilitation effect for native language phonetic perception between 6 and 12 months. *Developmental Science, 9(2)*, F13-F21.

[145] Rivera-Gaxiola, M., Silva - Pereyra, J., & Kuhl, P. K. (2005). Brain potentials to native and non - native speech contrasts in 7-and 11-month-old American infants. *Developmental Science, 8(2)*, 162-172.

[146] Pascalis, O., de Haan, M., & Nelson, C. A. (2002). Is face processing species-specific during the first year of life? *Science, 296*, 1321-1323.

[147] Pascalis, O., Scott, L. S., Kelly, D. J., Shannon, R. W., Nicholson, E., Coleman, M., & Nelson, C. A. (2005). Plasticity of face processing in infancy. *Proceedings of the National Academy of Science, 102*, 5297-5300.

[148] Kelly, D. J., Quinn, P. C., Slater, A. M., Lee, K., Ge, L., & Pascalis, O. (2007). The other-race effect develops during infancy evidence of perceptual narrowing. *Psychological Science, 18(12)*, 1084-1089.

[149] Nunn, J. A., Gregory, L. J., Brammer, M., Williams, S. C. R., Parslow, D. M., Morgan, M. J., ... & Gray, J. A. (2002). Functional magnetic resonance imaging of synesthesia: Activation of V4/V8 by spoken words. *Nature Neuroscience, 5(4)*, 371-375.

[150] Spector & Maurer (2009). Synesthesia: A new approach to understanding the development of perception. *Developmental Psychology, 45(1)*, 175-189.

[151] Wagner, K., & Dobkins, K. R. (2011). Synaesthetic associations decrease during infancy. *Psychological Science, 22(8)*, 1067-1072.

[152] Hubel, D. H., & Wiesel, T. N. (1970). The period of susceptibility to the physiological effects of unilateral eye closure in kittens. *The Journal of Physiology, 206(2)*, 419.

[153] Sugita, Y. (2008). Face perception in monkeys reared with no exposure to faces. *Proceedings of the National Academy of Sciences, 105(1)*, 394-398.

[154] Dennis, M., & Whitaker, H. A. (1976). Language acquisition following hemidecortication: Linguistic superiority of the left over the right hemisphere. *Brain and Language, 3(3)*, 404-433.

[155] Bates, E., and Roe, K. (2001). Language development in children with unilateral brain injury. In C. A. Nelson and M. Luciana (Eds.), *Handbook of developmental cognitive neuroscience*, pp.281-307. Cambridge, MA: MIT Press.

[156] Liegeois, F., Connelly, A., Cross, J. H., Boyd, S. G., Gadian, D. G., Vargha - Khadem,

F., & Baldeweg, T. (2004). Language reorganization in children with early onset lesions of the left hemisphere: An fMRI study. *Brain, 127(6)*, 1229-1236.

[157] Tillema, J. M., Byars, A. W., Jacola, L. M., Schapiro, M. B., Schmithorst, V. J., Szaflarski, J. P., & Holland, S. K. (2008). Cortical reorganization of language functioning following perinatal left MCA stroke. *Brain and Language, 105(2)*, 99-111.

[158] Zatorre, R. J. (2003). Absolute pitch: A model for understanding the influence of genes and development on neural and cognitive function. *Nature Neuroscience, 6(7)*, 692-695.

[159] Takeuchi, A. H., & Hulse, S. H. (1993). Absolute pitch. *Psychological Bulletin, 113(2)*, 345-361.

[160] Russo, F. A., Windell, D. L., & Cuddy, L. L. (2003). Learning the "special note" : Evidence for a critical period for absolute pitch acquisition. *Music Perception: An Interdisciplinary Journal, 21(1)*, 119-127.

[161] Saffran, J. R., & Griepentrog, G. J. (2001). Absolute pitch in infant auditory learning: evidence for developmental reorganization. *Developmental Psychology, 37(1)*, 74-85.

[162] Bjorklund, D. F., & Pellegrini, A. D. (2002). *The origins of human nature: Evolutionary developmental psychology*. Washington, DC: APA Press.

[163] Bjorklund, D. F., Gaultney, J. F., & Green, B. L. (1993). "I watch, therefore I can do" : The development of meta-imitation during the preschool years and the advantage of optimism about one's imitative skills. In M. L. Howe & R. Pasnak (Eds.), *Emerging themes in cognitive development* (Vol.2), pp.79-102. New York: Springer-Verlag.

[164] Elman, J. L. (1993). Learning and development in neural networks: The importance of starting small. *Cognition, 48(1)*, 71-99.

[165] Arzy, S., Seeck, M., Ortigue, S., Spinelli, L., & Blanke, O. (2006). Induction of an illusory shadow person. *Nature, 443*, 287-287.

[166] Taylor, M. (1999). *Imaginary companions and the children who create them*. New York: Oxford University Press.

[167] Moriguchi, Y., & Shinohara, I. (2012). My Neighbor: Children's Perception of Agency in Interaction with an Imaginary Agent. *PLoS One, 7(9)*, e44463.

[168] Li, X.-s., Li, H., Lei, Y., Sun, X.-y., & Li, X.-l. (2009). An investigation of imaginary character in children's fantasy play. *Psychological Development and Education, 25(2)*, 8-12,27.

[169] Taylor, M., Hulette, A. C., & Dishion, T. J. (2010). Longitudinal outcomes of young high-risk adolescents with imaginary companions. *Developmental Psychology, 46(6)*, 1632-

36.
[170] 麻生武 (1996). ファンタジーと現実. 金子書房.
[171] Lillard, A. S., Pinkham, A. S., & Smith, E. D. (2010). Pretend play and cognitive development. In U. Goswami (Ed.), *Handbook of cognitive development*, pp.285-311. London: Blackwell.
[172] Leslie, A. M. (1987). Pretense and representation: The origins of "theory of mind". *Psychological Review, 94(4)*, 412-416.
[173] Harris, P. L. (2000). *The work of the imagination*. Oxford, England: Blackwell.
[174] Lillard, A. S., Lerner, M. D., Hopkins, E. J., Dore, R. A., Smith, E. D., & Palmquist, C. M. (2012). The impact of pretend play on children's development: A review of the evidence. *Psychological Bulletin, 139(1)*, 1-34.
[175] Sutherland, S. L., & Friedman, O. (2012). Preschoolers acquire general knowledge by sharing in pretense. *Child Development, 83(3)*, 1064-1071.
[176] Rosengren, K. S., & Hickling, A. K. (2000). Metamorphosis and magic: The development of children's thinking about possible events and plausible mechanisms. In K. S. Rosengren, C. N. Johnson, & P. L. Harris, (Eds.), *Imagining the impossible: Magical, scientific, and religious thinking in children*, pp.75-98. Cambridge: Cambridge University Press.
[177] Subbotsky, E. (2000). Phenomenalistic perception and rational understanding in the mind of an individual: The fight for dominance. In K. S. Rosengren, C. N. Johnson, & P. L. Harris, (Eds.), *Imagining the impossible: Magical, scientific, and religious thinking in children*, pp.35-74. Cambridge: Cambridge University Press.
[178] Woolley, J. D., & Wellman, H. M. (1993). Origin and truth: Young children's understanding of imaginary mental representations. *Child Development, 64(1)*, 1-17.
[179] Taylor, M., Cartwright, B. S., & Carlson, S. M. (1993). A developmental investigation of children's imaginary companions. *Developmental Psychology, 29(2)*, 276-285.
[180] 麻生武・浜田 寿美男 (2012). 現場の心理学. かもがわ出版.
[181] Kosslyn, S. M., Ganis, G., & Thompson, W. L. (2006). Mental imagery and the human brain. In Q. Jing, M. R. Rosenzweig, G. D'Ydewalle, H. Zhang, H.-C. Chen, & K. Zhang (Eds.), *Progress in Psychological Science around the World (Vol. 1)*, pp.195-209. London: Psychology Press.
[182] Tahiroglu, D., Mannering, A. M., & Taylor, M. (2011). Visual and auditory imagery associated with children's imaginary companions. *Imagination, Cognition and Personality, 31(1)*, 99-112.

[183] Bouldin, P., & Pratt, C. (2001). The ability of children with imaginary companions to differentiate between fantasy and reality. *British Journal of Developmental Psychology, 19(1)*, 99-114.

[184] Taylor, M., & Carlson, S. M. (1997). The relation between individual differences in fantasy and theory of mind. *Child Development, 68(3)*, 436-455.

[185] Grossman, E., & Blake, R. (2001). Brain activity evoked by inverted and imagined biological motion. *Vision Research, 41(10-11)*, 1475-1482.

[186] Wheatley, T., Milleville, S. C., & Martin, A. (2007). Understanding animate agents. *Psychological Science, 18(6)*, 469-474.

[187] Barrett, J. L., & Keil, F. C. (1996). Conceptualizing a nonnatural entity: Anthropomorphism in God concepts. *Cognitive Psychology, 31(3)*, 219-247.

[188] ボイヤー, P. (2008). 神はなぜいるのか. NTT 出版.

[189] Meyer, J. R., & Tuber, S. (1989). Intrapsychic and behavioral correlates of the phenomenon of imaginary companions in young children. *Psychoanalytic Psychology, 6(2)*, 151-168.

[190] Fernyhough, C., Bland, K., Meins, E., & Coltheart, M. (2007). Imaginary companions and young children's responses to ambiguous auditory stimuli: Implications for typical and atypical development. *Journal of Child Psychology and Psychiatry, 48(11)*, 1094-1101.

[191] DeLoache, J. S., Uttal, D. H., & Rosengren, K. S. (2004). Scale errors offer evidence for a perception-action dissociation early in life. *Science, 304*, 1027-1029.

本文中に引用した本（あいうえお順）

アリエス, P.／杉山光信・杉山恵美子（訳）(1980).『〈子供〉の誕生：アンシァン・レジーム期の子供と家族生活』みすず書房.

安藤寿康 (2000).『心はどのように遺伝するか：双生児が語る新しい遺伝観』講談社ブルーバックス.

板倉昭二 (1999).『自己の起源：比較認知科学からのアプローチ』金子書房.

稲垣佳世子・波多野誼余夫（著・監訳）(2005).『子どもの概念発達と変化：素朴生物学をめぐって』共立出版.

ヴィゴツキー, L. S.／柴田義松（訳）(2001).『新訳版 思考と言語』新読書社.

ヴィゴツキー, L. S.／土井捷三・神谷栄司（訳）(2003).『「発達の最近接領域」の

理論：教授・学習過程における子どもの発達』三学出版.
エルマン, J. L.／乾敏郎・今井むつみ・山下博志（訳）(1998).『認知発達と生得性：心はどこから来るのか』共立出版.
太田素子 (2007).『子宝と子返し：近世農村の家族生活と子育て』藤原書店.
カートライト, J.／鈴木光太郎・河野和明（訳）(2005).『進化心理学入門』新曜社.
京極夏彦 (2003).『陰摩羅鬼の瑕』講談社ノベルス.
ゴプニック, A.／青木玲（訳）(2010).『哲学する赤ちゃん』亜紀書房.
子安増生 (1999).『幼児期の他者理解の発達：心のモジュール説による心理学的検討』京都大学学術出版会.
コンフィアン, R.／恒川邦夫・長島正治（訳）(1997).『朝まだきの谷間』紀伊國屋書店.
サン・ジョン＝ペルス「賛歌」
ジェインズ, J.／柴田裕之（訳）(2005).『神々の沈黙：意識の誕生と文明の興亡』紀伊國屋書店.
シーグラー, R. S.／無藤隆・日笠摩子（訳）(1992).『子どもの思考』誠信書房.
下條信輔 (2006).『新装版 まなざしの誕生：赤ちゃん学革命』新曜社.
シャモワゾー, P.／恒川邦夫（訳）(1998).『幼い頃のむかし』紀伊國屋書店.
首藤瓜於 (2000).『脳男』講談社.
鈴木光太郎 (2008).『オオカミ少女はいなかった：心理学の神話をめぐる冒険』新曜社.
千住淳 (2012).『社会脳の発達』東京大学出版会.
ダーウィン, C. R.／石田周三（訳）(1950).『人間の由来　上巻』改造社.
ダーウィン, C. R.／長谷川真理子（訳）(1999-2000).『人間の進化と性淘汰』Ⅰ・Ⅱ, 文一総合出版.
辻仁成 (1990).『ピアニシモ』集英社.
デカルト, R.／山田弘明（訳）(2006).『省察』ちくま学芸文庫.
トマセロ, W. M.／橋彌和秀（訳）(2013).『ヒトはなぜ協力するのか』勁草書房.
バウアー, T. G. R.／岡本夏木ほか（訳）(1986).『乳児の世界：認識の発生・その科学』ミネルヴァ書房.
バウアー, T. G. R.／岩田純一（他訳）(1995).『賢い赤ちゃん：乳児期における学習』ミネルヴァ書房.
原ひろ子 (1979).『子どもの文化人類学』晶文社.
ピアジェ, J.／谷村　覚・浜田寿美男（訳）(1978).『知能の誕生』ミネルヴァ書房.
ピアジェ, J.／中垣啓（訳）(2007).『ピアジェに学ぶ認知発達の科学』北大路書房.

ビョークランド, D. F.・ペレグリーニ, A. D.／松井愛奈・松井由佳（訳）(2008).『進化発達心理学：ヒトの本性の起源』新曜社.
ピンカー, S.／山下篤子（訳）(2004).『人間の本性を考える：心は「空白の石版」か』日本放送出版協会.
プラトン／藤沢令夫（訳）(1994).『メノン』岩波文庫.
ブランバーグ, M. S.／塩原通緒（訳）(2006).『本能はどこまで本能か：ヒトと動物の行動の起源』早川書房.
ボイヤー, P.／鈴木光太郎・中村潔（訳）(2008).『神はなぜいるのか？』NTT 出版.
本田和子 (1992).『異文化としての子ども』ちくま学芸文庫.
メルツォフ, A. N.・ゴプニック, A.・カール, P. K.／峯浦厚子（訳）(2003).『0歳児の「脳力」はここまで伸びる：「ゆりかごの中の科学者」は何を考えているのか』PHP 研究所.
守一雄 (1996).『やさしい PDP モデルの話：文系読者のためのニューラルネットワーク理論入門』新曜社.
森口佑介 (2012).『わたしを律するわたし：子どもの抑制機能の発達』京都大学学術出版会.
柳田国男 (1981).「小さき者の声：神に代わりてくる」『定本 柳田国男集　第20巻』筑摩書房.
柳田国男 (2013).『小さき者の声』角川ソフィア文庫.
ラマチャンドラン, V. S.・ブレイクスリー, S.／山下篤子（訳）(2011).『脳のなかの幽霊』角川文庫.
ルソー, J-J.／桑原武夫・前川貞次郎（訳）(1954).『社会契約論』岩波文庫.
ルソー, J-J.／今野一雄（訳）(1962-1964).『エミール』上・中・下巻, 岩波文庫.
ロシャ, P.／板倉昭二・開一夫（監訳）(2004).『乳児の世界』ミネルヴァ書房.
ロック, J.／服部知文（訳）(1967).『教育に関する考察』岩波文庫.
ロック, J.／大槻春彦（訳）(1972-1977).『人間知性論』全4巻, 岩波文庫.
ワトソン, J. B.／安田一郎（訳）(1980).『行動主義の心理学』河出書房新社 .